W0045543

Sándor Márai
Himmel und Erde

Sándor Márai

Himmel und Erde

Betrachtungen

Aus dem Ungarischen übersetzt,
mit Anmerkungen und einem Nachwort
versehen von Ernö Zeltner

Piper
München Zürich

Die Originalausgabe erschien 1942 unter dem Titel
»Ég és föld« bei Révai in Budapest.

Ein Auszug dieses Werkes wurde zum 100. Geburtstag
von Sándor Márai am 11. April 2000 unter dem Titel
»Ohne Anfang und Ende« vorgelegt.

Sternchen (*) im Text verweisen auf die
Anmerkungen ab S. 325.

ISBN 3-492-04284-8
© Nachlaß Sándor Márai
Vörösváry-Weller Publishing, Toronto
Deutsche Ausgabe:
© Piper Verlag GmbH, München 2001
Gesetzt aus der Stempel-Garamond
Satz: Uwe Steffen, München
Druck und Bindung: Clausen & Bosse, Leck
Printed in Germany

HIMMEL UND ERDE

Ich lebe zwischen Himmel und Erde, habe etwas Unsterbliches und Göttliches in mir, pflege aber auch in der Nase zu bohren, wenn ich allein im Zimmer bin, in meiner Seele haben sämtliche Weisheiten Indiens Platz, doch habe ich mich im Kaffeehaus einmal mit einem betrunkenen Industriebaron geprügelt, ich kann stundenlang aufs Wasser schauen, dem Flug der Vögel folgen, trug mich aber auch schon mit Selbstmordgedanken, weil ein Wochenblatt in unverschämtem Ton über mein Buch geschrieben hat, im Verstehen menschlicher Dinge wie in weisem Gleichmut bin ich Konfuzius' Bruder, aber ich ertrage es nicht, wenn die Gazetten meinen Namen nicht unter den Anwesenden erwähnen, ich bleibe am Waldrand stehen, betrachte staunend die Farben des Herbstlaubs und kann der Natur doch nur mit Argwohn und Vorbehalt begegnen, ich glaube an die höhere Kraft der Vernunft und verbrachte die meisten Abende meines Lebens in einfältiger Gesellschaft mit hohlem Geschwätz, ich glaube an die Liebe und bin meist doch nur mit käuflichen Frauen zusammen, ich glaube an den Himmel und an die Erde, weil ich ein Mensch bin, zwischen Himmel und Erde, amen.

DIE MUTIGEN

Schätzen kann ich nur noch die, die den Mut haben, auch nutzlos zu fühlen. Jene, die das Wagnis eingehen, nutzlos zu denken. Alle sind wir schon so zielstrebig ... so tauglich. Ich schätze diejenigen, die sich trauen, Wörter zu denken wie »Ich«. Oder: »Ich liebe dich, schöne kalte Langeweile«, schätze aber keinen mehr, von dem ich annehmen muß, daß ihm auch noch etwas einfallen könnte, wenn er tagsüber so beginnt: »Bezüglich der bestehenden Möglichkeiten ...«

PFINGSTEN

Eine Bombe als Blumenstrauß.

ABENTEUER

Du lebst, plötzlich springt dich das Abenteuer an. Was ist dieses Abenteuer? Niemand kennengelernt, billige, belanglose Freude hat dich nicht angelacht, bist allein. Und dennoch geschieht in diesen Stunden etwas um dich herum. Das Leben wird, nachmittags um vier, plötzlich aufregend und gefährlich. Allerlei Zeichen weisen darauf hin, das Alltägliche bekommt seinen Sinn. Eine Tür öffnet sich, als hätte der Bote des Schicksals die Klinke niedergedrückt. Wie die Klinge des Meuchelmörders trifft dich der Sonnenstrahl ins Herz. Du lauschst, witterst. Was ist das für ein Abenteuer, das da hereinbrach ins schläfrige, bleierne Dasein? Dann, plötzlich, verstehst du und wirst blaß.

Verstehst, daß du lebst. Dies ist das einzige Abenteuer.

Van Gogh

Der Titel eines seiner Bilder heißt: »Der Maler geht morgens zur Arbeit«*. Auf diesem Bild ist die Welt zu sehen, die der Maler verewigen will: Wiesen, Täler, Häuser. Aber diese Welt ist nur die seine, die Welt des Malers! Sie hat mit der Welt der Geographiebücher nichts zu tun. Diese grüne Wiese, diesen blauen Himmel, die roten Hausdächer gab es nur einmal: in dem Augenblick, als das Malerauge die Welt erfaßte.

Dieses Sehen ist sinnlich und fachgerecht. Der »wahnsinnige« Maler hat die Welt so objektiv gesehen wie durch einen Feldstecher. Der große Maler hat eine Vision von der Welt, und diese malt er dann so unverfälscht und objektiv wie der fähigste Konstruktionszeichner eines Architekturbüros. Insofern unterscheidet er sich vom Laienmaler, der keinerlei Vision von der Welt hat und dennoch seine

Striche und Farben visionär hinkleckst. Der große Maler schaut zum Himmel und malt die Erde, getreulich. Der Stümper malt fiebernd den Himmel und schaut dabei mit Besorgnis auf sein Hühnerauge.

DER TEILHABER

Ja, Gott ist ein stiller Teilhaber bei all unseren Geschäften. Fordert genaue Abrechnung. Er ist hart und objektiv, nicht empfindsam, nicht teilnahmsvoll. Vorsicht, wenn du mit ihm teilst.

BALATONFÜRED*

Die »Lustwandelei«, die Allee, unter deren Blätterdach die Helden der Vörösmarty*-Erzählung, die Herzensbrecher von Füred, ihren auserwählten Damen hinterherschritten, die Ruinen des Kisfaludy-Theaters, die Fußspuren von Jókai* und der gefeierten Lujza Blaha* auf den Waldwegen: Dies ist reinstes ungarisches Biedermeier.

Doch sanft ist auch die Landschaft, als hätten hier die Leidenden, die unter diesen Bäumen, an dieser Quelle und unter diesem hellblauen Himmelsgewölbe Genesung für ihr krankes Herz suchen, die Natur gebändigt. Die Landschaft hat sich sanft

den Kranken angepaßt; sie ist bläßlich und edel ermattet, wie jeder, der schon eine erste leichte und
höfliche Berührung durch den Tod erfahren hat.
Eine liebliche Landschaft, eine rufende, lockende.
Sie sagt: »Eile nicht. Verweile und raste. Hörst du
die Bäume rauschen? Sie haben eine Botschaft für
dich.« Man hält inne, lauscht dem Geraune, und auf
einmal hat man verstanden: es war schade, geeilt zu
sein.

Der Gezeichnete

Der Mensch, der nicht ins Flugzeug gestiegen war,
das abgestürzt ist und alle Passagiere unter sich begraben hat, zeigt wortlos sein reserviertes Flug-
ticket, die numerierte Platzkarte. Ja, auch er wäre in
den Tod gestürzt.

Doch er ist nicht abgestürzt, und jetzt steht er da
mit seinem Leben, das er vom Schicksal, vom Zufall, beschert bekam, mit diesem unbegründeten,
unfaßbaren Geschenk. Was soll er nun damit anfangen? ... Er könnte es ja vergeuden, denn es ist geschenkt. Aber er kann es auch vor jedem Windhauch
bewahren, vor Magenverstimmung und Aufregung,
denn es ist ein gezeichnetes Leben, ein kostbares,
außerordentliches Leben, und das Schicksal hat
offensichtlich etwas mit ihm vor. Er wirkt ein wenig
verstört. Bisher hat er nur gelebt, jetzt aber ist

ihm bewußt, daß er lebt – und diese Überraschung deprimiert ihn fast ein wenig.

Die Begegnung

Ja, später, später begegnen wir den Menschen. Diese Begegnung ist nicht gerade erhebend, wenn der Mensch sein Schicksal ernsthaft an jemanden bindet, keine Luftsprünge vollbringt, sich nicht freut, sondern dem Schicksalsgefährten blaß und ernst in die Augen schaut. »Aha, so seid ihr also!« – denkt er. Dann kennt er sie bereits, in jeder Beziehung, hat den Menschen auf dem Seziertisch gesehen und in der Kirche, während er ewige Treue gelobt, und vor dem Richter, wenn er einen falschen Schwur tut, hat den Menschen als Kinder- und Muttermörder erlebt, als großen Künstler, der sich in der Ekstase der Inspiration Gott zuwendet, als Helden, der sein menschliches Schicksal stumm auf sich nimmt... hat den Menschen bereits gesehen und akzeptiert ihn endlich. Eines Tages begegnen wir den Menschen und akzeptieren sie. Dieser Augenblick ist still. »Ja, ja« – murmeln wir. In solchen Augenblicken fangen wir an, alt zu werden.

DER KLEINE HERBST

Zwischen zwei schmerzend heißen Tagen der kleine
Herbst. Die Bäume, die Steine, der Straßenbelag
flimmern im Dunst, die Stadt füllt sich mit säuerlichen Gerüchen, dem Mief der Krankenzimmer,
in denen geschundene Körper im kalten Schweiß
schmachten. Doch die Brechung des Lichts an diesem Morgen ist anders: fahler, toter. Die Luft ist
erfüllt von Gärungsgeschmack, wie abgestandener,
lauer Champagner am Morgen nach dem Gelage.
Diese Gerüche sind stimulierend und unheimlich
zugleich. Der Augenblick des Katzenjammers nach
dem blumenbekränzten, heißen, sinnlichen Fest
des Sommers. Man kommt wieder zu sich, und der
Kopf schmerzt. Noch gehen wir nicht in uns, doch
wir beginnen, die verrinnenden Stunden zu zählen,
wie der Hochstapler sein letztes Geld. Das Zech-
gelage ist aus. Zieh den Hut tiefer in die Stirn. Dies
ist der kleine Herbst.

DIE DEMOKRATIE

Ich habe mir den zornigen Demokraten angehört,
der Diktaturen Bomben, Schwefel, Hölle und die
sieben ägyptischen Plagen an den Hals wünscht,
und dachte mir:
– Ja, die Demokratie wird schließlich siegen,

aber nicht auf diese Weise, vor allem nicht mit den Mitteln, an die dieser zornige und verzweifelte Demokrat glaubt. Die Demokratie kann nicht in irgendeinem historischen Augenblick siegen, auf dem Schlachtfeld, inmitten schmetternder Trompeten und flatternder Fahnen, wenn die Leichen von Hunderttausenden Tyrannen auf dem Marsfeld liegen und der Sturmtrupp der siegreichen, guten, makellosen und vollkommenen Demokratie im Stechschritt über die Kadaver hinwegschreitet. So, nur so, kann die Demokratie nicht siegen.

– Aber sie wird siegen, unbemerkt, in mir und in dir. Wenn wir alle einst gebildeter, also menschlicher werden, wenn wir aufgeklärter, also besser sind, geduldiger, also männlicher – denn Willkür ist immer Irrsinn und auch unmännlich –, dann siegt die Demokratie. Wann? Am Dienstag? Oder Samstag? Das glaube ich nicht. Die letzten Siege sind nicht so billig und pünktlich zu haben.

Die Wohnung

Sooft ich Wohnungsanzeigen in den Zeitungen lese – das Angebot kann zentral gelegen oder außerhalb sein, ganz gleich –, empfinde ich immer noch diese Unruhe, diesen diffusen Stich ins Herz, als ob ich sofort den Hut nehmen und hineilen müßte, die

Wohnung zu besichtigen und zu mieten – in der ich endlich zu Hause sein kann.

Montag, der erste

Es ist Montag, und es ist der erste, und ich beginne nichts von vorn. Möchte nur mehr schlecht und recht, schleppend, krächzend, stöhnend, mit dem Okular und scharf geschliffenen Instrumenten das fortsetzen, was ich letzten Montag angefangen habe. Ich möchte montags und am ersten nicht mehr die Welt erlösen oder sie aus den Angeln heben. Möchte nur noch leben in dieser Welt, montags und auch am ersten, genauso lange, bis ich meine Arbeit getan und meine Pflicht erfüllt habe. So bescheiden? Im Gegenteil, so ehrgeizig, am Montag und am ersten.

Die Uhren

Nein, die Uhren des Lebens und der Geschichte schlagen nicht immer unheilvoll feierlich und pünktlich zu Mittag oder Mitternacht. Die Söhne glücklicher Epochen bekommen auf dem Zifferblatt der Zeit derlei Daten zu lesen: Vor fünf Minuten war es halb neun. Oder: In sieben Minuten wird es Viertel drei. Die Zeit, die sich zwischen das »war« und das »wird« schiebt, nennt man Frieden.

Zwischen 1867* und 1912 dachten die Menschen, es wäre ständig Viertel drei oder halb neun. Dann begann der Zeiger zu jagen, und plötzlich zeigten alle Uhren Mitternacht. Und jetzt leben wir wieder so, als ob jemand irgendwo mit der Stoppuhr in der Hand das Verfliegen der Sekunden zählen würde.

DER GENIESSER

Er ist siebenundsiebzig. Und auch hier im Bad auf der Suche nach einem Heilkräutlein für sein Herz. In Gesellschaft einer Pflegerin; hin und wieder gibt er sich so galant, wendet sich so schelmisch lächelnd an die Frau, als ob sie sich gerade auf der Promenade kennengelernt hätten und nun die Umstände eines nächtlichen Tête-à-tête aushandeln würden. Unverbesserlich.

Er trägt ein Monokel, weiße Gamaschen, ein grünes Seidentuch und einen Siegelring, dazu einen sehr feinen Strohhut, der so leicht ist, als wenn er aus Vogelfedern geflochten wäre. Täglich erscheint er in einem anderen Anzug bei der Quelle, betört und blendet seine Bewunderer. Er macht sich mit jedermann bekannt; ist vornehm, aber nicht exklusiv. Histörchen, die er mit deutschen, französischen, lateinischen und englischen Brocken würzt, sprudeln aus seinem Mund wie die Kohlensäure aus dem Heilwasser, von dem er trinkt. Er spricht von

Frauen, Schlachten am Spieltisch und von seinen vornehmen Freunden. Einmal, in Nizza, sagte eine englische Lady... Einmal in London zog er nach der Neun ein As... Damals, in Paris, sagte der spanische Thronanwärter... Der zarte Glorienschein all der Abenteuer strahlt mild um seinen kahlen, schlauen, verschlagenen und unglücklichen Kopf. Seine Hand, die siegelringgeschmückte, faltige, edle und verlotterte Hand, die gern Frauen gekost und Karten aufgefächert, die die Hände so vieler verdächtig vornehmer und weniger solider Zeitgenossen getätschelt hat, führt er gelegentlich müde zu seinem Herzen hin. Ja, das große Spiel ist aus. Einsatz war der Genuß. Ein großer, trauriger Einsatz. Jetzt könnte er auch sagen, daß er etwas bereut und daß er die Freude verlor, als er mit diesem Einsatz gewonnen hat. Aber in Wahrheit hat er nichts bereut. Hier eilt er, der Genießer, mit nicht gerade elastischen Schritten, am Arm der Pflegerin über den Korridor, hin zur Ordination, wo ihn teure Tropfen, aufbauende, herzstärkende Mittel aus der Nadel erwarten. Er eilt zu einem Abenteuer, zu irgendeinem allerletzten, geheimnisvollen Abenteuer; sein Monokel ins linke Auge geklemmt, schielt er mit mißfallend fragendem Blick in Richtung Tod – nimmt ihn in Augenschein wie eine unangenehme Amtsperson, deren Anwesenheit man hinnehmen muß. Schaden kann es nicht, wenn man ihn spüren läßt, daß er nicht zur guten Gesellschaft gehört.

Todesanzeige

Er ist gestorben. Ist vor der Schmach geflohen, Gewalt und Willkür haben ihn umgebracht. Was soll ich auf sein Grabkreuz schreiben?

Ich schulde ihm viel, weil er ein wenig auch für mich gestorben ist, für meine Menschenwürde und auch für meine Ehre. Und so werde ich die vornehmste Huldigung schreiben, die man in ein Grabkreuz kerben kann. Ich schreibe: »Er kannte den Sinn des menschlichen Lebens: das Mitgefühl und die Ehre.«

Blumensprache

Juni. Plötzlich merken wir, daß die Wohnung, die Welt, das Leben voller Blumen ist. Eine sonderbare, unmenschliche Pracht! Sie verhüllt etwas Ermattetes und Böswilliges, Muffiges und Tödliches, das Leben, und sie verfügt über Millionen von Wörtern. Ich aber kenne nur die Urbegriffe: die Rosen, die Nelken, die Primeln. Sie sind in der Sprache der Blumen Subjekt und Prädikat. Hinter diesen Stammwörtern reiht sich eine unendliche Zahl von Attributen ein: vom Basilienkraut bis zum Tausendschön.

So mault der leicht entflammbare Sommer, spricht in der Blumensprache zu uns. Und was will er sagen? Für einen kurzen Augenblick, zwischen Leben und Tod, teilt er uns etwas mit. Er sagt: »Die Welt ist nicht nur eine nützliche, sondern auch eine überflüssige. Atme, erinnere dich, verschwende. Schönheit ist Überfluß. Fühlst du das? ...« Ja, ich schaue mich um, staune, sehe und fühle es.

AN EINEN TOTEN

Soeben, mein Freund, höre ich, daß du gestorben bist. Einen Augenblick lang erscheinst du mir in diesem Übermaß, in der Vergrößerung, die der Tod verleiht. Warst du groß? Ich weiß es nicht. Aber ein Mensch warst du und ein Künstler.

Die Grimasse der Krankheit und des Schicksals hat dein Gesicht verzerrt. Auch mit fünfzig warst du wie ein schreckhafter, spöttischer Lausbub. Als ob du der Welt ständig feixend Gesichter schneiden wolltest. Taubstumm geboren, hast du mit übermenschlichem Kraftaufwand sprechen gelernt, dir Sprachen angeeignet. Zum Lebensabend hin bist du dann bereits viersprachig taubstumm gewesen. Stammelnd, mit animalischen Lauten hast du Menschliches ausgedrückt, stöhnend, röchelnd. Als hättest du beim Sprechen mit allerlei Schreckensbildern gerungen. Ein Caliban.

Aber dann hast du der Welt gesagt, was du ihr zu sagen hattest – in Bildern, in mehr und mehr erstarrenden, einsilbigen Bildern. Gegen Ende hast du nur noch kleine Gegenstände in riesigem grauem Raum gemalt. Ich habe das nicht verstanden, dir aber geglaubt, daß es nur so wahr ist und du deine Vision nicht anders mitteilen kannst.

Die Frauen haben sich deiner bedient, aber ohne Gefühl, so wie ein Perverser des Tiers. Du hast die Achseln gezuckt und sie geliebt. Und dennoch, du hattest etwas unsterblich und grotesk Erhabenes, etwas besessen, übertrieben, unbarmherzig Erhabenes. Ja, mein Freund, du warst ein Mensch, der sich an die Wahrheit erinnert hat und diese auch ausdrücken wollte. Du warst also Künstler. Ich weiß, du pfeifst darauf; dennoch, ich verneige mich vor deinem Andenken.

DER DOM

Der Mensch betrachtet Dome seit langem als Kunstwerke. Wandelt unter ihren Spitzbögen, bestaunt Monstranzen, das geschnitzte Gestühl, ihre Kunstschätze. Und all das aufmerksam höflich, vielleicht begeistert. Ja, natürlich, der Dom zu Florenz, zu Chartres, der Pariser, der Kaschauer Dom.*

Aber dann weht das Leben mit seiner Traurigkeit, den Erfahrungen und mit Hoffnungslosigkeit darüber hin. Und eines Tages beginnen wir, die Alten, greise Männer, armselige alte Weiblein, zu beneiden, die – in Florenz, Chartres, Paris oder Kaschau – zum Beten, um ein Nickerchen zu machen, oder auch nur, um sich in Erinnerungen zu verlieren, ins Halbdunkel des Doms einkehren und keinerlei Ahnung haben von den Kunstwerken, vor denen sie knien. Für sie wurde der Dom gebaut. Ihre Ahnungslosigkeit ist der wahre Sinn eines Doms.

WINTERSCHLAF

Winter ist, und ich sehne mich nach diesem tiefen Schlaf, wie Bären, wie die Toten. Ach, wäre es schön, zu schlafen! Verborgen in Winter und Einsamkeit, in irgendeinem rauhen, haarigen und schummrigen Alleinsein, nur noch brummelnd, dösend von Himbeerstauden, den Gesten des Lebens und vom Sonnenlicht träumen – schlafen, in diesem tiefen und gar nicht mehr beleidigten, gleichgültigen und würgend dumpfen Alleinsein, welches das Schicksal ist, in dieser tauben Einsamkeit, die das Leben ist. Schlafen, verbissener, zäher, wie die Toten. Schlafen und nicht mehr sehen. Schlafen und vergeben. Schlafen will ich – vergebt –, weil ich vergeben möchte.

TOTE MÖWE

Gegen Abend spülte die Flut eine tote Möwe in den Hafen. Mit ausgebreiteten Flügeln schaukelte sie ernst und im Gleichmaß auf den schäumenden, schwarzgrünen Wellen, als ob sie nach einem tristen und kühnen Abenteuer zwischen den Ufern von zwei Erdteilen ausruhen wollte. Diese zwei Erdteile, die beiden Ufer, Leben und Tod.

Die tote Möwe hatte die Schwingen weit ausgebreitet und den Kopf zur Seite geneigt. Sie war jetzt ganz Ergebung und weich wiegende Sanftheit. Ich beugte mich über das Ufergeländer und betrachtete lange den toten Vogel. Wie und wo sterben Möwen? ... Stürzen sie plötzlich herab, weil sie ermattet sind, zwischen den Schiffen, dem Himmel und dem Meer? ... Sterben sie an Angina pectoris? Oder an Herzverfettung? ... Wir wissen es nicht. Vielleicht sterben sie nur, weil sie genug vom Leben haben.

Bis zum Morgen hatte sich der Sturm gelegt, und das Hafenbecken war leer, Wind und Wasser haben die tote Möwe begraben. Das Wasser schien glatt wie die Marmorplatte einer riesigen Gruft und hellblau die Himmelskuppel, dem Deckengewölbe eines geheimnisvollen und erhabenen Mausoleums gleich. Das Grab der Möwen ist schlicht, würdevoll und unbezeichnet, wie die Ruhestätte der Könige.

Ihr Leben und ihr Tod geheimnisumwittert, salutieren wir.

Glas

Ein Tag Ende September, alles ist so ergreifend hell und zart, als ob man die Welt, dieses zerbrechliche Gebilde, hinter Glas verwahrt hätte.

Jetzt, in der Vitrine des September, wird es offenbar – die Welt ist wirklich ein Meisterwerk. Die Bäume, diese verkaterten Strohwitwer mit ihrem zerzausten, struppigen Laub. Die Gärten mit dem verdrießlichen Blumenschmuck, wie Katafalke; die mit Misteln besetzten Pappeln gleichen federbuschgeschmückten Gespannen im Leichenzug. Die Wiesen im feierlichen, klaren Licht der Septembersonne. Und es herrscht Stille. Sogleich wird der Held, vom Scheitel bis zur Sohle geharnischt, erscheinen und die Dahlien zu metzeln beginnen.

Jetzt ist alles fern und unwirklich. Die Luft gibt, wenn du sie berührst, einen kalten Ton, als ob du an Glas klopfen würdest. Höflich stehe ich vor der Auslage, betrachte die zur Schau gestellten Gegenstände und wünsche mir nichts.

SZEGED[*]

Schmerz über der Theiß, die Radialstraßen, auf
denen die Schattengestalt von Gyula Juhász[*] wandelt, die Theiß, diese behäbig hingestreckte, ge-
zähmte Bestie, die Ebene, in deren Dunkelheit
einsame Lichtlein von Sekten die Nacht durch-
wachen, Halászlé, in die man jedwede kulinarische
Weisheit aus fünf Jahrhunderten eingedampft hat,
die Bläue über der Stadt und die Stadt, festgeklam-
mert im Sand der unendlichen Ebene, mit ihren
Türmen und ihren Dichtern, ihren beharrlichen,
schweigsamen Ungarn. Der Schmerz und die Stille.
Nachts um zwei gehe ich unter der Brücke, nichts ist
zu vernehmen, nur das Glucksen des Wassers. Wie
vertraut mir das alles ist! Alt und vertraut! Wann
hörte ich es zuletzt, dieses mitternächtliche Gluk-
kern des Wassers, wann habe ich über der Ebene das
Verlöschen der Sterne gesehen, was für ein Duft,
Duft von Wasser und Erde. Wer wandelt hier in der
Dunkelheit, welche Blonde spukt hier umher, was
für ein Rauschen des Kleides? ... Irgendwo geht
hier Anna um, unsichtbar, Anna die Muse. Und tief
unten in der Finsternis wälzt sich das Wasser fort,
wie die Zeilen eines ewigen Gedichts.

DER TOTE

Ich ging hin, um mich mit ihm zu versöhnen. Sein Grab war kahl, ohne Blumen. Er war ein einsamer Toter; die Grabstätte verriet, daß, wer unter dieser Erdscholle modert, sich auch im Tod mit uns, den Lebenden, mit seinen Gegnern und mit der Welt nicht ausgesöhnt hat.

Doch jetzt ist nichts mehr zu diskutieren mit ihm. Im Leben war er unterlegen, wie jeder, der verstorben ist; aber im großen Zwiegespräch, in der verzweifelten Auseinandersetzung, die er mit den Menschen ausgetragen hat, ist er, der Tote, obenauf geblieben. Und so stand ich stumm an seinem Grab, ohne innere Regung und ohne irgendein Argument. Das Schweigen war vernünftig. Dieses Schweigen, mit dem wir am Grab der Dahingeschiedenen stehen, erledigt etwas, das die Lebenden mitsamt ihrem großen Wortschatz niemals erledigen konnten.

WERKSTATT, MECHANIK

Wer noch keine Geburt gesehen hat, weiß etwas vom Leben nicht, etwas Bestimmtes und auch etwas »Grundsätzliches«, wie man in der Schule sagen würde – dies ist gewiß, wer keine Geburt miterlebte, hat keinen Einblick in die Mechanik, kennt die Werkstatt nicht, diese geheimnisvolle und furchtbare Werkstatt, in der das Leben geschaffen wird. Die Kräfte, die bei der Geburt in Gang kommen, Kräfte des Lebens und des Todes: in diesen Stunden ertasten Mutter und Kind mit tauben Instinkten im Dunkel den Weg – zwischen Leben und Tod. In diesen Augenblicken setzen sich Kräfte in Bewegung, drängen und sprengen den mütterlichen Leib einem Erdbeben gleich. Der Betrachter würde nicht staunen, strömten statt Blut und Plazenta dampfende Lava und Asche aus der Gebärmutter hervor.

Ja, ich habe die Werkstatt gesehen. Man wird still, ganz still. Später, wenn das Kind zu weinen beginnt und der Augenzeuge aus dem Zimmer schleicht, nimmt er den Eindruck mit, daß Michelangelo ein Pfuscher und Newton mit all seinen Berechnungen nur ein Dilettant war.

MÄRZSCHNEE

Geschmolzenes Parfait mit glasiertem Veilchendekor.

GESCHENK

Und dennoch, auch heute, auch so, immer und ewig gibt uns das Leben so reichlich! Schenkt sie uns leise, mit beiden Händen: den Morgen und den

Nachmittag, die Abenddämmerung und die Sterne, den schwülen Duft der Bäume, die grüne Welle im Fluß, den Widerschein eines Augenpaars, die Einsamkeit und den Lärm! Und was es alles gibt, wie reich ich bin, wie reich beschenkt, welcher Überfluß, zu jeder Tageszeit, in jedem Augenblick! Ein Geschenk ist das, ein wunderbares. Bis zum Boden will ich mich verneigen, so will ich danken dafür.

DER ABREISENDE

Jetzt fährt er bereits, der Abreisende! Doch für einen Augenblick sehen wir ihn noch, wie er dort am Fenster des mit Auswanderern vollgepferchten Abteils steht, den Glanz des Entzückens in den Augen, eine Flasche Kecskeméter Riesling im Arm, den ich ihm zum Abschied überreichte. Er fährt nun, und im Weggehen vom Bahnhof unterhalten wir uns über sein Schicksal, das Schicksal, das ihn jetzt in den unendlichen Raum, in eine fremde Zeit hinauskatapultiert, sprechen bereits über seine Bibliothek und sein Erbe, gesittet, wie man über die Angelegenheiten von Toten zu sprechen pflegt. Aber er hört das nicht mehr, er reist hinaus in die Welt.

In der Stadt bleibt nur sein Andenken zurück, verworrene Erinnerungen und die Erinnerung an ihn, traurige und kindliche. Jetzt tut er uns allen leid, der Abreisende. Ein bißchen sind wir alle seine Mörder, und deshalb reden wir laut über ihn, auf Männerart. Er verstand etwas von Literatur und von gutem Stil, stellen wir fest. Bei den Frauen hatte er wenig Glück. Überhaupt hatte er mit nichts Glück. Jetzt wird er in Paris leben, stöhnend und unglücklich wird er unter Brücken mit Negerfrauen schmusen und mit Emigranten aus Litauen über die ungarische Literatur diskutieren. Er wird einsam sein, wie ein Stern, und unglücklich wie Beelzebub, sein Kissen der Mond, seine Lagerstatt die Marmorbank der Morgue... Wieso eigentlich, wieso beneide ich ihn dennoch?

DER REGEN

Dieser Regen ist warm, warm wie die Tränen der Frauen. Ohne Geschmack, ohne Duft, nur warm. Und bis zum Abend ist er auch schon vergessen.

Ich koste den Regen, erinnere mich, daß ich mich auch an andere Stürme entsinnen kann, Tränen von anderem Geschmack, auch heiße Tropfen eines anderen Geschicks über die Wangen laufen spürte. Immer erinnere ich mich daran, und alles erinnert mich.

TRAUER

Trauer ist keine Feier, mit pathetischen, schwarz-silbernen Schabracken, mit Weihrauch und Musik, mit förmlich kühlen Beileidsbezeugungen. Trauer ist eine Explosion: die größte Explosion im Leben. Jeder Trauernde ist ein wenig Hiob, auf dem Kehrichthaufen, ohne Hab und Gut und kinderlos, inmitten von Schutt, zwischen den Scherben des Lebens, räudig, und er wendet sein Angesicht hin zu dem mit schwarzen, zerrissenen Wolken verhangenen Himmel. Der Mensch lebt tief in Trauer, ungewaschen, übelriechend, in irgendeiner niederträchtigen, ranzigen Einsamkeit. Das, nicht mehr, ist die Trauer. Alles andere ist nur Übung.

DAS MEISTERWERK

Bei Morgengrauen, in dunkler Stube, zündete ich am Sterbetag meines Vaters vor seinem Foto eine Kerze an. Saß frierend im Dunkeln und starrte in die schwache Flamme.

Das Ganze war völlig unverständlich: das Bild, die Kerze, der dunkle Raum, daß mein Vater tot war und ich lebte. Unverständlich und dennoch so überlegen geordnet, wie ein Meisterwerk.

Wir haben Mitte Oktober, und plötzlich wird es Sommer. Ein dickflüssiger Sommer voller Mostgeruch, ein im Wespengesumm dösender Altweibersommer. Sommer, die Wälder eine blutige Kulisse! Ein Sommer, als hätte sich Pan aus der Verbannung zurückgeschlichen und ließe jetzt hier in der Mikógasse* unter meinem Fenster die Flöte erklingen. Da, schon führt ihn der Schutzmann als Landstreicher ab, weil er sich gelbes Laub ins Haar gesteckt hat, schreibt ihn auf wegen Ruhestörung.

Im herbstlichen Schein schlägt unser Herz heftiger. Wir wittern etwas, gehen im Licht und im Duft benommen umher und atmen den scharfen Modergeruch vom faulenden Laub. Es ist, als wenn sich Sterbende einen Augenblick lang besser fühlen, sich aufsetzen im Bett, ein Glas Tokajer trinken und sich kurz an der süßen Sinnlosigkeit des Lebens berauschen, mit blutunterlaufenen Augen und fiebrigem Angesicht aufschreien. Dann fällt ihr Kopf wieder aufs Kissen zurück. So leben wir jetzt, Mitte Oktober.

Morgen muß wieder geheizt werden. Dann muß man sterben. Komm, wir setzen uns in die Sonne hinaus – hörst du die Wespen summen? –, laß uns schweigen, Most trinken; lächle doch, schnell, laß uns leben.

BACKFISCH

Von Zeit zu Zeit kommt der Tafelrichter* an und erklärt mir, welche Folgen der Krieg haben und wie er schlechterdings überhaupt sein wird. Der Tafelrichter ist schon über sechzig, trägt festliche Kleider, hat eine Glatze, und sein englisches Bärtchen wird bereits grau, er bewegt sich möglichst auf Zehenspitzen, streckt beim Sprechen Zeige- und kleinen Finger kokett in die Höhe und spricht mit lispelnder, dünner, mutierender Stimme, er hüpft ständig hoch, küßt Hände und läßt dabei die unsichtbaren Sporen klirren, überhaupt möchte er gern Engländer oder französischer General sein, einer, der Mitglied der Akademie ist, zum Tee bei Hofe geladen, mehr im Oberhaus politisiert als auf dem Kasernenhof kommandiert, möglichst nicht kämpft und mit gespitzten Lippen Dinge sagt wie: »Meine Herren, stets der Ihre.« Auch warte ich bisweilen darauf, daß er ein Bein hebt und einen Bückling macht; überraschen würde mich auch nicht, wenn von seiner Glatze zwei Weiberzöpfe mit hellblauen Schleifen baumeln würden. Denn der Tafelrichter ist ein Backfisch; doch er weiß es nicht.

MITTERNACHTSMESSE

Mitternachtsmesse am Heiligen Abend im Dom zu Kaschau; nach zwanzig Jahren sehe und höre ich das zum ersten Mal wieder. Meine Rührung ist kühl und ohne Pathos. Es ist etwas Höheres und Ewiges im Dom, in den Gesichtern der Menschen, in den graugelben Schatten, in der eisigen Stille; und hinter all dem die Kindheit.

Ja, die Stadt und der Dom, die bleiben erhalten – man muß sie trennen von der Kindheit, von den Menschen, vom Zeitgemäßen, von dem sich Verändernden und Verfallenden, was so fürchterlich fremd ist gerade in dieser Stadt, weil durch Fleisch, Blut und durch die Erinnerung ewig bekannt: Für uns kann nur das wirklich sterben, womit wir allerbestens vertraut gewesen sind. Die Erinnerung ist gestorben und erkaltet. Aber die Stadt und der Dom stehen in kühler Überlegenheit über allen Erinnerungen und Veränderungen: und das mit einer Gleichgültigkeit, die schon unmenschlich ist, so wie nur große Kunstwerke herabschauen können auf den, der sie schuf und den sie geschaffen haben.

SOMMERKRANKHEIT

Die Sommerkrankheit nimmt einen dramatischen Verlauf: mit hohem Fieber und am Rande der Bewußtseinstrübung. Überschwengliche Menschen werden vom Redeeifer mitgerissen, der dieser Krankheit innewohnt; sie sterben daran. Andere kehren aus dem fieberheißen Abenteuer wieder und irren bleich und leicht taumelnd zwischen den fremdartigen Kulissen des Sommers umher, wittern mit der herben Begeisterung des Heimgekehrten die Dünste und Düfte des Lebens, erinnern sich, betasten das Leben, das zugleich Rose und Ruhr, Liebe und Influenza, Wassermelone und Aspirin für sie ist. Aus solchen Elementen setzt sich das Leben, dieses schicksalsträchtige Phänomen, zusammen. Im Sommer wird man das leichter verstehen.

KRANKHEIT

Die Krankheit, dieser angenehme Koben. Schon ein bißchen Himmel, ein bißchen auch das Verlies der Tscheka, wo sich chinesische Scharfrichter herumdrücken, ein bißchen Kammermusik mit viel Mozart-Erinnerung und ein bißchen Viehmarkt bei Stuhlweißenburg* mit Bremsen und Dung, ein bißchen was von den »letzten Dingen«, und in der Tat ein bißchen auch das letzte Ding. Sowohl die Leibschüssel wie der Rhythmus von Rilke-Gedichten gehören dazu, zugleich aber auch Rülpsen und Sphärenmusik. Und vor allen Dingen die Chance, welche das Schicksal gewährt, die Gelegenheit: leben oder sterben. Nutze sie!

DER ARZT

Im Leben des Erwachsenen übernimmt der Arzt nach und nach die Rolle des Lehrers, der gestrengen, aber liebevoll rügenden Eltern und der Autorität. Es gibt kein peinlicheres Gefühl, als jenseits der Vierzig im Gasthaus mit unserem Hausarzt zusammenzutreffen und zu sehen, wie dieses hochgeachtete Wesen ein Schweinskotelett verzehrt und sich im Familienkreis amüsiert.

FREUD

Er starb mit dreiundachtzig Jahren in einem Haus am Primrose Hill in London. Und die heulende, jaulende Meute, die er mit seinen Thesen ins Herz getroffen und verwundet hat, fällt jetzt über sein Andenken her, reißt es schmatzend in Stücke und schwört seiner Lehre ab.

Freud war ein Rebell und ein großer Schriftsteller; wie jeder Revolutionär und wirklich große Geist arbeitete er mit Methode, war kühl, ruhig und zielbewußt. Es reicht nämlich nicht, die Wahrheit zu finden, man muß sie auch aussprechen. Es reicht nicht, die Wahrheit auszusprechen, man muß sie auch formulieren, unverwechselbar, als würde man sie in eine Marmortafel meißeln. Es genügt nicht, schön und klug zu schreiben. Der große Schriftsteller ist nicht Schöpfer schöner Dinge, nicht nur ein Perfektionierer von Texten. Ein großer Schriftsteller ist vor allem einer, der Begriffe prägt. Freud war ein großer Schriftsteller, war ein Begriffsschöpfer. Der medizinische, therapeutische Wert seiner Lehre und seiner Experimente ist neben ihrer literarischen Bedeutung verschwindend klein. Die Begriffe, die er geschaffen hat, leben, sind fester Bestandteil des geistigen Kreislaufs der Menschheit: die »Hemmung«, die »Verdrängung«, das »Minderwertigkeitsgefühl« und all das, womit man sich lange in den Salons amüsiert hat, sind heute so selbstverständlich wie das Ja und das Nein. Das ist Freuds Rache.

Sicher hatte er recht. Er war eine einsame Kraft, eine biblische Seele, unversöhnlich; hatte für alles Verständnis, und als ein wahrer Mann konnte er nicht verzeihen.

Die Uhr

Ich habe am Telefon mit Paris gesprochen, und plötzlich, inmitten von hastig-schwärmerischen Sätzen, vernahm ich, wie weit, weit, tausend Kilo-

meter weiter in einem Zimmer von Paris eine Stand-
uhr mit tiefem Ton elf geschlagen hat. Dieser Klang
war reizvoll und zugleich furchterregend, herz-
bewegend und zeitlos. Die Stimme der Uhr tönte
in den Weltraum hinein, gewährte Einblick in die
Stimmung eines Zimmers und machte mit der Atmosphäre einer Wohnung vertraut: Einen Augenblick lang war ich in Buda* und zugleich in Paris ...
Es gibt keine Geheimnisse mehr in der Welt, dachte
ich. Und freute mich darüber. Doch fand ich es auch
schade.

RENOIR

»Renoir wollte nicht besser malen als der liebe
Gott« – hat einer seiner Kritiker über ihn geschrieben.

Dieser Satz ist unheimlich und grausam, unheimlich wahr und grausam hoffnungslos zugleich.
Gewiß, ein großer Künstler möchte die Welt neu
gebären, neu erschaffen und ordnen – mit un-
bändigem Willen und schöner als der liebe Gott.
Weil er ein Künstler ist. Doch gewiß ist auch, daß
seine Absicht himmelstürmend und aussichtslos ist.
Und gewiß ist, daß Gott nur dem Künstler sein
Mitleid erweist, der danach strebt, es besser zu
machen, als Er es gemacht hat. Denn Gott mißt
das Menschliche mit einem anderen Maß und be-

obachtet den aussichtslosen Wettbewerb aufmerksam und geduldig.

WERTE

Einem wirklich edlen Menschen ist der Wert von
Zahlen bewußt – denn nur Nichtsnutze werfen mit
Zahlen um sich –, doch den Wert des Geldes kennt
er nicht. Eine Zahl ist nicht nur eine Eins oder
eine Zehn; Spengler sagt, daß die Zahlen auch eine
tiefere und geheimnisvollere, ja manchmal sogar
sakrale Bedeutung haben; das Wesen vergangener
Kulturen kann man geradezu am Verständnis, an
der Bedeutung der Zahlen messen. Es gibt »heilige« Zahlen und schicksalhafte Zahlen und auch
solche mit religiösem Inhalt, und das nicht nur
für Abergläubische und Hellseher… Der Mensch
einer Händlerzivilisation versteht den ursprünglichen Sinn von Zahlen nur schwer. Doch nach und
nach kommt er dahinter. Es gibt die Eins: den Tod.
Eins: das Leben. Eins: die Persönlichkeit. Zwei: die
Liebe. Drei: die Familie. Aber es gibt auch Unendlich, dessen Wesen die Zahlen verdecken und verbergen. Ich zähle, langsam und stotternd; zähle,
weil ich lebe.

HEIMAT

In der offiziellen, in der historischen Heimat, in der wappengezierten, gesetzbuchmäßigen, polizeilichen und militärischen, fahnenschwingenden und losungenschmetternden Heimat muß man immerfort, immer wieder, auch immer verbissener, ja mit immer schmerzhafterer Aufmerksamkeit und Ausdauer, mit Nachsicht und Feinfühligkeit nach der wahren Heimat suchen, die vielleicht die Sprache, vielleicht die Kindheit ist, vielleicht eine mit Platanen gesäumte Straße oder ein Toreingang, in dem ich einmal gestanden und einer Melodie gelauscht habe, die durchs offene Fenster einer Etagenwohnung in die Welt hinausdrang – vielleicht dieses Wort: »Abendrot!...« Diese Heimat suche ich immerfort, mit um so verbissenerer Liebe und Vehemenz, als diese andere offizielle und historische, die wappengeschmückte und fahnenschwingende sie vor mir verdeckt.

IN CHINA

Ich lese Lin Yutangs* weises Buch über das chinesische Volk, über sein chinesisches Heimatland. Die Lektüre ist versöhnlich und erhebend. Ich finde darin die Weltsicht, an deren Kraft ich immer geglaubt habe: die vorsichtige und zähe, die sinnliche und dennoch maßvolle, die familiäre und dabei weltoffene, die träge und gewitzte, die gleichgültige und geduldige Sicht der Vernunft.

Jeder Chinese ist ein Dichter. Liebt das Leben, doch mehr als das Leben schätzt er das dämmernde Bewußtsein, das den Sterblichen mitreißt zwischen Leben und Tod, das Opfer im Abenteuer des Lebens zu Demut und Würde erzieht. Jeder alte Chinese ist ein »schlauer alter Hund« und zugleich ein Poet. Er ist weise, weil er weiß, daß man nicht sehr weise sein muß: Das Leben erledigt schließlich alles. Er ist ein Dichter, weil er weiß: Der Sinn des Lebens sind die perfekt ausgedrückten Gefühle und Gedanken. Komm, laß uns für ein Weilchen in China sein.

DER GEWITZTE

Dieser Mensch hat in Sachen Unglücklichsein ausgelernt: Er geht damit so behutsam um, als wär's ein gefährlicher chemischer Stoff, nähert sich ihm mit Gummihandschuhen und mit Schutzmaske vor dem Gesicht, also neugierig und mit professionellem Mißtrauen. Er weiß, das Unglück ist nichts anderes als eine Art Donnerkeil, der sich beim spirituellen Zusammentreffen einer dauerhaften seelischen Hochspannung mit unglücklichen Zufälligkeiten der großen Welt entlädt. Deshalb sichert er sich nach allen Seiten ab, im Privaten wie im öffentlichen Leben. Man kann so, mit herabgeminderter Gefahr, ganz gut leben. Nur – in der Stunde seines Todes, die er so genau voraussieht, als würde sie von einer Weckuhr angekündigt, wird er feststellen: Es lohnt sich nicht.

CHRYSANTHEME

Nur noch ein paar Tage, und die offizielle und feierliche Blume des Winters, die Chrysantheme, hält ihren Einzug. Sie stellt sich in den Auslagen der Blumenläden, in Gesellschaftsräumen und auf Friedhöfen zur Schau.

Die Chrysantheme ist eine zeremonielle und großköpfige, eine kalte und prachtstrotzende Blume, sie ist wie ein schönes Tier – ein Chow-Chow oder ein Löwenbaby –, ihre Blüten gleichen einer Bubikopffrisur, sind wie das krause Haupt einer platinblonden Filmdiva, wie das lockige, strubbelige Köpfchen eines Kindes aus reichem, vornehmem, englischem Hause. Chrysanthemen stehen so feierlich neben Toten und auf den Tischen der Salons! Sie duften nicht. Eine kühle Schönheit ist die Blume, wie eine sehr schöne, eine sehr vornehme, frisch gebadete und gepflegte dreißigjährige Frau, die vom Leben alles bekommen hat, nur nicht das Glück. Die Chrysantheme ist frigide.

Die lüsterne Rose, die verhaltene Nelke, das bäuerlich sinnliche Basilienkraut ducken sich in ihrem Schatten. Ich betrachte die Chrysantheme voller Ehrfurcht. Dann bücke ich mich, rupfe hastig ein Zweiglein vom Basilikum und stecke es mir ins oberste Knopfloch.

BACH

Er hat zwanzig Kinder gehabt, war Kantor zu Weimar, Koethen und Leipzig und Organist, war arm wie eine Kirchenmaus; schrieb inmitten von zwanzig Kindern seine Oratorien, Konzerte, Suiten, wie unsereiner einen schnellen Artikel, überflüssiges Gequassel hinschmiert für das Sonntagsblatt... Er schrieb, wie Bäume atmen, wie der Wald zugleich redet und schweigt, er schrieb wie der liebe Gott, als noch keine Erde und kein Himmel war, nur die Melodie, die Harmonie, schwerelos und unfaßbar. Er schrieb inmitten von zwanzig Kindern, bettelarm, war Kantor und hatte keinen Sonntagsrock... Schweig, schweig. Jetzt hat Bach das Wort. Hör ihm zu.

Die Krankheit beschreiben, einfach und sachlich, irgendeine einfache, alltägliche Krankheit, die einen jederzeit befallen kann: beschreiben in Form einer Anklage. Denn das ist sie ja, eine Anklage, eine rauhe, mysteriöse Anklage des Lebens. Die ganze Umgebung, die Familie, das Pflegepersonal, ja selbst der Arzt, sie alle sprechen voller Argwohn mit dem Patienten, nehmen ihn richtig ins Kreuzverhör, knebeln und quälen ihn nach Strich und Faden, weil ihm anders die Wahrheit nicht zu entlocken ist. In der Nähe des Kranken wird jeder zum Ankläger. Warum ist er krank geworden? – fragen sie; und geben auch gleich die Antwort: – Weil er sich erkältet hat, weil er nicht aufgepaßt hat, weil er dies oder jenes getan oder gelassen hat, weil er statt glücklich zu sein unglücklich war, natürlich! So nicken und bestätigen, so beschuldigen sie. Dann handeln sie schnell, wie der Ankläger, der Scharfrichter und der Henker. Und in der Tat: In der Tiefe, auf dem Grund der Krankheit glimmt und glüht diese Anklage, auch der Kranke weiß davon. Und wessen wird er beschuldigt? Vielleicht, daß er nicht heldenmütig genug für das Leben war, es nicht heldenhaft genug geliebt hat. Natürlich, ohne Liebe kann man nicht leben. Und aus ebendiesem Grund gib du mir jetzt ein Aspirin und leg mir einen kalten Wickel um den Hals.

HERBST

Der Herbst ist eine Veränderung, und jede Veränderung ist eine Krise im Leben des Menschen. Es
gibt nicht nur die »herbstliche Trübsal«, wie Dichter glauben, es gibt auch eine herbstliche Magenverstimmung, herbstliche Sinnlichkeit, herbstliche
Todesangst und herbstlichen Ehrgeiz. Ja, sogar
die Herbstkrankheit gibt es, besonders in den
Tagen des frischen Traubenmostes, und es gibt eine
herbstliche Erregung, die mit dem Frühjahrsfieber
wetteifert. Mir tut gerade jetzt, weil wir Herbst
haben, der Zahn weh. Wohlan, Poeten, besingt ihn
doch.

HÄNGEMATTE

Gibt es sie denn auch anderswo als auf Kriegsschif-
fen? ... Hier, nachmittags in Zugliget*, sehe ich die
Hängematte wieder: Zwischen zwei Baumstämmen
in einem verwilderten Garten wiegt sich ein junges
Mädchen darin, reckt in der weichen, schwingen-
den Schaukel die schlanken, unbeschuhten Beine,
in der schlaffen Hand hält sie mit lockerem Griff
einen in Rot gebundenen Roman.

  Die Sonnenstrahlen fielen durch die Bäume auf
die Hängematte, das Mädchen und den roten Roman,
all dies zusammen ein schwingendes, schwebendes

19. Jahrhundert, müßig, altmodisch und dennoch revolutionär, etwas von Madame Bovary und Pasteur. Die – Madame Bovary und Pasteur – schwebten und flogen damals nur so an sommerlichen Nachmittagen, in der Hängematte. Zuweilen sind sie, auch auf diese Weise, weit gekommen.

SANFTER SOMMER

Es gibt eine Art sanfter Sommerwelt mit Himbeersaft, gestockter Milch und Zitronenwasser. Und dann gibt es die andere, mit Feuersbrunst, Blut und Lustmord. Irgendwo zwischen beiden Welten lebe ich, schlürfe Himbeerwasser, während ich auf die Feuerwehr und die Mordkommission warte.

DIE BERÜHRUNG

Nicht nur nachplappern, du sollst es endlich auch glauben, daß alles, alles anders kommt. Eines Tages streift dich das Schicksal; anders, zu anderer Zeit und mit anderer Absicht, als du erwartet hast. Das Leben berührt dich, und dein Alltag füllt sich mit wundersamen Dingen. Aus dem Asphalt schießen Wasserfontänen, ein Mensch öffnet sich dir, die Löwen fressen aus der Hand. Die Berührung ist stark und bewußt. Selten ist Gott nicht launenhaft.

FRÖSTELN

Dieses Frösteln in der Luft, als ob die Natur sich
erkältet hätte, die Bäume haben Schnupfen, und
Nebel liegt in der Nacht auf den Wiesen, als ob man
sie in einen nassen Wickel gehüllt hätte, die Chrysanthemen niesen wie empfindliche Kinder, und der
Duft von Lindenblütentee schwebt in der Luft. Die
Welt ist leicht fiebrig und fröstelt. Gebt ihr doch
morgens und abends ein Gramm Aspirin – fällt mir
gerade dazu ein.

ANTWORTEN

Manchmal hat man zu antworten, in unvorherseh-
baren und unaufschiebbar schicksalhaften Augenblicken des Lebens: hat zu antworten, auf alles.

Wer bin ich? Was habe ich vor? Gegen wen,
für wen will ich sein im Leben? Warum? Mit welchen Fähigkeiten, Instrumentarien, Mitteln, mit
welchem geistigen Rüstzeug? Und was das Wich-
tigste ist: mit welchem Ziel? ... Und, antworten, auf
alles: Wie weit bin ich? Habe ich noch Reserven an
Opferbereitschaft, Selbstlosigkeit, oder will ich nur
noch Restbestände bewahren und retten? Das ist
der Augenblick im Leben, da man zu antworten hat.
In dem eine Antwort erwartet wird; die Stille ist
groß, dramatisch. Doch dann erfährst du, wirst du

gewahr, daß man auf solche Fragen nicht mit Worten, sondern nur mit dem Leben antworten kann.

DIE WAND

Was für ein kluger, vielseitig gebildeter, feinfühliger Mensch! Emphatisch fange ich eine Unterhaltung mit ihm an. Er antwortet präzise, lacht an den richtigen Stellen und wird an den passenden Stellen ernst. Ich gebe mir Mühe, nehme all meine Fähigkeiten zusammen, lege einen Pfeil auf den Bogen und achte darauf, das Ziel nicht zu verfehlen: Klopfenden Herzens hoffe ich, daß er der Mensch ist, daß auch er diese Art Mensch ist.

Und nach einer Viertelstunde merke ich, er ist doch nicht dieser Mensch. Warum? Ich weiß es nicht. Er zeigt sich genauso gebildet, klug, vielseitig und feinfühlig wie vor einer Viertelstunde. Lacht immer noch an den passenden Stellen oder wird ernst, wo es angebracht ist – aber ich habe inzwischen gemerkt, daß wir an der Grenze angelangt sind, wo er mir nicht mehr folgen kann, wo er kein Gehör mehr für mich hat, wo er taub und blind für mich ist – als ob jedes meiner Worte auf eine Wand prallen würde. Deshalb schweige ich, verstimmt. Argwöhnisch schweigt auch er. Dann schütteln wir uns die Hände, und jeder geht seines Weges.

Es schneit

»Es schneit«, diese zwei Wörter lösen bei mir eine der geheimnisvollsten Grundstimmungen des Lebens aus. Als ob man mir sagte: »Du hättest glücklich sein können, doch du hast es versäumt.« Oder sagen würde, dreimal: »Vaterland, Vaterland, Vaterland.« Oder: »Erinnerst du dich? ...« Auf das Gefühl kann man nicht antworten, und auch analysieren läßt es sich nicht. Der Schnee ist für mich zugleich das Haus in Kaschau*, als es das wirkliche Kaschau und das wirkliche Haus dort noch gab – denn Gefühle haben mit den historischen und sachlichen Fakten nichts zu tun –, die Kindheit, dann die Jugend, München, Reisen, ein Hotelzimmer, in Salzburg die Glocken, dieses wilde Herzklopfen, mit dem ich bei Sonnenaufgang aus dem Zugabteil dritter Klasse auf die verschneiten Berggipfel über Innsbruck hinaufblickte, eine Schneeflocke auf der vom Frost geröteten Stupsnase einer jungen Frau, Tolstoi, eine Tasse Kamillentee im Spielsaal des Café »Univers« in Paris und vieles mehr, das ich nicht aufzählen kann und das sich aufzuzählen nicht lohnt, weil es in ebenden zwei Wörtern »es schneit« enthalten ist.

EHRGEIZ

Selbst die Streichhölzer hat er so hervorgeholt
und so Feuer gegeben, als ob er im Auftrag vom lieben Gott jeden Morgen den Stromboli anzuheizen
hätte.

DAS SCHICKSAL

Man glaubt immer, das Schicksal müßte wie ein
Donnerschlag über einen hereinbrechen, mit Blitz-
strahl und bengalischem Feuer, mit Pauken und
Trompeten. Dann, eines Tages, macht man Be-
kanntschaft mit ihm und stellt fest, daß es viel fei-
nere Manieren hat. Lungenkrebs, das Elend, eine
Erniedrigung oder die tödliche Liebe melden sich
leise, klopfen an und begehren mit einem höflichen
»Darf ich?« Einlaß. Dann erst treten sie ein.

LEBENSALTER

Es gibt kein hoffnungsloseres Unterfangen, als
einer Nation ihre Fehler zu erklären. Der Versuch
ist fast so aussichtslos, als wollte man einem Menschen klarmachen, worunter er leidet, was Lüge
und Feigheit in seinem Leben sind. Nationen können nur dann gesunden, wenn sie freiwillig, wenn

sie mit Körper und Geist, ohne fremden Beistand ihre Sünden überwinden, wenn sie sich entwickeln, wenn ihnen bewußt wird, wenn sie wissen, was es war, das sie bisher leidvoll ertragen haben. Erklären kann man das Völkern genausowenig wie Menschen.

Eine Nation wächst langsam heran, langsamer als ein Mensch. Die Amerikaner sind heute Heranwachsende, die Deutschen und Italiener befinden sich in den Flegeljahren, die Franzosen sind gute Fünfziger, die Engländer haben die Fünfzig schon überschritten. Russen sind zeitlos, das Alter des Muschiks* jenseits eines gewissen Zeitpunkts zu ergründen ist vergebliche Liebesmüh, man kann durch nichts auf sein Alter schließen. Auch die Japaner sind in den Flegeljahren, der Chinese ist erwachsen, schweigt und lächelt. Die Ungarn finde ich jetzt zwischen Dreißig und Vierzig: Sie renommieren nicht mehr nur aus Übermut, beginnen ihre Kräfte einzuschätzen, rechnen und werden nachdenklich.

REGEN

Irgendwo regnet es. Die Landschaft, die ich im Regen sehe, könnte auch in der Normandie liegen: Ein einsames Haus steht inmitten der morastigen, dampfenden Wiese, in der Ferne ist eine Eisenbahnschranke zu sehen; eine schimmernde, glitschige Betonstraße, die Fensterläden des Hauses sind geschlossen, in der Regentraufe kullern Kieselsteine, die Lichter im Haus hat noch niemand angeknipst; im Vorzimmer Küchengeruch und Halbdunkel in den Zimmern, muffige Möbel, Erinnerungen, die wie junge Katzen greinen. Ein Mann in gewirkter ärmelloser Weste sitzt am Tisch, lauscht dem Regen, denkt an nichts, gähnt, und es kommt ihm nicht einmal in den Sinn, daß er sich auch erschießen könnte.

DIE RÄUBER

Der Wald ist jetzt leergeraubt, die Bäume sind kahl, die Erde ist aufgewühlt und morastig, als ob Blut sie getränkt hätte, Raben krächzen ob der unsagbaren Trauer, schwarze Wolken breiten ihre Schleier über die Untat, so wie der Gendarm das Mordopfer bis zum Eintreffen des Überfallkommandos mit seinem Regenmantel zudeckt, nachdem er das Verbrechen aufgespürt hat, die ärmlichen Büsche kauern in kläglichen Kitteln händeringend jammernd am Wegrand, und eine Elster mit Brille auf der Nase beugt sich von einem Baumast herab und fragt mit zynischer Empörung: »Und was sagt Europa dazu? ...«

Sonntag nachmittag in Kaschau,* zum ersten Mal
wieder seit fünfundzwanzig Jahren. Mit dem schwe-
ren Geruch des dichten Schmerzes in der Luft,
des Schmerzes der Kindheit. Diese Traurigkeit und
Hoffnungslosigkeit, die kindliche Nervosität der
Sonntage, das Halbdunkel der Kaffeehäuser, inmitten der Ansichtskarten, wie einst im sonntäglichen
Kinderzimmer, wenn der Erzieher weggegangen
war und wir mit Laubsäge, Jules-Verne-Büchern
und Bauklötzen allein geblieben sind... Irgendwo
wird auch jetzt Klavier gespielt. Es regnet. Auf der
Straße unterm Fenster flanieren trällernd slowaki-
sche Mägde und ungarische Burschen in Uniform.
Diese Hoffnungslosigkeit ist tief wie die Zeit, und
kein äußeres Ereignis kann sie lösen. Am Sonntag
nachmittag wäre ich immer gern in den Zirkus gegangen. Der ganze Schmerz der Kindheit befällt
mich und streckt mich nieder in diesen Stunden;
das Ungeheuer, das Ungeheuer der Langeweile und
des schrecklichen Wartens lauert auch heute in diesen Häusern, hinter den Fenstern, unter diesen Tor-
eingängen... Und was vielleicht das Allertraurigste
ist: Es gibt keinen Zirkus mehr auf dieser Welt, dessen Kunststücke ich noch sehen möchte.

Medicina

Es wäre an der Zeit, daß endlich auch die Kranken sie schreiben. Ich denke an eine neue Heilkunde, welche die Gegenpartei verfaßt, konzipiert und beweist. Denn auch sie, die Kranken, wissen es. Wissen, wie die Blinddarmentzündung anfängt, welchen Verlauf das Fleckfieber nimmt und was für die Hirnhautentzündung charakteristisch ist. Wir wissen es ebenfalls, aus mindestens ebenso unmittelbarer Erfahrung wie der Doktor, auch ist unsere Darlegung nicht weniger authentisch und sachgemäß. Melden wir uns endlich zu Wort, berichten wir. Es wird lehrreich sein. Und auch die Krankheit kann daraus lernen.

Zähne

In der Nacht habe ich geträumt, daß mir die Zähne ausgefallen sind, und nach allen weisen Büchern und den Aussagen der Wahrsagerinnen verheißt dieser Traum Krankheit und Tod. Gegen Abend hatte ich bereits Schüttelfrost und Fieber. Die Wende hat mich nicht überrascht; der Traum blinkt rot auf, wie eine Sturmlaterne im Dunkel der Nacht und des Lebens.

Der Turm

Nachmittags um vier, bei vierzig Grad in der Sonne, beginnt der buttergelbe Turm der Matthiaskirche* zu leuchten. Das Licht hebt den Platz und den Turm aus der Vergangenheit heraus. Die Gassen des Burgviertels sind ausgestorben, als hätten die Türken sich eben erst davongemacht. Nur der Färber schlendert des Weges und ein hinkender Juwelier. Hinter den geschlossenen Rolläden der Fenster träumen weißhäutige Damen von den Befreiern. All das, der Platz, der glühende steinerne Turm, birgt etwas Tiefes und Grausames. Dies ist der Augenblick des Schicksals, der alten Sonne und der alten Steine. Beeilen wir uns zu leben.

Linderung

Vier Tage Tropen: tierisches, matschiges Existieren, keuchende Besinnungslosigkeit bei diesen fünfunddreißig Grad in dem dampfigen, mit morschen Gerüchen gefüllten Treibhaus, in dieser chinesischen Folterkammer, der fiebrigen Umarmung des Sommers. Für den Morgen haben die Blätter »Linderung« gemeldet.

Die »Linderung« trifft pünktlich ein, mit grauen Wolken und einem kühlen Lüftchen. In diesen Augenblicken kehrt die Verantwortung des Lebens der gemäßigten Zone wieder. Es ist nicht mehr der Sommer, der uns brennt, sondern unsere Seele, unsere Sünden, unsere Mängel. Es brennt nicht mehr der liebe Gott, sondern die Arbeit, die Pflicht, die langweilige Hoffnungslosigkeit. Wir blicken nicht mehr der sengenden Sonne, sondern unseren glühenden Neidern und lieben Freunden ins Gesicht, bis zum Hals in Garderobe steckend, den Zylinder in der Hand. Linderung, ja... wo ist sie, die Linderung? Das menschliche Klima kennt die gemäßigte Zone nicht.

SCHIROKKO

In dem Zimmer, dessen Türen und Fenster geschlossen sind, beginnt plötzlich der Schirokko zu heulen und zu sengen. Sein Odem ist süßlich und faulig, heiß und heimtückisch, wie der Kuß einer kränkelnden Frau. Die Welt existiert nicht nur zwischen den Klimazonen, vollzieht sich nicht nur im Unendlichen. Schirokko gibt es auch in Innenräumen, in Mietshäusern, im zweiten Stock. Ich war gerade in einem; Augenblick, muß mir nur eben den Schweiß von der Stirn wischen.

DER GARTEN

Nun ist der Garten komplett. Dies ist sein Auftritt, die große Premiere, die Galavorstellung. Alles und jedes an seinem Platz. Die Farne stehen in aufgeregter Feierlichkeit Spalier für die feenhafte Rose, die ängstliche Nelke und die vor Aufregung leichenblasse Lilie.

Der Garten hat sich gefüllt mit dem einzigen Inhalt und Zweck, welcher der so geheimnisvolle und so alltägliche Sinn seines Daseins ist. Er hat sich mit etwas gefüllt, an dem zugleich Gärtner und Florfliege, der Wind und der Regen, Gott und die Bienen gearbeitet haben. Ein geheimnisvolles Zusammenwirken! Tag und Nacht haben sie gesponnen und geflochten, aufgebaut und zerstört, gemalt und gerichtet, gestaltet und gezähmt im Garten, Monate hindurch. Nun steht er da, in voller Reife, und hat keinerlei Ziel, will nicht einmal nützlich sein. Nur sein – eine große Schule ist das! Verstehst du sie?

PETER UND PAUL

Der Himmel quecksilberfarben. Die Felder dampfen, hauchen bleihaltigen Brodem aus. Klatschmohnklecksen im Weizen, wie Flecken der Lustseuche auf einem Gesicht.

JULI

Die Stadt stöhnt leise, so wie die assyrischen Gefangenen in den Kupferminen gestöhnt haben könnten, bei vierzig Grad Hitze, die Füße in Ketten, nackt und hoffnungslos, eingepfercht in ein Schicksal, das gleichgültig und grausam ist. Wer hört unser Stöhnen? Stöhnen wir leiser, Kameraden; es ist Mittag, der Pharao schläft.

EIN TAG IN KASCHAU

Eines Tages bin ich dann doch nach Kaschau* gefahren, mit dem Schnellzug, wie man auch nach Szeged* oder Makó* fährt, ohne besondere Aufregung und innere Rührung: Unterwegs habe ich Greens »Journal« gelesen und mich darein vertieft; was ich las, hat mich mehr interessiert als die Fahrt; der Zug hielt, und ich bin ohne Reisepaß und Visum in Kaschau ausgestiegen, habe den kleinen, zwischen Bahnhof und Stadt gelegenen Hain durchquert und mir im Hotel ein Zimmer genommen, bin durch die Straßen geschlendert, sah mir die alten und die neuen Häuser an, ging zu dem Mietshaus, in dem wir einige Zeit gewohnt haben, und im finsteren Torgang, der den Eingang mit dem Hof verbindet, flogen Fledermäuse, im ersten Stock des Hauses blieb ich vor dem Fenster stehen, hier sind meine kleinen Geschwister geboren, ich nahm die Stiege, auf der mein Vater vierzig Jahre lang täglich hinunterging, die Zigarre in der Hand, wohlgenährt, aufgeräumt und feierlich, kam dann zum anderen Haus, das überm Tor noch immer unser Wappen trägt; ich ging zum Gasthof, in dem man mich nicht kannte, und spähte auf den Berg hinauf, wo sich in der Kapelle einmal im Winter eine Wildkatze versteckt hatte und wo wir, als der Krieg ausbrach, in einem altersschwachen Sommerhaus wohnten, am Abend bin ich in der Straße der leichten Mädchen an den beleuchteten Fenstern vorbeigekommen und habe die dösenden Dirnen angestarrt, die traurig und gleichgültig in dieser marseilleschen Freizügigkeit und Unbekümmertheit hinter den ausgeleuchteten Scheiben der Auslagen ruhen, am Ende der Straße fand ich die Tafel der Hebamme, deren Sohn mit mir zusammen das Gymnasium besucht hat – Gurka hieß er –, und gegen Mitternacht blieb ich vor der Kirche der Dominikaner stehen, im Mondschein auf dem mit weißen Steinen gepflasterten Platz, der in seinem Silberglanz ganz spanisch anmutete, an Hinrichtungen und ans Mittelalter gemahnte, und ich dachte: »Alles an seinem Platz. Sehr schön, sehr richtig.«

Vielleicht war auch nur der Dom der alte, mit seiner furchteinflößenden, unnahbaren Schönheit, mit der Kraftanspannung seiner Bögen und Gewölbe, der Säulen und Spitzen... Völlig allein war ich in Kaschau. In einem Keller trank ich Wein, ging dann ins Hotel zurück, gähnte und fiel in Schlaf. Dann sah ich, im Traum, für einen Augenblick, mit Tränen in den Augen, Kaschau, das wahre, richtige – aber nur für einen kurzen Augenblick.

RELIQUIE

Übe dich in Andacht: Möglicherweise werden die Haarlocken, die du gerade zerstreut durch deine Finger gleiten läßt, die Hand, deren Fingerknöchelchen du lässig umfaßt und drückst, das Papiermesser auf dem Tisch eines Arbeitszimmers, die Sandale, die vor dem Sofa herumliegt, irgendwann einmal zu Devotionalien und Reliquien. Auch die heilige Genoveva hat einen Kamm benutzt, selbst der heilige Augustinus am Abend sein Schuhwerk abgelegt, und auch der heilige Franziskus mußte sich gelegentlich die Haare kürzen lassen, und seine Umgebung ist gleichgültig an ihm und an den Gegenständen, die er benutzte, vorbeigegangen. Der Vorgang, bei dem aus einem Gegenstand eine Reliquie wird, ist einer der geheimnisvollsten. Die Erfahrung, daß aus den meisten Menschen ein Schwein wird, soll dich nicht vergessen lassen, daß selbst Heilige als Menschen angefangen haben. Unglaublich, aber wahr.

SZENE

Im Wartezimmer des Arztes das bekannte, mit verwaschenen Farben gemalte Bild: der Platz einer italienischen Stadt mit Menschenauflauf und einem Helden in seiner Mitte, die Linke in die Hüfte gestemmt, die Rechte weist nach oben. Diese ewige große Szene: der Mensch, der inmitten der Menge seinen Gott zum Zeugen anruft, daß er es nicht gewesen ist, der gestohlen hat, oder der beteuert, er habe nur das Beste gewollt und im Interesse der Menschheit gehandelt. Eine Art Urszene, in Opern und in der Geschichte. Immer dieselbe und stets verdächtig. Jeder ist verdächtig, der gen Himmel weist, aber für irgendeine irdische Angelegenheit den Zeugen sucht.

ANTEILNAHME

Tiere kennen die Anteilnahme. Es ist eine primitive Anteilnahme, eine einsilbige, stammelnde. Der Hund kennt genau meine Verletzungen, wenn ich irgendwo im Leben oder im Zweikampf der Literaten einen Schlag oder Stich abkriege, er kommt zu mir, legt seinen Kopf auf mein Knie und sieht mich lange an, einvernehmlich, mit weisem, stummem Trost. Er sagt nicht »Kopf hoch, es wird schon wieder werden« – weil er weiß, daß es niemals besser werden wird. Die Anteilnahme der Tiere ist vornehm und mutig. Sie trösten nicht, stellen nur fest. Diese Sachlichkeit kühlt, tut wohl.

GEHEIMNISSE

Ich lese jetzt Brehm und Proust, abwechselnd. Ein Kapitel über das, was im Salon des Herzogs von Guermantes geschehen ist und wie Herr Charlus den Oberkammerdiener verführen wollte, und ein Kapitel darüber, daß Tiger nur dann Menschen verspeisen, wenn sie schon sehr hungrig sind; ein paar Zeilen darüber, was Albertine empfand, als Marcel sie zum ersten Mal küßte, und einige Zeilen auch darüber, daß kleine Känguruhs nach ihrer Geburt im Brutbeutel der Mutter einige Monate lang noch ein embryonales Leben führen, saugen, blind sind und sich nicht in den Beutel entleeren, sie scheiden also in dieser Zeit keinen Kot aus und auch keinen Urin. Diese Mannigfaltigkeit ist erfrischend und macht nachdenklich. In Kenntnis dieser Geheimnisse verspüre ich keine Lust, ein Urteil zu fällen, weder im Prozeß der Menschen noch in dem der Tiere. Ich finde mich mit dem ab, was ich verstehe: daß die weltliche Fauna gleichermaßen abwechslungsreich wie unverständlich ist, sowohl im Salon der Herzogin von Guermantes wie auf den Hochplateaus von Australien. So viel verstehe ich von

all dem, und dies Bewußtsein reicht mir auch, fürs
Leben.

BAKONY[*]

Ein entschlossenes und wahnsinniges Weib, das gewissermaßen mit dem Handbeil in der Faust und
ein Pferd zwischen den Schenkeln durch die Nacht
streift, das seinen Tag mit Branntwein beginnt, die
Stummelpfeife mit blutigen Nägeln auf den Fang-
zahn gedrückt, schnapsbenebelt im Ödland oder
zwischen Bridgeclubs und Kaffeehäusern Beute und
Abenteuer witternd umherstrolcht, mit Federgras
am Hut und weiten Flatterhosen um die Beine. Unheimlich und lächerlich, auch außerhalb der Rechtsordnung, ein echter ungarischer Betyár[*]. Pardon,
ein Betyárenweib.

DIE ABENDE

Die Abende sind jetzt schon tiefer, tiefer und schat-
tiger. Ihr Inhalt ist wortkarg und eintönig. Das
sagen sie, wie jeder, der altert. »Achte auf den Schatten. Siehst du, wie lang er geworden ist? Denn auch
der Schatten ist Wirklichkeit.«
   Auch der Abend ist Wirklichkeit, wie die Bäume,
die Häuser und die schmutzigen Gärten, die er

mit seinen nassen, dunklen Hüllen zudeckt. Unser Leben ereignet sich auch am Abend, so wie im Raum. Auf einmal wird der Abend groß, wie die Nasen der Toten. Er schweigt; doch sein Schweigen ist fordernd. Jeder verneigt sich, wenn er durchs Tor in den Abend eintritt. Auch die Glocken läuten, nervös und ungleichmäßig. Bemerkenswert, es geschieht etwas.

DIE FLUT

Er wollte gerade etwas sagen, seine Augen leuchteten auf in zerstreutem Glanz, nur eben wie ein Lämpchen, das man in der Tasche vergessen hat und das durch den weichen Stoff hindurch zu leuchten beginnt. Er führte seine Hand an die Schläfe und hat schon beinahe die Wahrheit ausgesprochen. Aber dann kam die Flut und hat alles überspült und weggefegt.

Ich vernahm den anschwellenden Strom seiner Worte, der mit eintönigem Plätschern und ständiger Wiederholung Tang, verendete Fische, tote Gefühle, leere Konservendosen und ebenso leere Klagen mit sich riß, lauschte diesem ewigen, eintönigen Strömen, das die Wirklichkeit überspülte. Die Flut kam in runden Sätzen, schwappte hin und wieder am Ufer hoch und über die sichere Einfriedung seines Lebens, leckte bereits an der Mauer des

Hauses empor. In einem leiseren Augenblick hob ich die Hand und wies zum Himmel.

– Was ist? – fragte er mißtrauisch.

– Der Mond! – antwortete ich. – Vorsicht! Sehen Sie nicht? ... Die Flut.

DIE AUSSICHT

Das Hotel stand oben auf dem Berg, und ich sah vom Balkon meines Zimmers weit, weit ins Land hinein: sah den großen Strom und die Stadt, und hinter dem Strom und der Stadt das aus Hügeln, Wäldern und Ebenen zusammengefügte Bild, das das Land ergibt. Ich saß, die Ellbogen aufgestützt, Stunde um Stunde auf dem Balkon und genoß die in feine Schleier des Frühherbstes gehüllte Landschaft, die Aussicht.

Die große Stadt war aus der Ferne fremd und würdevoll: Häuser und Häuserreihen fügten sich wie in einem geometrischen Diagramm zueinander. Ein einzelnes Haus habe ich nirgends gesehen, statt dessen wucherten Gebäudeblocks und Stadtviertel. Am ersten Tag träumte ich vor mich hin, bewunderte die Aussicht, die Stadt, dieses modellhafte Gebilde. Tags darauf langweilte ich mich und sah gähnend hinaus auf die Stadt. Ich überlegte, daß im Großen, aus der Ferne nichts interessant ist. Nicht ein Häuserblock, immer nur eine Wohnung, ein Fenster, ein Zimmer ist interessant. Die »Einwohner der Stadt« haben mich nicht interessiert: Mich interessieren nur Gisela und Heinrich. Der graue Fleck, der in der Ferne malerisch den Wald markiert, sagt gar nichts, doch ein Baum, ein einziger, der mit seinem Laub mein Fenster beschattet und auf einem Ast ein Vöglein trägt, der entzückt und verzaubert mich. Nur das Detail ist interessant. Macht das Fenster zu.

»AUF DIE SCHNELLE«

Was müßte ich tun auf die Schnelle? ...

Endlich den Roman schreiben, auf den ich mich seit zwanzig Jahren vorbereite; während ich statt dessen zwei Dutzend Bücher geschrieben habe, um diese Aufgabe zu verzögern, nach China und nach Grönland reisen, eine Familie gründen mit wenigstens drei Kindern und zwischendurch ein freies Leben führen wie Robinson und Casanova, die drei-, viertausend Bücher lesen, ohne die ich nichts Sicheres aus Vergangenheit und Gegenwart des Menschen wissen kann, auch Geld verdienen, um unabhängig zu sein, allen materiellen Ansprüchen entsagen, um noch unabhängiger zu werden, mich mit dem Tod anfreunden und das Leben lieben lernen ... Das ist es, was verwirklicht werden müßte, was nicht mehr aufgeschoben werden kann, ohne das erfüllt zu haben oder zu besitzen das Leben sinnlos und überflüssig ist, all das gehört zu meinen Pflichten, und alles das benötige ich, auf die Schnelle. Wenn der Tod naht, beginnt der Mensch hektisch zu werden, wie der Reisende, der fünf Minuten vor der Abfahrt merkt, daß die Zeit um ist und er noch nicht gepackt hat. Also los, packen wir das Leben zusammen, auf die Schnelle.

SEPTEMBER

Der Mensch wird allmählich heimisch in der Welt. Ja, das ist der September. Ich koste ihn, wie ein Experte den jungen Wein, den Most, zungenschnalzend und ernsthaft; vermag schon das spezifische Gewicht, die Wärmegrade, Geschmack und Duft von einzelnen Septembern zu unterscheiden. Ja, der diesjährige ist ein durchaus passabler September. Er hat Zucker und Altweibersommer in der Luft, honigfarbenen Sonnenschein, Totengeruch, trunkenes Lebensgefühl und zustimmend nickende Weisheit. Ein ziemlich guter September! Ich markiere ihn mit Kreide und warte, was der gärende Rausch bis zum Frühjahr aus ihm werden läßt.

ENDYMION

Welch schrecklicher Traum, den der Sohn des Zeus
von der ewigen Jugend und von der Unsterblichkeit
träumt!

Ich begehre anderes, im Traum. Meine Bitte:
»Helft mir, ihr Götter, daß ich mich mit dem Leben
versöhne und mit dem Tod abfinde, daß ich mich bescheiden und auf Menschenart von den Frauen und
von der Lust verabschiede, vom Ehrgeiz, von Landschaften und von den Sternen, daß ich nach menschlichen Gesetzen alt werden darf, den Schmerz in
Würde und bewußt ertrage! Das ist alles, worum
ich bitte. Die Jugend lasse ich, weil sie mich verläßt.
Ich blicke nicht im Trotz zurück und auch nicht
lamentierend; staunend wende ich mich um, die
Augen verschleiert von Erinnerungen und Dank-
barkeit. Jetzt, im kalten Glanz des Mannesalters,
will ich noch die Wirklichkeit sehen, ohne Nebelschleier, ohne Gefühle. Das ist alles. Gewährt ihr es
mir? ...«

Doch die Götter schweigen.

WOHNUNG ZU VERMIETEN

Ich gehe an unserem Kaschauer Haus vorüber und
sehe in einem Fenster des Parterres den handge-
schriebenen Hinweis: »Wohnung zu vermieten«.

Der Hausmeister führt mich in den ersten Stock hinauf, hat alle Schlüssel dabei. Ja, sagt er, die Wohnung ist leer, sie soll vermietet werden, und öffnet die Tür zum großen Speisezimmer.

Als wir von hier weggingen, kam das Haus, in dem ich meine Kindheit verbracht habe, unter den Hammer; ein Rauchfangkehrer ist in die Wohnung eingezogen. Er selbst behilft sich mit den Gartenzimmern und möchte die hübschen, wohnlicheren Räumlichkeiten jetzt vermieten. Wortlos sehe ich mich um. Dies hier war das Speisezimmer, der höher gelegene Teil, mit Säulen und Bögen, von da führte eine Stiege in den unteren, großen braunen Saal, wo der Fayenceofen stand. Von hier trat man ins dunkle Zimmer, in Vaters Schlafgemach, diese geheimnisvolle Grotte, so eine Art Häuptlingshöhle mit Büffelzeichnungen an den Wänden, dann das große Zimmer zur Straße mit den Mauerbögen, dem schönen Fußboden und den edel geschwungenen Nischen in der Wand für die Bibliothek. Das alles steht jetzt leer und wäre zu vermieten. Ich schaue interessiert umher, Hut und Handschuhe in der Linken, richte ein paar sachbezogene Fragen an den Hausmeister.

Ich erwäge: »Ob ich denn wirklich noch einmal in dieser Wohnung leben möchte?« Und eine Stimme in mir antwortet, ruft schrill: »Nein.« Ich sinne noch: »War es gut hier, die Kindheit, und überhaupt alles; sehne ich mich hierher zurück?« Die

Stimme erwidert in gebieterischem Ton: »Nein.« Und so stehen wir mitten in der Wohnung, starren auf die leeren Wände. Dann sehen wir uns auch noch die Küche an. Sie ist groß und leer, fordert einem Respekt ab, die Wände sind gekachelt, auf dem Herd wurde für Menschen einer anderen Welt gekocht. Auch das Dienstbotenzimmer ist geräumig, hell und herrschaftlich. Das Leben, das in diesen Mauern ablief, war für die Ansprüche einer anderen Art von Bürgertum, für eine andere Art Frieden bestimmt. Ich erfahre, daß der Rauchfangkehrer, der die Wohnung jetzt aufteilt, aus dem Kinderzimmer eine neue Küche für sich gemacht hat.

Ja, das alles ist vorbei, ist fremd. Und dennoch kann ich nicht einfach meiner Wege gehen. Ich stehe in diesem leeren Raum, ohne falsche Sentimentalität, mit der Wachsamkeit eines Forschers, und spüre dem Konstruktionsplan einer versunkenen Welt nach. Hier stand der große Schrank, hier das Klavier und hier das Sofa, weich und bequem saß der Gast in seinem Schoß, »wie im Schoß der Kaiserinmutter von China« – hieß es in unserem Familienslang. Und der Fleck dort überm Waschbecken in Vaters Schlafzimmer zeigt noch die Umrisse seines Spiegels, den er zum Rasieren benutzt hat. Dieser Fleck wühlt auf einmal alles auf, erschreckt mich – ich verstehe plötzlich das Ganze nicht, betrachte fast mit Schaudern diese Wände und Steine, die den Niedergang überdauert haben. »Nein, ich möchte die Wohnung doch nicht nehmen« – sage ich dem Hausmeister. – »Sie ist mir etwas zu dunkel.« Und ich eile davon.

FRIEDEN

Beginne, mein Sohn, du, ganz persönlich. Anders geht es nicht.

LIEBESGABE

Ich falte den September vorsichtig auseinander und finde darin Altweibersommer, Theaterpremieren, Klatsch, dichten, honigsüßen Sonnenschein, Dahlien in Gold, Rot, Grün und Gelb, die wie Raketen und kreisende Sonnenscheiben auf einem Jahrmarkt glitzern und funkeln, ein wenig Weisheit, damit alles auch seinen Sinn hat, Verwunderung, wozu das Ganze, wenn es dann doch so endet, klingende Weintrauben, Birnen aus Kristall, edle Lichtbrechungen der Nachmittage, den Rest des Waldes und den Nebel, der abends gegen sechs alles verhüllt. Dies alles überrascht und rührt mich wie eine Liebesgabe.

Das Gesicht

Zum letzten Mal habe ich das Gesicht meines Vaters in der Friedhofskapelle gesehen. Er war einen Tag tot: auch das ist ein Alter: so ähnlich wie ein eintägiges Kind: das Gesicht verändert sich, ist nicht mehr ganz identisch mit den Zügen des vertrauten Gesichts. Die Nase wirkte länger. Der Friedhofswart ordnete die Blumen um den Sarg und sagte trocken und vertraulich, wie eine gute Nachricht: »Er wird schon gelb.« In der Tat, es war bereits die gelbe Farbe des Todes.

Dann wurde geredet und gesungen. Und dort von der Schwelle habe ich sein Gesicht zum letzten Mal gesehen. Es war würdevoll und schien allwissend. (Auch dumm aussehende Tote gibt es.) Und noch etwas, was ich nicht vergessen kann: Dieses Gesicht hat nicht vergeben, nicht uns und nicht den Menschen, auch nicht der Welt, niemandem.

Das Verhältnis

In unserem Verhältnis zu den Toten sind wir wankelmütig wie in allen menschlichen Verhältnissen überhaupt. Eine Zeitlang begeistern wir uns, schwärmen für sie, reden über sie wie von vollkommenen Wesen, von geläuterten, reinen, schier übermenschlichen Idealen. Dann, nach einer gewissen Zeit, werden wir ihrer überdrüssig, denken gelangweilt an sie, disputieren murrend und keifend mit ihnen. Wieder vergeht einige Zeit, und wir beschimpfen sie, mit heftigen Emotionen und bebendem Zorn fordern wir Rechenschaft über dies und jenes, über unser Leben oder unser Glück. Und noch später söhnen wir uns wieder aus, finden uns miteinander ab, verzeihen und entschuldigen uns, antworten sanfter. Denn alles, was zum Menschen gehört, lebt und existiert im Rahmen des menschlichen Schicksals: auch die Toten.

SCHATZ DER ARMEN

Das neue Dienstmädchen wohnt seit einigen Wochen in dem Loch, das die Herrschaft neben der Küche für sie als Kammer ausgewiesen hat. Es mißt vier Quadratmeter: Für ein zusammenklappbares Eisenbett reicht der Platz, für sonst nichts. Auf einige in die Tür geschlagene Nägel hat das Mädchen seine wenigen Fetzen, seinen ganzen Plunder gehängt.

Doch jetzt, da sie sich schon ganz »daheim« fühlt im Haus, stellt sie verschämt und vorsichtig auch ihre Schätze auf. Sie besitzt eine Teepuppe, und sie hat noch einen Kunstgegenstand: eine Frauenfigur aus Kunstmarmor mit bis zur Taille ausgeschnittenem Kleid… Ein kleines Seidenkissen gehört ihr noch, etwas verschlissen, strubbelig. Das ist ihr ganzer Besitz.

Die Gegenstände rühren mich tief, mir laufen die Augen über, wenn ich sie betrachte. In der kleinbürgerlichen Welt, in der solcher Nippes Zier und Schmuck war, würde ich mich voll Abscheu und Verachtung von dem Plunder abwenden. Aber hier, in der Kammer des Dienstmädchens, strahlen sie eine solche Andächtigkeit und Verehrung aus wie die Kunstschätze im Louvre. »Irgend etwas Schönes muß im Leben sein, etwas Andachtsvolles, an irgend etwas muß man ja glauben, ohne Kunst wäre das Leben ärmlich!« – das sagen diese Gegenstände. – »Auch irgend etwas Wertvolles gehört zum Leben!« Verwirrt und stumm halte ich inne. Natürlich, ohne einen Schatz kann man nicht leben.

SCHNEE

Schneesturm, volle drei Tage lang. Die Züge bleiben stecken. In der Markthalle gehen die Lebensmittel aus. In den Straßen zwischen zwei Meter hohen Schneehaufen liegen verreckte Autos, eingefrorene, stumme Vehikel. Hinter der Fenstergardine weht noch eine andere, so weiß, als käme sie frisch aus der Reinigung.

An der Brandmauer des Hauses vis-à-vis hat der Schnee die nackten Ranken des Weins mit Reif überzogen, als hätte eine geheimnisvolle Hand Zeichen auf die Mauer geschrieben. Ich versuche, diese Schrift zu entziffern. Schnee. In alldem ist etwas Totales. Ja – so empfindest du und zitterst –, begrabe mich. Weißer Pulverschnee, breite dein Tuch über den schmierigen Schmutz, über die Häuser und die wackligen Rechtsordnungen, die schmutzigen Leidenschaften und die röchelnden, stehengebliebenen Vehikel. Stille soll sein, schneeweiße, erstarrte Sauberkeit. Etwas soll zu Ende kommen. Einmal muß es ja ohnehin ein Ende haben. Komm nur, Schnee, falle. Diese hartnäckige Stille ist mir wohlbekannt! So hat etwas angefangen, und vielleicht geht es so zu Ende. Gewöhnen wir uns daran.

FEUER

Im Ofen lodert das Feuer; es brennt flackernd, murrend, sagt etwas. Die Flamme spricht ohne Unterlaß. Achte darauf, bemühe dich, die Sprache zu verstehen, übersetze sie ins Ungarische.

Das Feuer will sagen: »Verbrennen.« Es sagt auch noch: »Brennen, sich reinigen, vergehen.« Und dann wieder: »Brennen, brennen!«

Versteh, anders geht es nicht.

ANDERSEN

Winternachmittag, mit grauen Seidengardinen, als
wären jeder Gegenstand und jegliches Leben in
einem fremden Element versunken, das leichter als
Wasser und Nebel ist, das alles durchdringt und
alles umschließt: Welches Element ist das? In An-
dersens Märchen leben, gehen, überraschen sich
Gegenstände und Menschen so. Winternachmittag,
und die Welt eingeschlossen in ein Element wie im
Märchen. Ja, so begann die Sache, das ist die »Welt
im Märchen«. – Aber eines Tages war das Märchen
aus. Pack's ein und nimm es mit nach Haus.

EISBLUMEN

Richte dein Augenmerk auf das, was die Natur
zeichnet! Sieh, mit welcher Sorgfalt sie die Linien
zieht! Wie zart, mit welcher Genauigkeit sie aus
Schnee, Kälte und Eis, aus den edelsten Stoffen ihr
kleines Kunstwerk gestaltet, mit der Sorgfalt und
Eleganz eines japanischen Künstlers, der nur noch
das Wesentliche übermitteln, den Zauber der Form
zeigen will, die Harmonie und die essentiellen Details! Betrachte die Eisblume am Fenster, sei demütig und lerne von der unermüdlichen Bereitschaft
der Natur, denn du kannst deine Aufgabe gar nicht
sorgsam und minutiös genug erfüllen, gar nicht

tief genug eindringen in dein Inneres, in die Welt, nicht mit genügend Skrupeln unter den Möglichkeiten wählen. Betrachte die Eisblume, an der gar nichts »Zweckmäßiges« ist wie sonst in materiellen Werken der Natur – und dennoch, welche Vorstellungskraft, welche Harmonie der Linien und der Struktur haucht dir dieses winzige Kunstwerk ans Fenster! Betrachte die Eisblumen und geh in dich.

STRAHLEN

Verschneiter, weißer, goldener Wintertag, an dem die Landschaft, Häuser, Gegenstände aus sich heraus zu strahlen beginnen, als hätte sich dieses geheimnisvolle Element in ihnen zu Wort gemeldet, das Ausdruck und Sinn von allem ist, was existiert.

Alles ist weiß und golden, wie in einem Kinderleichenzug.

Irgendwo wird mit kalter, gläserner Stimme gesungen.

So kalt ist auch das Herz des guten Dichters und strahlt mit teilnahmslosem Glanz.

BADEHAUS

Das alte Badehaus, vormittags. Seit fünfzig Jahren hat man keinen Nagel mehr in die Wand geschlagen, alles ist noch so wie seinerzeit, als Bajza* hier seine gichtgeplagten Glieder badete.

Das Publikum: als wärest du in einem fremden Land. Zwei rheumatische Nonnen, pausbäckige Pfarrer. Gestiefelte Männer mit gezwirbelten Bärten. Dämchen, keineswegs mehr verdächtig, noch die Spuren der nächtlichen Bemalung im Gesicht, kamen frühmorgens schnell aus der O-Gasse herübergelaufen, die Gifte des Lebens aus ihren Gliedern auszuschwemmen. Ein Oberst und ein Major. Schwüler Schwimmbad- und Fußschweißgeruch. Im Korridor des Badehauses in einem weißen Käfig ein Eichelhäher. Stille, Hoffnungslosigkeit, festgezurrte Zeit, die hier zu wirken und zu ändern vergaß.

DER WALD

Manchmal sehe ich, mit geschlossenen Augen auf dem Diwan liegend, in Zigarettenrauch und Kaffeedunst gehüllt, einen Wald. Herrliches Bild! Die Bäume stehen im goldenen Schein wie düstere Engel als Künder des Schicksals. Der Duft von Harz, moosbedeckten Baumstämmen, von Pestwurz und feuchtem Riedgras hängt in der Luft. Pilze lauern erotisch gespreizt, dick und gedrungen im Laub. Irgendwo auf meinem Weg stehen auch Gänseblümchen und Vergißmeinnicht. Der Körper eines toten

Kindes modert in diesem Wald. Die Luft glänzt, duftet und ist hier wie Lanolin so dicht. Nicht mehr Sommer und noch nicht Herbst. Es ist der schönste Wald der Welt. Gelegentlich, zwischen Kaffee und Zigarette auf dem Sofa liegend, sehe ich ihn noch; blicke ihm aber nur noch träge hinterher, dort hingehen will ich nimmermehr.

Die Eintretende

Diese Frau konnte nichts anderes, nur eintreten. Sie trat ein – durch die Tür eines Gesellschaftszimmers und unter die Menschen oder in eine Badewanne oder ins Bett, wo ihr Geliebter sie erwartete –, so wie ein großer Sänger die Bühne betritt, wie der Papst den Thronsaal, wo er die Abordnung der Gläubigen dieser Welt zur Huldigung empfängt, wie ein Feldherr in die eroberte Stadt einzieht, wo ihm die bleichgesichtigen, bärtigen Bürger auf einem Seidenkissen sogleich die Schlüssel überreichen werden. So konnte sie eintreten. Sie erschien auf der Schwelle oder nahm im Bett Platz, und die Betrachter waren vom Gefühl feierlicher Erwartung erfüllt. Aber dann, so wie der Zauber des Auftritts schwand, folgte nichts nach. Sie hat mit dem Eintritt alles gesagt und getan, was sie im Leben sagen und tun konnte. Und dann saß sie oder lag sie nur da oder unterhielt sich. Die Welt hat sie auf einmal zugedeckt. Ihre Arbeit war getan, weitere Aufgaben hatte sie nicht mehr, genausogut hätte sie sterben können; denn eingetreten war sie ja schon.

Der Name[*]

Manchmal bin ich bei einem Vornamen völlig verwirrt, weil zugleich auch eine Alpenblume, eine Schreibmaschine, ein Backpulver und eine Babyseife so heißen. Diese vielen verschiedenen Möglichkeiten verblüffen mich. Der Name, der mich vor längerer Zeit im Wachzustand wie in den Träumen so viel beschäftigt hat, bedeutet für die Welt nun zugleich eine Schreibmaschine, Backpulver, eine Alpenblume und Babyseife. Doch für mich bedeutet er *sie*, nur *sie*. So relativ ist alles. Könnte es sein, daß der persönliche Zauber dieses Namens eines Tages erlischt und ich in eine Drogerie eintrete und mit gleichgültiger Lippe eine Seife verlange, deren Name für mich einmal Schicksal war? Möglich.

Frühling

Gärung im Fluß, in den Bächen und in den Seen, in den Gedärmen der Menschen, in den Nervenbahnen von wilden Tieren, in den Fasern der Pflanzen

und – ganz gewiß – auch in den Gräbern, wo die
Toten die allerletzten Möglichkeiten der menschlichen Existenz leben. Auch für die Toten ist Frühling im März. Sie liegen stumm, die Nase ist ihnen
schon abgefallen, dennoch wittern auch sie. Der
Frühling ist allgemein und total. Ernst und mit
fast schon düsterem Blick betrachte ich, wie er
sich offenbart, denn auch das Erschaffenwerden ist
Schicksal, nicht nur das Vergehen.

PALMSONNTAG

Im leuchtenden Schaufenster der Welt sind bereits
Musterstücke von allem zu sehen – ein kleines
Sträußchen Schneeglöckchen, Veilchen, ein Him-
melsschlüssel – wie in den ganz feinen Läden der
Fifth Avenue und der Bond Street, wo nur ein paar
Handschuhe, ein einziger Diamant auf das reich-
haltige Sortiment verweisen, das im Innern der Ge-
schäfte den Kunden erwartet. »Riesenauswahl!«
verheißt das duftende Veilchen in der Auslage des
Palmsonntags. »Bitte eintreten! Hier ist alles auf
Lager, ohne Kaufzwang, alle Farben, Düfte und
Wunder, die ganze Welt! Und alles zum Festpreis.«
Ein Preis, von dem nichts abzuhandeln ist – das
Leben.

DER GLOBUS

An der Ecke des Arbeitstisches steht der große Globus, der das geographische Antlitz der Welt zeigt; diese erschütternde Gefangenschaft und große Unendlichkeit, die die Welt ist.

Ich spiele nun schon seltener mit dem Globus, drehe nicht so oft daran, betaste nicht mehr Afrika und Südamerika mit den Fingerspitzen, sie braust und ruft nicht mehr und schmerzt mich nicht mehr so, die Welt. Manchmal blicke ich fast schon gleichgültig zur Erdkugel hin. Der Mensch erfährt allmählich, daß er der Herr der Welt war, er wie jedermann, und daß es an ihm war, was, wieviel und wie er sich etwas von diesem gemeinschaftlichen Gut zu eigen gemacht hat. Ich habe keinen Grund, irgend jemanden anzuklagen, die Erde hat auch mir gehört. Und was habe ich mit ihr angefangen? Bescheiden wenig. Also ist es klüger, wenn ich nicht mit dem Globus spiele, so verrückt wie die Eroberer und Unersättlichen, sondern mich hier umschaue, in diesem Raum, der fünf mal sechs Meter mißt und genauso wie Afrika Welt ist und auch um nichts weniger gefährlich, unendlich und abenteuerlich.

KLEIDERSORGEN

Eines Tages sollten wir uns dann doch ausziehen oder auch ankleiden, aber so richtig und vollständig, nach unseren Wünschen, Neigungen, nach unserer Natur. So wie wir damit im allgemeinen umgehen, sowohl mit unserer Nacktheit wie mit der Kleidung, das drückt überhaupt nichts aus. Was wir heutzutage tragen, hat ebensowenig Charakter wie unsere Nacktheit. Ein echter Zustand ist keiner von beiden mehr. Wie gesagt, ich habe Kleidersorgen.

WIND

Am Morgen weckt mich der Wind aus dem Westen. Er rüttelt am Fenster und bringt die im März noch kahlen und hageren Bäume zum Knarren. Ich werde unruhig davon wie das Wild, die Bäume und die Pflanzen, richte mich im Bett auf, lausche und wittere. Beim Brausen des Windes kommt mir dies in den Sinn:

– Wind, Frühlingswind, was für Düfte wehst du mir zu, welche Unruhe trägst du in die Welt hinaus? Bringst eine Brise vom Meer, den trockenen Hauch aus der Wüste, den kalten und scharfen Atemzug der schneebedeckten Gipfel, von den Wiesen der Normandie den Geruch des Thymians und von den Stränden der Bretagne den von Tang, faulenden

Schnecken, von Säuren geschwängerten Duft, aus der Provence und von den südlichen Stränden das schwere, süßliche Aroma der Mimosenbäume, alles was weit, was aufregend und unheimlich ist, wie das Schicksal und die Unendlichkeit, du bringst sie an mein Fenster und schüttest sie mit vollen Händen in mein unaufgeräumtes morgendliches Schlafgemach. Ich danke dir, Wind, daß du mich erinnerst, aufmerksam machst auf die Welt, hab Dank, daß du mein Herz berührst und in Unruhe versetzt, daß ich mich dir verwandt fühlen darf, vielleicht wehst du mich einmal auch in die Provence oder in den Tod. Heule nur, Wind, so wie du dem König Lear geheult hast, und stöhne, streichle mich, wie Mütter ihre kranken Kinder streicheln, bring Kunde von der Welt, von dieser großen Mutter, die mich einmal und schließlich doch in ewiger Umarmung an ihren Busen drücken wird.

KRÄFTE

Am Fluß hat der Eisgang eingesetzt; strömendes, stauendes Packeis hat das Ufergeländer fortgerissen, baumdicke Eisenpflöcke gefällt, an denen man Schiffstaue festmacht, es hat Laternenmasten geknickt, so als ob unsereiner ein Streichholz bricht. So haben der angestiegene Strom und die krachenden Eisbarrieren vor einigen Tagen gewütet.

Jetzt spaziere ich am Flußufer im Sonnenschein und staune über geborstene Eisenpfeiler, die herumliegenden Laternenpfähle und Zaungitter. Jetzt ist das Ufer friedlich, alles glänzt und duftet. Glokken läuten, aus der Ferne klingt Musik. Es ist Sonntag, andachtsvolle Feiertagsstille. Doch der Schutt und Schrott mahnen, daß sich hinter der Idylle ungeheure Energien, Kräfte stauen, die diese Stille jeden Augenblick zerreißen können, die uns Leben wie Verderben bescheren. Zwischen den Kräften lebe ich. Stehe barhäuptig in der Stille und im Licht, sehe mein eigenes Schicksal anschwellen, höre es brausen.

LUFT

Ein Frühlingsvormittag auf dem Flugfeld, Silberkäfer kurven mit nervösem Summton ziellos in der Luft umher, schwirren und surren am dunkelblauen Himmel, unter dem sich die Wiesen im Aprilwind wiegen, glückliches, besinnungsloses Kreisen zwischen Sonne, Erde und den Sternen, unheilvolle Ungezwungenheit und ohnmächtige Hilflosigkeit, denn auch das ist unser Los, nicht nur Freiheit, auch Fesseln, Verderben und Tod, das ist das Schicksal ebenfalls, taub und unbarmherzig. Die Luft schmeckt scharf, wie Senfgas, und die Maschine, die so selbstvergessen und bukolisch über meinem

Kopf ihre Kreise zieht, läßt im gleichen Moment
Bomben auf Oslo und Paris fallen. Bebe, Mensch,
wie immer, wenn sich deine Sehnsüchte erfüllen,
zittere, weil du Sieger bist: dir die Luft erobert hast,
wehe dir.

Der Abenteurer

An der Ecke der Rákóczistraße* bleibt er jetzt stehen und richtet seinen Blick zum Himmel empor,
schaut forschend in die blaue Ferne, als suchte er
etwas.

Er ist nicht mehr jung, hat dreißig Pengő* und
zwei Aspirin in der Tasche. Blinzelnd, mit leicht geröteten Augenlidern sieht er den Wolken nach. Er
tritt aus dem Kaffeehaus und aus der Literatur heraus, die so tief ist wie die Jahrhunderte; trägt einen
braunen Anzug mit bordeauxroter Krawatte. Er
hat schlechte Zähne. Beim Betrachten der Wolken
fällt es ihm ein. Er wollte doch etwas, am Vormittag, gestern oder vor hundert Jahren! Ja, was wollte
er eigentlich? Ein Abenteuer? … Aber was für ein
Abenteuer? Welchen Sinn hatte es? Was hat er gesucht? Er senkt den Kopf. Betrachtet die Spitze
seines Schuhs. Zuckt zerstreut mit den Schultern.
Geht dann weiter, auf die Dohánygasse zu in Richtung der ewigen Literatur. Es ist ihm nicht ganz
klar.

Wien ist gestorben. Was blieb, ist eine große Stadt, die ihren Namen ursurpiert hat.

Ich aber betrauere die Tote persönlich. Jedes kleine Erinnerungsstück an sie habe ich mir aufbewahrt, den Fasching, Hofmannsthal, die Augenfarbe und das Lächeln ihrer Frauen, den Spaziergang durch den herbstlichen Wienerwald, das Abendessen am Kobenzl,* den herben Duft des Bieres in den verräucherten Kellern des Griechenbeisls,* den wärmenden weißen Kachelofen im Gasthof zu Hietzing,* die Nebelschleier im Park von Schönbrunn, den edel-fragenden, verstörten Blick der Lipizzaner in der Spanischen Hofreitschule, alles, was ich dort liebte, den Tonfall der Menschen, alles, was edel war und gestorben ist. Als das alte Wien starb, da ist auch in meinem Leben etwas erloschen. Leben kann man auf vielerlei Weise, und man kann natürlich auch ohne Wien leben. Aber es lohnt sich halt nicht sehr.

Bagdad

Ein Sommermorgen, im Kaffeehausgarten am Donauufer, mit Blick auf das hellbraune Wasser, über dem Silberwolken und Schleier schweben, auf die Zitadelle,* die düster auf dem Berg oben thront wie auf spanischen Gemälden die Burg des Potentaten, in der man christliche Dichter, maurische Händler und geraubte arabische Jungfrauen in Ketten hält, vis-à-vis vom Hangl-Kiosk*, wo unter farbigen Zelten das Volk von Bagdad im Gezeter des Basars über Finten und Finessen des Lebens, der Geschäfte, des Glaubens und der Liebe disputiert – ja, jetzt wird mir's klar, dort jenseits des Wassers, jenseits des Nebels und der Schleier, irgendwo dort liegt Bagdad. Ich esse Honig und rauche Tabak. Bin ein großer Herr, Orientale. Muß nicht mehr nach Bagdad.

DUNST

Die Luft ist schwer und dunstig, die Stadt hechelt in diesem Treibhausdampf des Frühlings, schnappt kurzatmig nach Luft, döst schmachtend-schwitzend unter dem grauen Himmel, wie Dicke im Dampfbad; und als wären wir alle Kulis und angeheuerte Sklaven in einem geheimnisvollen, brodelnden, Dunst atmenden Sumpf der Tropen, bis an die Hüften im warmen Morast, inmitten von Moskitos und Farn irgendwo auf Sumatra, im ewigen tödlichen Frühling. Singen wir, Kameraden! Wir sind Sklaven, Fieber und Dunst erwürgen uns.

FRÜHLING

Die Narzissen, ja. Die Primel, die wohlriechende Wicke, das Maiglöckchen.

Aber vergiß mir die junge Zwiebel nicht, das Radieschen und den frischen Spinat. Vergiß nicht, daß die Kräfte, die diese wunderbaren Gebilde hervorzaubern, auch auf dich, auf den Menschen wirken. Es ist Frühling, und also geschieht etwas. So augenfällig passiert es: Das Antlitz der Erde wandelt sich innerhalb von Tagen, Gehölze stecken ihre grünen Kerzen auf, die Felder beginnen anzuschwellen, grün und gelb: Was meinst du, die Kraft, die die Natur so völlig verwandelt, die Bäume, die Felder, die Wasser durchdringt, daß diese Kraft nicht auch dich, deinen Körper, deine Seele durchdringt, nicht auch dich formt, etwas in dir nährt und tötet? Lebe, gerade im Frühling, bewußt und aufmerksam.

HEDWIG

Irgendwo lebt eine Frau, die man Hedwig ruft. Ich kenne sie nicht, weiß nicht, wo sie lebt oder wie sie sonst noch heißt, ob sie verheiratet oder eine alte Jungfer ist. Sonst aber weiß ich alles über sie. Ich kann sie mir heraufbeschwören, weil ihr Name alles ausdrückt, ihren Körper, ihren Charakter, ihr Schicksal, sogar ihre Kleidung, ich sehe das

Zimmer, in dem sie lebt und sich just in diesem Augenblick das Knie kratzt, ich sehe das schwarze Kruzifix über ihrem Bett und weiß, wie ihr Haar riecht. Wieso ich das weiß? Weil sie Hedwig heißt.

DIE EISHEILIGEN

Gegen Abend war alles in kaltes Licht getaucht. Die Sonne versank hinter dem Berg, am Horizont im rötlich-goldenen Licht war die Silhouette der kahlen, zerzausten Bäume nachgezogen, japanischen Drucken gleich, wie sie in Pest in intellektuellen Vorzimmern hängen. Die Welt erschien in diesem scharfen, kalten Licht so sachlich wie ein Stromtransformator oder ein Kühlschrank. Alles war an seinem Platz, die Eisheiligen trafen wie gewissenhafte Beamte auf die Stunde pünktlich ein und schreckten die fiebrigen Dämpfe der Frühlingswelt ab. Als ob sich die Natur vor ihrem eigenen Pathos erschreckt hätte, tat sie einen kurzen Huster und blickte kalt vor sich hin. Man kann nicht in einem fort singen und zündeln! – erklärten die Eisheiligen streng. – Zieh dir einen Mantel über, fröstle und geh in dich. Ja, eben, weil wir Mai haben.

DIE AMSEL

Verzweifelt ging ich über die Frühlingswiese. Aber dann sah ich die Amsel, die ein paar Schritte vor mir zwischen Luzerne, Käspappel und Wicken hin und her hüpfte, da blieb ich stehen.

Es war eine Schwarzdrossel mit gelbem Schnabel, und sie war sichtlich glücklich, war Teil des Universums, ihr Herz schien durchdrungen von Gefühlen und Leidenschaft, ihr Schicksal in dieser Welt war vorhersehbar, wie mein Schicksal auch, sie kannte die Liebe und den Tod, den Existenzkampf und das Entzücken über die Großartigkeit des Lebens genauso gut wie ich, und sie hatte eine Stimme, mit der sie dieses Entzücken mitteilen konnte, melodiös und besinnungslos – was will ich denn?, dachte ich. – Warum will ich mehr und ein anderes Los als die Amsel?

DER CHINESE

Der Chinese geht auf der Straße in Nanking, einen Revolver mit sechs Schuß in der Tasche, dazu einen Gedichtband, in dem der Poet den Mond, Frösche, den Liebreiz einer Frau, die man Weidenblüte nennt, und weitere schöne, vergnügliche Dinge besingt. Der Chinese ist sechsunddreißig und Vater von vier Kindern, ein Journalist und

Revolutionär. Jetzt geht er hin und will den Despoten ermorden.

Ich schaue ihm nach, denn ich muß alles im Auge behalten, was in der Welt geschieht. Gern würde ich ihn an der Hand nehmen und ihm sagen: »Gelber Bruder, denk an deinen Seelenfrieden. Auch der Despot hat einen Auftrag auf dieser Welt. Weißt du es noch nicht, er ist die Strafe? ... Wir sind alle schuldig. Komm, trinken wir zusammen einen Humpen Wein!« Möglich, daß er darauf seine knochige Hand aus der meinen zurückziehen oder den Kopf schütteln würde, von oben nach unten, was auf Chinesisch heißt: »Nein!« Wie rätselhaft ist doch die Welt! Und da ist der Chinese auch schon um die Straßenecke in Nanking verschwunden, ich sehe ihn nimmermehr.

Scheitern

Ich wollte leben wie einer, der den Menschen dient. Aber sie erlaubten mir nicht, daß ich ihnen diene: Sie forderten stets, daß ich dienstbar bin, was nicht dasselbe ist. Dienen kann ich, Diener sein nicht. Und so bin ich beiseite getreten, bin gescheitert.

ORDNUNG

Jeden Samstagmittag um eins ertönen die Luft-
schutzsirenen der Stadt. Die Menschen blicken dann
auf ihre Armbanduhren und denken: »Ja, stimmt,
genau ein Uhr.« Und sie staunen über die Pünkt-
lichkeit, über diese große Ordnung.

Die Ordnung ist groß, in der Tat, in der großen
und in der kleinen Welt, alles paßt genau zusammen,
meine Uhr, die hier an meinem Arm tickt, zeigt
jeden Samstagmittag genau eins, die Luftschutz-
sirenen, tief ins Getriebe der Stadt eingebettet, beginnen genau um eins zu heulen, furchterregend
und symbolträchtig. Eine tief verankerte Ordnung
ist das, perfekt und schaurig. Denn hinter dieser
Ordnung steht noch ein anderer Sinn, der des Todes
und der Verwüstung, sekundengenau. Diese andere
Ordnung, den anderen Sinn dröhnt die Sirene in
die Welt hinaus. Ich beginne zu verstehen und mich
daran zu gewöhnen.

DER STERN

Der Stern in dir ist spät erwacht und geht
Früh unter. Jahre mehren sich in deinen Augen,
Auf der geheimen Rangliste der Zahlen bist du
    eins.
Das Wasser zeigt sein Bild im Widerschein:

Menschlich ward der Stern mit dir und leuchtet
Jenseits des Spektrums, im Ultraviolett.

SOMMER

Ich wurde wach, als der Sommer mit weichen Fingern an die Rolläden meines Zimmers pochte; setzte
mich im Bett auf und sagte schläfrig und glücklich:
»Herein.«

Doch als hätte einer vor dem Fenster geseufzt
oder gelacht. Dann entfernte sich die Erscheinung
mit leichten Schritten, und der Kies auf dem Gar-
tenweg knirschte unter seinen Füßen. »Vielleicht
ist dieser Sommer der letzte« – dachte ich. – »Der
letzte mit dem Meer, langen Nachmittagen im kühl-
dumpfen Hotelzimmer hinter geschlossenen Jalousien … Und irgendwo klingt Musik, und unentwegt
hört man das Meer, das sich in der sommerlichen
Abenddämmerung zu recken und strecken beginnt
wie der Puma im Dschungel bei Sonnenuntergang,
wenn die durstigen Gazellen zur Wasserstelle wandern. Der letzte, in dem am Vormittag im Garten
mit blutigem Zorn noch die Rosen blühten. Der
letzte, in dem ich noch einmal das volle, nach Wirklichkeit schmeckende Leben gekostet habe. Der
letzte, in dem der heiße Wind mich noch einmal
durchdrungen hat und der elektrische Strahl der
Sonne und der Geruch der Welt und der aus den

Zitzen der Wolken sickernde duftende Regen. Vielleicht war das der letzte« – dachte ich, ganz ruhig. Und lauschte mit verschränkten Armen, stumm den Schritten des sich Entfernenden.

Die Stadt

Die Stadt wurde von früh um vier bis sechs Uhr nachmittags bombardiert. Rauch stieg auf, ringsum und überall. Zum Abend lag eine sonderbare Stille über der Stadt: als wäre alles im Wasser versunken. Auch die Bomber verstummten.

Bis zum Abend war nicht viel übriggeblieben von der Stadt: einige Vorstadthäuser und der Glockenturm, den auf wundersame Weise keine Bombe traf. Der Hauptplatz war zerstört, die schönen alten Häuser und der Dom. Doch der Glockenturm blieb stehen. Deshalb eilte der Glöckner, wie allabendlich, auch jetzt die hundertachtunddreißig Stufen hinauf und brachte das Bronzegeläut über der Stadt zum Tönen.

Der Glöckner erfüllte nur seine Pflicht. Und manchmal hat das überhaupt keinen Sinn. Auch Symbolik ist dies nicht. Wenn eine Stadt zugrunde geht, verlieren Symbole ihren Sinn. Aber das Glockengeläut stieg auf und schwebte über den Ruinen, auch die Verwundeten und die Halbtoten vernahmen es, und da haben sie plötzlich begriffen, daß

alles sonst eitel und vergänglich, einziger Sinn der
Stadt diese Stimme war, die nicht verstummt, auch
wenn die Mauern stürzen. Der Glöckner hat daran
natürlich nicht gedacht. Ihm ging es nur darum,
daß er an Ultimo sein Geld bekommt. Und so hat
er geläutet, verbissen und besorgt. Doch die Stadt,
sie lebte, auch in ihren Trümmern, weil aus den ruß-
geschwärzten Steinen der Glockenklang aufstieg
zum Himmel. Das muß man verstehen. Laßt uns
die Glocken läuten.

Unter vier Augen

Zur feierlichen Enthüllung des Grabsteins für meinen Freund kam ich zu spät, die Ehrenabordnung
war schon gegangen. Ich blieb unter vier Augen mit
dem Toten. Es war wie der Augenblick, wenn die
Gäste gehen und der Hausherr dem Freund augen-
zwinkernd bedeutet, daß er noch bleiben soll; sie
trinken eine Flasche Wein zusammen, reden und
erholen sich von den hohlen Förmlichkeiten des
gesellschaftlichen Umgangs. Ich setzte mich dem
Grabstein gegenüber auf eine Bank, zündete mir
eine Zigarette an und begann, leise mit dem Toten
zu sprechen.

– Sag, mein Guter – fragte ich ihn –, wie ist es
denn? ... Langweilig?

Siehst du, ich denke noch in so irdischen Kategorien wie »Zeit« und »Langeweile«. Stelle mir vor, daß es langweilig sein muß, regungslos da unten zu liegen, in einem unbequemen Sarg, und sich langsam aufzulösen. Doch entnehme ich deinem Schweigen – es ist folgerichtiger als alles, was du in deinem Leben getan hast –, daß ich vom Tod keine Ahnung habe. Das ist ja das Großartige und zugleich Unheimliche daran: Nicht einmal vorstellen können wir ihn uns. Auch das Grauen und das Ende lassen sich nur mit Begriffen des Lebens fassen. Aber das Vokabular, der Inhalt, die Requisitenkammer des Todes sind anders. Das habe ich begriffen. Dennoch, wir sind jetzt unter uns, die Fremden sind fort, antworte: Langweilt es dich nicht? ...

Doch er schwieg.

GLÜCK

Ich könnte mir denken, daß man eines Tages antworten muß. Der gestrenge Richter wird sagen: »Lüge nicht. Es stimmt nicht, daß alles Bitternis war, Enttäuschung und Hoffnungslosigkeit. Glücklich warst du auch. Wenn auch nicht oft, so doch für einen Augenblick. Nenne mir diesen Augenblick.«

Was kann ich dann antworten? Ich werde das Haupt senken, mich hinterm Ohr kratzen und verwirrt vor mich hinsehen. Und meine Antwort: »Ja, ich war auch glücklich. Ganz sicher war ich auch glücklich. Ich erinnere mich an das Glück, habe seinen Geschmack sogar hier auf der Zunge, den Duft in der Nase, in den Nervenbahnen seine Spannung. Aber wann war es? In der Kindheit? ... Nein, die Kindheit war nicht gut, man hat mir viel Leid zugefügt. Im Jünglings-, im Mannesalter? ... Die düsteren Erinnerungen sind stärker, decken alles zu. Dennoch, wann bin ich denn dann glücklich gewesen? ... Jetzt hab' ich es: in dem Augenblick, der mir so gleichgültig war, daß ich mich nicht einmal mehr daran erinnern kann.«

SEE

Das Grundwasser, die angestiegene Donau und der Regen haben in den Mulden des winterlichen Rasens vor dem Hotel einen künstlichen See gebildet. Das Wasser war gestern noch nicht da; aber heute ist es da und sogar schon mit Leben bevölkert. Enten schwimmen im Teich, Möwen kreisen über dem Wasser, und es würde mich nicht wundern, wenn zwischen den Bäumen, von der Milchhalle her kommend, der Schwan und Lohengrin auftauchten.

In Amerika werden so die Wolkenkratzer hochgezogen, in einem Tag. Auch die Schöpfung muß eine derart fixe, amerikanische Arbeit gewesen sein. Offensichtlich ist das Zubehör – immer und für alles – ständig auf Lager. Es bedarf nur des Heiligen Geistes und des WORTES, und schon fügt sich alles blitzartig zusammen, zu einem Teich, zu einem Ozean, zu einer Welt.

Sprich das Wort, rufe den Heiligen Geist an, schöpfe und erschaffe.

KERZENSCHEIN

Ein Kurzschluß beim zentralen Stromverteiler hat sämtliche Lichter des Stadtviertels gelöscht. Mich erwischte die Attacke mitten in der Arbeit, meuchlings und heimtückisch. Nach kurzer Hilflosigkeit habe ich die dicke Kirchenkerze angezündet, die bisher mehr eine Art Theaterrequisit auf meinem Schreibtisch war, und ich begann wieder mit der Arbeit.

Die Zeilen schreibe ich bei Kerzenlicht. Dieses Licht, der Zustand ist mir bestechend vertraut und bekannt. Ich denke daran, daß auch Kazinczy*, Vörösmarty, Petőfi* und Arany* so gearbeitet haben. Und sie machten ihre Sache auch bei Kerzenlicht wahrlich nicht schlecht. Dann denke ich an die Giganten, einen Pascal und Shakespeare, Goethe und Hölderlin, die beim sanften Schein dieser flackernden, munteren Flamme all das zu Papier brachten, was die Welt und auch die menschliche Seele erhellt hat. Der Schein dieser Kerze ist nicht übel. Entsinne dich nur. Auch der Schein einer Kerze ermöglicht einen weiten Blick.

ASCHERMITTWOCH

Ja, ich bereue … aber nicht die Sünden des Leibes. Ich bereue nichts, was mein Körper begehrte, forderte oder begangen hat. Mich reut nur, was ich versäumte, für das ich zu faul oder zu bequem war, wofür mir die Kräfte fehlten, nur, was ich nicht kennengelernt habe, was mir entgangen ist, ohne das ich einmal sterben werde … Ja, das reut mich sehr am Aschermittwochmorgen. Streut mir Asche aufs Haupt.

SCHARFRICHTER

Irgendwo lebt er, der Scharfrichter, dieser gewisse joviale, ernste Kleinbürger mit dem dicken Bauch, wie die Scharfrichter im allgemeinen so sind, in einem Haus mit Garten, wo er, wenn er gerade nicht henken muß, seinem bürgerlichen Nebenberuf frönt, dem Drechseln oder der Kunstschlosserei: Irgendwo lebt der Scharfrichter, und gelegentlich denkst auch du mal an ihn. Weil er dich etwas angeht, wenn auch nur ein klein wenig. Sehr feine, komplizierte Fäden der Ordnung und des Übereinkommens verbinden dich mit seinem Schicksal. Von Zeit zu Zeit träumst du wahrscheinlich auch von ihm, bist heimlich bemüht, ihn zu bestechen, damit es nicht zu sehr schmerzt, wenn er dir die Schlinge um den Hals legt. Es hängt nämlich eine Menge von solchen Details ab. Und auch in deinem Interesse gibt es den Scharfrichter, für deine Sicherheit, und er lebt auch gegen dich, weil du ein Mensch bist, also für den Scharfrichter eine der Eventualitäten. Das alles solltest du wissen. Gott erbarme sich deiner Seele.

DIE GIRAFFE

Im Winter lebt die Giraffe im schwülen, vom angenehmen Streugeruch erfüllten Kuppelbau, den ihr die Hauptstadt, gewissermaßen aus Ehrerbietung, geschenkt hat, so wie man hochgestellte Persönlichkeiten der Aristokratie selbst in der Verbannung nicht irgendwo arrestiert, sondern sie in Stadtnähe, etwa im Palais eines bankrott gegangenen Magnaten, unterbringt, das der Staat zu ebendiesem Zweck erstanden hat. Auch die Giraffe wohnt mit ihrem Kind, der jungen Giraffe, separiert, in einem palastartigen Bau für sich. Doch die Kuppel, die eigene Behausung, das sorgfältig zusammengestellte Futter, der für die persönliche Betreuung abgestellte Wärter, die ehrfürchtigen, leise sprechenden Besucher: Durch all das läßt sich die Giraffe nicht täuschen. Sie weiß genau, daß selbst diese Pracht-behausung Gefangenschaft ist wie jede Bevorzugung, zu der auch ein Wärter und ein Eisengitter gehören.

Die Giraffe und ihr Junges gehen in dem prachtvollen Gefängnis tagaus, tagein im Kreis und rekken die Hälse. An der Wand hoch oben haben die aufmerksamen Betreuer kleine Tröge angebracht, damit die Giraffe auch da oben ihre Nahrung findet, wie wenn sie im Urwald weiden, Blätter von Baumkronen rupfen und knirschend zermahlen würde. Die Giraffe dreht von früh bis spät ihre Runden und reckt den Hals dem unsichtbaren Himmel, den unsichtbaren Baumwipfeln entgegen, weil sie sich erinnert. Das Allerschrecklichste im Gefängnis des Lebens ist, daß der Mensch sich ewig erinnert. Jedes Lebewesen erinnert sich, auch die Giraffe. Die Kuppel und die Pracht, das erlesene Futter, alles vergeblich. Die Giraffe erinnert sich an die Freiheit. Deshalb streckt sie ihren kleinen Kopf, reckt sie ihren langen Hals so hoch hinauf, als wollte sie ein einziges Ausrufezeichen ans Himmelsgewölbe des Daseins malen, ein Ausrufezeichen, mit dem sie »Freiheit!« schreit.

Die Giraffe gleicht ein wenig den Dichtern. Sie ist der Engel unter den Tieren, der Seraph. Mit einem Schritt kann sie sechs Meter hinter sich lassen, sofern man sie läßt. Doch man läßt sie nicht.

Deshalb – und aus anderen Gründen auch – gehört
ihr meine ganze Sympathie.

Für die Spitze ihres kleinen Fingers

Sterben für die Spitze ihres kleinen Fingers, vielleicht. Es ist nicht vernünftig, auch keine Helden-
tat, doch es hat etwas, birgt irgendeine Möglichkeit,
etwas Schwung, Irrsinn, so etwas wie Lebensart.
Für die Spitze ihres kleinen Fingers, ja ... Aber für
sie, so wie sie ist, mit ihren fünfzig Kilo, ihren Hüten
und Federn, ihrem Ehrgeiz und ihren noch viel ver-
dächtigeren Wünschen, mit dem Magensäuredefizit
und der leichten Kurzsichtigkeit, und zu all dem
langsam sterben, über einen Zeitraum von dreißig
Jahren, jeden Tag ein bißchen? ... Nein, dann schon
lieber gleich, für die Spitze ihres kleinen Fingers.

Ende Oktober

Wie altes Gold schimmert der Wald.
Augen und Farbe ihres Haars sind längst
   Vergessenheit.
Zerzauster Wind verirrt sich nur hierher
Mit klagendem Geheul; und über mir verfliegt
   die Zeit.

Rauh war seine Stimme. Gemahnt mich
  aufzustehen,
Auch muß ich lesen. Und über mir das Licht,
Der Stern des Herbstes. Die Blätter im Walde
  funkeln.
Welche Botschaft bringst du, Leidenschaft? Ich
  versteh' sie nicht.

DER GERUCH

Hunde spüren die Feigheit eines Menschen, denn
den Feigen verrät seine Drüsensekretion, sein Geruch: Vermutlich durch die Angst gerät er ins
Schwitzen und riecht. Hunde wittern das. Doch
nicht nur die Feigheit, auch die Dummheit, die Un-
verschämtheit haben ihren Geruch, vielleicht sogar
die Ruhe, das Glück und die Seligkeit. In seiner Not
möchte sich der Mensch auf vielerlei Weise der Welt
verständlich machen.

WIE IM MÄRZ

Wie im März, wenn nachmittags um vier noch
immer nicht die Dämmerung einsetzt und unser
an winterliche Düsterkeit gewöhntes Auge spürt,
daß dieses blasse Licht schon trotziger und inten-
siver geworden ist, die Welt ihren Willen schon

zum Ausdruck bringen kann, wie immer durch Licht und Leben: Glaub daran, jenseits von Pestilenz und Schmach existieren noch hellere Kräfte, verbergen sich Lichter, die eines Tages ihren Strahl doch auch auf die Menschheit richten, wie dieses erste, hartnäckige Licht im März, nachmittags um vier.

FRÜHLING

Der Frühling hat nicht nur einen Duft, eine Farbe, Strahlenbrechung, Literatur, Mode, Radieschen und Jungzwiebeln, sondern auch eine gefährliche, wilde Heilkraft. Im Frühling wirken Bäder, Heilwässer, frische Kräuter mit einer solchen Kraft auf den menschlichen Körper wie sonst nie: Man muß ganz behutsam damit umgehen, so wie mit einem geheimnisvollen Wundermittel. Nur ein Schluck mehr von dem Heilwasser, ein fünf Minuten zu langes Verweilen im Thermalbecken, ein Quentchen mehr von den Frühlingskräutern, und das Gleichgewicht deines Lebens kippt. Der Frühling ist Medizin, aber auch Gift, so wie das ganze Leben, dessen schriller, ungebärdiger Ausdruck er ist.

Hyazinthe

Ich habe sie in einem Topf bekommen, und der Topf war mit rosarotem Papier umhüllt, mit dieser rührenden Geschmacklosigkeit, mit der auch ein einfaches Gefühl das Leben zu verschönern bemüht ist. Aber ihr Duft war massiv: Aus einem einzigen Topf strömte dieser schwere Geruch, das Zimmer wurde prallvoll davon. Es war der Duft der Leidenschaft. Wie wenn nachts, bei Regen, im Wald ein einsamer Mann vom Rand eines Felsens den Namen einer Frau rufen würde. Aber die Frau ist tot. Wie wenn ich mein Leben noch einmal beginnen und noch an meine Sehnsüchte glauben könnte. So schrie die Hyazinthe. Ich habe ihr lange zugehört. Es war schon Abend. Ich bin müde geworden.

Wasserfall

Nachmittags um sechs kam ich zum Wasserfall. Das Wasser schoß hier schon seit langem so weiß schäumend, tobend, strömend in selbstmörderischem Sturz herab, sehr lange schon, vielleicht seit tausend Jahren. Die Kraft, mit der es sich in die Tiefe, in die Vernichtung seinen Weg durch den Fels brach, war gewaltig, wie die des allmächtigen Schöpfers und der Künstler. Denn man kann intensiv mit großer Kraft leben, aber man kann mit großer Kraft und beharrlichem Willen auch zugrunde gehen. Wie Peitschenhiebe auf nackten Sklaven-rücken, so klatschte der Wasserfall, mit Wut hat er sich an die Felsen und in die Schlucht geworfen. Manchmal bedarf es großer Kraft, bis wir völlig vernichtet sind: großer Kraft und langer Zeit.

ARS POETICA

Ich habe keine andere Waffe und Macht wider die Zeit und die Welt, nur das Schreiben. Länder werden zerstückelt und zusammengeflickt, Generationen zwingt man zur Fronarbeit, um dem Zeitgeist Pyramiden zu bauen, schändet Verträge und sprengt Brücken, die doch von Mensch zu Menschen führten …

Warum ertrag' ich es dennoch? Was hält mich am Leben? Woran glaube ich? Allein der Glaube daran, daß der kühle, reine, der wahre, unbarmherzige und kompromißlose Geist Bestand hat – man kann ihn nicht verletzen, ungestraft leugnen oder erfolgreich verfälschen, er bleibt über allem bestehen – ist stärker als alles und jedes. Nur das glaube ich, nur das hält mich am Leben, nur deshalb mache ich nicht Schluß. So wahr mir Gott helfe.

DEDIKATION

Bei Wind bin ich geboren, abends um acht,
Habe Kaschau geliebt und Gedichte,
Frauen, Wein und die Ehre,
Wohl auch die Vernunft, wenn sie zum Herzen
    spricht –
Sonst lieb' ich nichts. Den Rest kennt keiner.
Kein Bitten, kein Flehn, erbarmt euch nicht
    meiner.

DIE PRÜFUNG

Der Schriftsteller kann sich nicht damit abfinden,
daß der Leser diese andere, unsichtbare höhere
Schule nicht absolviert hat, deren ungeschriebenes
Reifezeugnis ihn zum gefühlsmäßigen Verstehen
einer Lektüre befähigt. Der Schriftsteller hat seine
Leser zu achten; das verlangt seine Würde. Man muß
schreiben, als würde man an Goethe schreiben. Es
geht auch bescheidener; aber es lohnt sich nicht.

AUFLAGENZAHL

Der Redakteur einer kleinen, engagierten Zeitschrift mit hohem Anspruch hat mich gebeten,
einen meiner Artikel, der schon in der Feiertags-

nummer einer Tageszeitung erschienen ist, ab-
drucken zu dürfen. Die Feiertagsnummer wurde
in hundertzwanzigtausend Exemplaren gedruckt;
die Zeitschrift erscheint alles in allem mit dreihundert Stück. Der Redakteur will – klug und zu
Recht – meinen Artikel an die Öffentlichkeit bringen, deshalb bat er um die Abdruckerlaubnis.

Der Anspruch ist nicht übertrieben. Die wahre
Öffentlichkeit sind immer diese dreihundert Leser.
Andere zählen nicht. Die meisten meiner Arbeiten
erscheinen seit Jahrzehnten in Millionenauflage –
unter Ausschluß der Öffentlichkeit.

TAGEBUCH

Tagebücher mochte ich noch nie so recht, sie sind
nicht mein Ausdrucksmittel. Wenn es der Sinn des
Tagebuchs ist, »täglich« zu schreiben, und neben
dieser Aufgabe, etwa hinkritzelnd auch den Sinn des
Nebenprodukts zu notieren, Späne des Augenblicks
aufzubewahren, so sind diese Notizen für mich das
Tagebuch; doch ich kann nicht anders schreiben,
nur für eine anonyme Öffentlichkeit, so wie ich
diese Notizen hier zu Papier bringe, also mit Überschrift, einer Absicht und mit gestaltetem Inhalt...
Ist das Eitelkeit? Oder eine Art Zwang des Metiers?
Und werden Tagebücher, diese »großen Beichten«,
mit weniger Eitelkeit und Absicht, weniger für die

Öffentlichkeit geschrieben? Ich habe meine Zweifel. Der Schriftsteller schielt immer mit einem Auge auf das Publikum, auch wenn er in seinem vertraulichen Heft notiert: »Heute nichts Nennenswertes passiert.« Oder: »Am Nachmittag geraucht.« Auch das betrachtet er als eine öffentliche Angelegenheit, weil er ja Schriftsteller ist. Das Tagebuch, selbst das vertraulichste, ist immer für die Öffentlichkeit geschrieben, und so ist es vielleicht ehrlicher, wenn wir zugeben, daß wir Schriftsteller ganz ehrlich doch nicht sein können, nicht in unseren Werken, nicht in unseren Briefen und auch nicht in den Tagebuchaufzeichnungen. Übrigens, Tagebuchschreiber, ich halte nicht viel von dieser einsamen Aufrichtigkeit. Behalt deine Geheimnisse für dich – schreib geheimnisvoll und ehrlich, mit Überschrift, Struktur und einer Absicht, so wie es einzig möglich ist und sich auch ziemt.

Der alte Dichter

Auf der windigen Ausfallstraße kam mir der alte Dichter entgegen. Er trug eine gestreifte schwarze Hose, einen verschlissenen Mantel und einen schäbigen Hut. Seine schlohweißen Haare hat er sich seitlich kurz schneiden lassen. Er kam langsam, wie einer, der alle Ziele kennt und längst weiß, daß es sich nicht lohnt zu eilen.

Er wich Straßenbahnen und Autos aus, ging im rötlich leuchtenden Neonlicht an Auslagen und Agenten, an Litfaßsäulen und Frauen vorbei, überquerte die Ausfallstraße, so als hätte er die Vernunft und die Traurigkeit mit sich genommen in den Wirrwarr der Welt. Und in seinem Gesicht, das kindlich war und alt zugleich, in seinen Augen, die stumpf ins künstliche Licht starrten, spiegelte sich die Erinnerung an das Entsetzen. Als habe er irgendwann einmal etwas Grauenhaftes gesehen und könne es nicht vergessen; das möchte er verstehen. Dieses Entsetzliche war die Welt.

NACHLASS

Im Nachlaß des Dichters fanden sich auch Spott- und Schüttelreime, sich ringelnde Späne, aufgemascherlter Plunder. Dieses traurige Allerlei ist Nebenprodukt vieler »Werke« und Stoff für diesen gewissen Ergänzungsband, in dem der Leser später nachsichtig blättert und ausruft: »Welcher Reichtum!«

Gewiß, auch das ist der Schriftsteller, es gehört auch zu ihm, ist all das, womit er herumspielt, was er fortwirft, an dem er »wirklich« schnitzt und formt mit Stichel, spitzer Feder, zerstreut und dennoch spitzfindig. Dieses »Nebenprodukt« verrät manchmal mehr als das »Werk«. In seinem Werk erscheint der Verfasser mit Frack und mit Orden an der Brust, die zwar manchmal nur Sport- oder Tanzabzeichen sind, Ehrennadeln eines anderen Ruhms. Doch auch der Abfall ist er, ebenso wie das unabsichtlich Entschlüpfte oder die Träume. Appetitlich ist es nicht, darin zu wühlen – aber der Auswurf kann manchmal das Krankheitsbild zeigen und das Unbeabsichtigte, die eigentliche Aussage, dieser Nachlaß, das Nebenprodukt, liefert ein Zeichen, verrät viel über das Werk, über den Menschen, über alles.

Anfangen

Umsonst weißt du, was du sagen willst: Der literarische Beginn ist eine Art Urhandlung, von Absicht und Verstand beinah unabhängig. Du vernimmst einen Ton, siehst irgendein Licht, plötzlich beginnt der Satz zu klingen. Zufrieden fühlst du: »Etwas ist geschehen, so, jetzt stimmt alles.«

Doch manchmal hörst du diesen Ton nicht, siehst keinerlei Licht; bestürzt fügst du Wort an Wort, suchst diesen geheimnisvollen Takt, der alles in Gang setzt, dem Satz Strom einflößt. Du mühst dich, verzierst und verschachtelst ihn, doch der Satz bleibt taub. Man kann nicht willkürlich etwas zu schreiben beginnen. Es braucht etwas dazu, wie zu jedem Schöpfungsakt. Was das ist? ... Vermutlich der Heilige Geist.

Gefahren

Das Schreiben fängt in unseren Tagen an, eine
lebensgefährliche Beschäftigung zu werden. Ten-
denziöses Schreiben war immer schon bedrohlich;
doch heutzutage ist es bereits gefährlich, wenn
jemand über den Herbst schreibt oder Gefühle in
Worte faßt, die ihn beim Anblick einer Primel über-
kamen, oder wenn er über Käfer schreibt – jede Art
des Schreibens ist gefährlich, weil es Meuterei gegen
die Gesetze und den Gusto der Massen bedeutet,
weil eine Persönlichkeit hinter dem geschriebenen
Wort steht, sich hinter dem Text also Widerstand
verbirgt. Geschriebenes ist verdächtig, als ob es eine
Art Geheimsprache, ein Zeichengeben wäre. Und
die Mißtrauenden haben recht: Es ist geheime Sprache, es sind Zeichen, Signale.

Freude

Es stimmt nicht, daß das Schreiben nur ein Ringen
und Kampf, nur verzweifeltes Wandern in der Wüste
und den Schneefeldern der Manuskriptblätter ist –
es gibt Tage und Wochen, in denen das Schreiben
Freude bereitet, in denen die unheimlichen Kräfte,
mit denen du ringst, dir zu Diensten sind, Leben und
Arbeit herausheben, sie dem Gesetz der Schwerkraft entziehen, es gibt Tage, in denen es ein Glücks-

gefühl ist, zu schreiben, in denen du dich in diesem geheimnisvollen Element beflügelt, leicht voranbewegst, im Element der Form und des Gedankens! Wie selten aber sind solche Tage, die knappe Zeit: Und unbestritten ist dies auch nicht die geeignetste Arbeitszeit! Die Tage, da Arbeit Freude ist, sind voller Bescheidenheit. Da schreibst du nicht heroisch. In solchen Zeiten arbeitet der Schriftsteller nur demutsvoll, bei Tagesanbruch über das Manuskriptpapier gebeugt, gleichsam dankend für irgendeine unbegreifliche Gunst und göttliche Gnade, die ihm nicht ganz verständlich ist und die er insgeheim sogar ein wenig verachtet.

Flegeljahre

Die Zeit, da der Mensch für eine Gedichtzeile seinen Großvater verkauft, diese wilde, literarische Zeit, in der der Schriftsteller die Welt und das Leben lediglich als fadenscheinigen Vorwand sieht, um Menschliches und Unmenschliches ausdrücken zu können: diese Zeit sind die Flegeljahre des Schriftstellers. Bei manchen dauern sie lang; bei Flaubert zum Beispiel bis zu seinem Tod.

Der Schriftsteller wird dann ein Mann, wenn er nicht mehr bereit ist, den Großvater und auch nicht das allerkläglichste, unbedeutendste menschliche Schicksal geringer zu schätzen als die vollkommenste Gedichtzeile; und diese dann auch schreibt.

Die Schwierigkeit

Die eigentliche Aufgabe und Schwierigkeit des Schreibens beginnt dann, wenn der Schriftsteller nicht mehr den Satz polieren, verbessern und vervollkommnen will, sondern den Gedanken.

Renard

Er schrieb erfolgreiche Theaterstücke, kleine Skizzen, Erzählungen. All das ist verlorengegangen. Und er schrieb ein Leben lang, so nebenher, mit leichter Hand, zum eigenen Amüsement oder Ärger, kleine Aufzeichnungen über alles, was der Tag brachte, was das Leben im allgemeinen und ein Schriftstellerleben darüber hinaus uns zuführt, über Frauen und Attribute, Bauern und Akzente, Blumen und Vergleiche; er schrieb über die Liebe und darüber, was die Liebe auf der Bühne bedeutet, über seine Frau und ihre Eitelkeit, die sexuellen Wünsche und die Gehässigkeit ausgebrannter alter Schriftsteller, über die Abenddämmerung und den Tod seines Vaters, über Zärtlichkeit und darüber, daß er nie mit seiner Mutter in einem Raum sein konnte, über Sarah Bernhardt und ihren Hund, über Komödian-

ten und über das, was Anatole France bei der Gene-
ralprobe hinterrücks über sein Stück geäußert hat,
über die Franzosen und den Patriotismus, was nicht
das gleiche ist ... Mehr als zwanzig Jahre lang machte
er diese Aufzeichnungen. Er wollte immer etwas
»Großes« schaffen, wie jeder ernsthafte Schriftsteller, und dieses »große« Werk ist ihm nie gelungen.
Als er starb, war die Welt unter andächtigem und
betroffenem Gedenken erst gewahr geworden, daß
sein Tagebuch, die nebenher entstandenen Notizen,
die Nebenprodukte eines Literatenlebens, eigentlich ein »großes Werk« und Lebenswerken von dreißig Bänden durchaus ebenbürtig sind. Es enthält alles, was ein Schriftsteller über die Welt sagen kann.

Er ist die Verkörperung des »bon sens«, des gesunden französischen Menschenverstands, was zugleich Nüchternheit und Argwohn, Schwärmerei
und Entzücken bedeutet: von allem so viel, wie eben
erforderlich ist, daß das Genie ein guter Handwerker bleibt und der Handwerker sich nicht unnötig
genialisch gebärdet. Renard wußte vom Geheimnis
der Proportionen, kannte also das Geheimnis des
Schreibens.

Die Verdächtigen

Das Leben sowie jeden Menschen, den du gekannt
und geliebt hast, beschreiben wie die Figuren in

einem Kriminalroman. Da stellt sich dann auf einmal heraus, daß jeder verdächtig ist: Jeder weist fieberhaft sein Alibi nach, allenthalben liegen verdächtige Gegenstände, nichtssagende Dinge herum, die im Schein der Diebslaterne des Verdachts in einem sonderbaren Licht zu leuchten beginnen; und Menschen, die noch gestern harmlos vor sich hin werkelten oder ihrer ganz speziellen geheimen Sisyphostätigkeit frönten, starren plötzlich mit peinlich verzerrtem Gesicht dem Detektiv in die Augen. Der große Ermittler ist selbstverständlich Laie; er kann ein neugieriges junges Mädchen oder eine einfältige alte Frau sein. Überflüssig, den Charakter des »Verbrechens« näher und genau zu benennen; irgend etwas ist geschehen, irgendwo passiert, und das Ganze ist so entsetzlich, daß selbst die Leute im Haus und alle in der Nachbarschaft nur flüsternd, hinter vorgehaltener Hand darüber zu tuscheln wagen... Welches Verbrechen? Wir können es nicht sagen, weil selbst der Ermittler sich nicht traut, die Täter und ihre Schreckenstat beim Namen zu nennen. Diese Tat ist vielleicht das Leben. Was können wir dagegen tun? Geheimnis, Zeichen und Fußspuren, wohin wir schauen. Informieren wir die Polizei.

Der Springbrunnen

Dieses in Form gezwungene Urelement, das Wasser, die zum schönen Spiel dressierte Bestie, zum Springbrunnen gebändigt: Glaubst du nicht, mein Freund, daß uns Schriftstellern ähnliches widerfahren ist in dieser Zivilisation? Komm, dann laß uns auch was Hübsches und Zierliches schreiben.

Blaise Cendrars

In diesem Menschen und in seinem Buch »Gold« ist noch ein Hauch des großen, wahren Abenteuers. Eine Mischung aus Rum und vergossenem Blut, aus Unterschlagung und Heimweh, aus Tropen und dem Frost des ewigen Eises, aus Fremdartigkeit, die unauflöslich ist, und vatermörderischen Erinnerungen und Tradition, die ebenfalls unauflöslich sind, aus Unfall und blindem Glück, aus Gold und Traurigkeit: Das ist noch Romantik, die echte, entschlossene, unglückliche und stürmische. Er ist mehr als ein großer Schriftsteller; ein weiser Schriftsteller, weil er nur das schrieb, wozu es bei ihm reichte.

PROSA

Tage, Wochen, und das, was man gern sagen möchte, bleibt dennoch Prosa: kann sich nicht erheben ... umsonst ist der Satz klug oder klangvoll oder stabil gebaut: Er steht nicht unter Strom. Das Kapitel stottert und knirscht, es fehlt ihm an Innenleben. Nein, die Prosa darf nicht prosaisch sein. Prosa ist höchste Spannung, hat einen tieferen Schwung und eine strengere Form als das Gedicht. Prosa ist volles Bewußtsein und vollkommene Gnade in einem. Sonst sind es nur Sätze, Kapitel, Formulierungen. Was aber ist das Geheimnis der großen, lebendigen Prosa? Bisweilen glaube ich fast, nur die Wahrheit.

DER ENKEL DES SCHNEIDERS

Die ganze Welt hat bereits seinen Namen gekannt, er war der Verfasser von »Werther« und »Faust«, der Freund des Herzogs, Minister, Exzellenz, und obendrein war er Goethe. Aber in Weimar tuschelten kleine Beamte und Neider immer noch hinter seinem Rücken, redeten vom »Enkel des Schneiders«.

Er mußte sechzig werden, bis er mit seinen Geldangelegenheiten einigermaßen zurecht kam; lebte mit vielen kleinen Sorgen um Bezüge, Kredite und Einkommen, gleichsam von Zahltag zu Zahltag.

Die Welt verneigte sich vor ihm, aber der »Erfolg« blieb aus, den hatten Kotzebue und – was eine noch schmerzlichere und problematischere Kränkung gewesen sein muß – Schiller. Gerade über vierzig, hatte er in Rom am Grabmal des Cestius bereits mit dem Leben abgeschlossen. »Was kann da schon noch kommen« – sagte er sich, einsam, ohne Familie, ohne Geliebte und Freunde. – »Acht, zehn arbeitsreiche Jahre. Dann ist alles vorbei.« Aber er lebte danach noch dreiundvierzig Jahre, mußte erleben, daß sein Sohn, der zur Zeit der Romreise noch gar nicht geboren war, in der Nähe von Cestius' Grab starb; und er, Goethe, überlebte ihn um weitere zwei Jahre.

In Weimar blieb er der »Enkel des Schneiders«, dieser geheimnisvolle Parvenü, der den Olymp eroberte. War die Exzellenz, der Weltmann und gefürchteter Halbgott. Erst viel später hat man in Weimar erfahren, daß er zugleich, ganz nebenbei, auch Goethe war.

SCHILLER

Er war mißgünstig, hat Goethe auf Schritt und Tritt herabgesetzt, verbreitete Klatsch über ihn, beurteilte seine Schwächen allzu kleinlich, flüsterte Fremden ins Ohr, daß Seiner Gnaden von Weimar »kein Erfolg« beschieden sei – und in der Tat, der

ganze Erfolg gehörte ihm, dem »Freund des Volkes«, dem Revolutionär, der sich mit Bedacht die
reiche Ehefrau erkoren und jeden Umgang danach
ausgewählt hat, ob er ihm nützlich sein konnte oder
nicht; er lebte überaus aufwendig, und die Herzen
flogen ihm in allen deutschen Provinzen zu. So
generös hat das Leben Goethe nicht bedacht.

Nur eines hat das Schicksal Schiller versagt:
den Frieden, die Einsicht, die schmerzvolle Freude
der Versöhnung. Später haben sie sich angefreundet; doch Schiller starb, blaß vom Siechtum und
vor Neid, weil er Goethe ebendas nicht verzeihen
konnte, um das dieser mehr, wahrhaftiger, ruhiger
und beständiger gewesen ist. Gewiß war es furchtbar schwer zu ertragen, mit Goethe zur gleichen
Zeit Dichter zu sein. Es gehörten schon eine göttliche Bescheidenheit und Großmut dazu, daß man –
angesichts des lärmenden Erfolgs, mit dem die
Massen an Schiller das Laute, Deklamatorische
und patriotisch Buhlende feierten – diese andere
fürchterliche »Erfolglosigkeit« übersieht, von der
gerade er, Schiller, wußte, sie ist gleichbedeutend
mit der Unvergänglichkeit. Er hat es auch nicht ertragen; hat schnell alles geschrieben und ist dann
gestorben.

FLUCHT

Ich habe kein Visum für ein anderes Land und auch kein Geld; das Bürgertum, die Klasse, zu der ich gehöre, verliert seine geschlossene Form; weder bewahren noch schützen kann es mehr den, der es verkörpert, den Bürger. Wohin soll ich fliehen? –

Bei meiner Arbeit suche ich Zuflucht, wo sonst, in dieser stummen Verbannung, in der Exterritorialität des weißen Papiers. Ich flüchte mich in mein Tun, das zugleich Lebensform und Wirklichkeitssinn, Gerechtigkeit und Zweifel, Distanz und Manier ist. Dies ist meine andere Heimat; eine harte Heimat, in ihr zu leben ist kein Glück, kein Paradies. Und dennoch ist es Heimat, ein Zuhause, ein trauriges und wahres, für mich das einzige Zuhause auf dieser Welt.

DER ALTE SCHRIFTSTELLER

Gelegentlich gibt er noch einen lauten Röchler von sich; zur Vorbereitung zieht er mit pfeifendem Atem Luft durch Nase und Mund, spannt den Brustkorb behutsam, damit die alten, verkalkten Knochen nicht krachen. Dann bricht der Röchler aus ihm hervor, fordernd, krachend wie ein alternder Vulkan, der sich einst schon bereitwillig und folgsam dem Reglement der ihn umgebenden Welt gefügt

hat und Fahrplänen und behördlichen Vorschrif-
ten gemäß ausbricht, täglich zweimal, morgens und
abends, genau dreißig Minuten lang.

Sein Ausbruch, der bewußt, der inszeniert und
hoffnungslos ist, erschüttert mich dennoch immer
wieder. Diese Lava, die jetzt gesittet und dünn fließt,
hat einst Dörfer verwüstet. So ein Röchler ließ vor
gar nicht so langer Zeit noch die Menschen ganzer
Städte erzittern. Der alte Schriftsteller bricht ge-
konnt aus; die jungen Vulkane betrachten ihn voller
Neid und mit aufgesperrten Mäulern. Nur vermag
er eben nicht mehr die Welt zu vernichten. Das ver-
dirbt ihm die Laune, stimmt ihn traurig.

WENIGSTENS

Ich wußte nicht, daß dieser Dom, der Prachtbau
meiner Geburtsstadt, diese mit Sorgfalt und mit
dem Kunstverstand von Jahrhunderten erbaute
Vollkommenheit, so großartig ist. Mit gerührtem
Entzücken betrachte ich jeden einzelnen Stein. Es
gibt nur wenig Vergleichbares in Europa: vielleicht
zwanzig oder fünfundzwanzig. Diese paar Kathe-
dralentürme, von Chartres, von Reims, von Köln,
von Kaschau, bedeuteten in der verflossenen Zeit
das ewige Europa.

Aber der Dom macht auf noch etwas aufmerksam. Mit seinem stumpfen Turm sagt er, ihn wie den

versehrten Zeigefinger einer Hand hoch haltend:
»In dieser Stadt ist ein Prachtwerk gebaut worden,
das ein Weltereignis ist. Schau hinauf, aufmerksam, und dann neige dein Haupt voller Demut.
Der Mensch zählt nur so viel, wie er die großen
Symbole begreift. Der Mensch lebt nur, wenn er
etwas baut. Wenigstens einen Dom, für Jahrhunderte. Versteh!«

Ich verstehe und gehe betrübt von hinnen.

GIDE

Ich gehe immer mit einer merkwürdigen Befangen-
heit an seinen Büchern vorüber. Als ginge es gar
nicht um sie, also die Bücher, die er geschrieben hat:
Sein Werk steht da im Bücherregal Europas, Bücher, die etwas mitteilen wollen, mit größter Kraft-
anstrengung und reinster Absicht … was eigentlich?
Auf keinen Fall das, oder nur das, was dann schließlich in die Bücher eingegangen ist.

Als ob sein Werk andernorts, aber nicht in den
Büchern stattfände. Deshalb empfinde ich Gide als
tragische Gestalt. Worin besteht also sein Werk,
und gibt es für einen Schriftsteller ein anderes Werk
als in Buchstaben mitgeteilte Gedanken? Sein Pri-
vatleben hat mich nicht interessiert, es geht mich
nichts an, nicht heute und nicht in hundert Jahren,
daß Wilde ihn in Algerien einmal mit einem musi-

zierenden arabischen Knaben bekannt gemacht hat, daß ihn dann die gleichgeschlechtliche Liebe interessierte und er noch später Kommunist geworden ist. Das alles ist kein Werk, nur Schicksal. Dennoch, seine Bücher empfinde ich als Nebensache und das Phänomen Gide als wesentlich. Das Werk ist doch eher seine Persönlichkeit, die seine Bücher bemüht und hoffnungslos auszudrücken versuchen; vergeblich das handwerkliche und nahezu perfekte Können, vergeblich der Heilige Geist, mit dem er ringt. Gide ist einer der seltenen, der sehr seltenen Autoren, der mit der unsichtbaren Strahlung, die von seinem Wesen und von seinem Leben ausging, mit der Absicht stärker wirkte als mit dem, was er geschrieben hat; er ist ein Autor, dem man seine Absicht, wenn man sie erkennt, nicht übelnimmt; es ist oft eher die kalte Perfektion seiner Schriften, die einen unbefriedigt läßt. Gide ist ein Schriftsteller, der nicht durch das wirkte, was er geschaffen hat, sondern durch die Tatsache, daß es ihn gab. Ist ein solches durch sein Wesen ausgedrücktes, aber nicht fixiertes Werk vergänglich? Manchmal glaube ich, ein Leben und eine Seele dieser Art haben eher Bestand, als was daraus folgt, seine geschriebenen Bücher.

Nach den Monaten des Abscheus und Wunderns, der Vernichtung und Verzweiflung, der kalten Gleichgültigkeit und des bornierten Staunens ertappe ich mich dabei, daß ich wieder an meinem Schreibtisch sitze, Zeilen aufs Papier bringe, die Bestandteile eines geplanten größeren Ganzen sind, im Wald spaziere und mir den Kopf über weitere Zeilen zerbreche, um die Figur, von der ich ein Bild zeichnen will, genauer, lebendiger, flüssiger und konkreter wiederzugeben. Kurz, ich schreibe, tue es – wie sich's gehört – mit vielen Worten; ich schreibe, so wie der Schuster Schuhe flickt; ich schreibe, weil ich lebe.

Nie hat dieses Unterfangen, das Schreiben, dieser Versuch, mich mit Hilfe von Wörtern und Begriffen auszudrücken, so übermenschlich unbegreiflich auf mich gewirkt, nie habe ich es so flegelhaft unverschämt, so verblüffend hoffnungslos und so alles zermalmend aufregend empfunden. Was kann ich denn schreibend sagen? … Ich bin über vierzig, habe alles gehabt, was das Leben zu bieten hat, Einsamkeit und Gesellschaften, Geburt und Tod, Liebe und Erfolg, Scheitern und Schande. Wie ein alternder Zauberkünstler kenne ich den Stoff und die Geheimnisse meines Metiers, mich kann nichts überraschen, nicht einmal, wenn ich plötzlich ein echtes Kaninchen aus dem Hut ziehe, der gerade noch leer war. Aber das Schreiben überrascht mich. Was kann ich noch über das Leben sagen, im Besitz meiner Erfahrungen, die mich lehren, daß es keine Regeln gibt, nur Überraschungen? Warum schreibe ich? Was will ich mit den Worten sagen? Vielleicht noch das: daß es keine Regel gibt, nur die Überraschung.

Lesen

Es reicht nicht, zu lesen. Wiederlesen ist – so wird von allen Experten geraten – wichtiger.

Und man muß nicht nur das Buch wieder lesen, das in der Erinnerung verblaßt oder das wir beim ersten Lesen nicht ganz verstanden haben: Auch der Satz, das Substantiv, das Verb, das Attribut, das im Buch etwas schicksalhaft bestimmt, muß wiedergelesen werden. Denn was will ein Buch? Sich verständlich machen. Aber derlei geht langsam, fast so langsam und kompliziert wie im wirklichen Leben. Ehepartner brauchen bisweilen Jahrzehnte, bevor sich der eine dem anderen endlich verständlich machen kann. Auch Bücher sind so schwerfällige Bekannte.

Es reicht nicht, nach Katalog, nach der Mode oder der Tradition zu lesen; mit Instinkt muß man die Lektüre aufspüren, die – uns, ganz persönlich – etwas sagen kann. Man muß regelmäßig lesen, so wie man zu schlafen, zu essen, zu lieben und zu atmen pflegt. Die Bücher geben, wie Menschen auch, ihr Geheimnis, ihr Vertrauen nur preis, wenn auch du dich ihnen öffnest und hingibst.

Ich mag keine anderen Bücher lesen, nur solche, die mein Eigentum sind. Es reicht nicht, den Gedanken und das Wissen zu besitzen, die das Buch enthält. Auch das Buch selbst soll ganz mir gehören – bedingungslos, so wie man die Geliebte ganz haben will –, diese irdische Staubhülle des Gedankens.

Das Leben

Der junge Dichter möchte ein einziges großes Buch schreiben, tausend und abertausend Seiten, und am liebsten möchte er diesem Buch den Titel geben: »Das Leben«. Er möchte in dem Buch über alles schreiben, was er gesehen und gehört, was er gefühlt und erfahren hat: von Wolken und Rosen, von Kamelen und von einsamen alten Frauen, von Sonnenschein, den schrecklichen Krankheiten, dem Charakter und dem Aussehen seltener Tiere. Das alles möchte er schreiben, weil er noch jung und weil es sein Schicksal ist, daß er eine Laute in der Hand hat und eine Melodie hört, und darüber hinaus kann er nicht genug bekommen von den Erlebnissen des Lebens; von allem möchte er Zeugnis ablegen.

Aber die Aufgabe des Dichters ist nicht, über

alles Zeugnis abzulegen, was das Leben gebietet, und Denkmäler zu setzen. Das große Buch, in dem »alles enthalten ist«, darf man nicht schreiben. Nur von den Einzelheiten soll man sprechen, über eine Rose, über einen Menschen, der Ludwig oder Edith heißt, über einen ganz bestimmten Sonnenuntergang, über eine Krebskrankheit, die man aus der Nähe erlebt hat. Und über das alles muß so gesprochen werden, als wäre das Leben irgendeine wunderbare, traumhafte Erscheinung: ein schrecklicher und großartiger Traum. Und von all dem muß man ganz genau berichten, immer nur mit den ein, zwei oder ein-, zweitausend Wörtern, die den Krebs, den Menschen oder die Rose betreffen. Und stets muß man dabei eine Stimme hören, die gleichzeitig aus der Welt und aus der Seele des Dichters kommt. Diese Stimme muß man wiedergeben. Aber das lernt der Dichter erst später, wenn er keinerlei großes Buch mehr schreiben will.

BESCHEIDEN

Nein, bescheiden bin ich ganz bestimmt nicht. (O.* fragte, als man die Bescheidenheit eines jungen Autors vor ihm lobte, streng: »Und worauf ist er bescheiden? ...«) Ein Mensch hört in dem Augenblick auf, bescheiden zu sein, wenn er an dem Wert, an der Qualität seines Werkes zu zweifeln beginnt, wenn er vergleicht und sieht, um wieviel schwächer, schlampiger oder kraftloser er ist als jene, denen er gleichen möchte; ein Mensch hört auf, bescheiden zu sein, wenn er nach oben schaut. Nur nach unten hin ist es leicht, bescheiden zu sein. Vor dem Stümper verbeuge ich mich tief, katzbuckle, ziehe den Hut. Shakespeare stelle ich mich, ein Leben lang, Aug' in Auge. Natürlich, zwischendurch muß ich dann blinzelnd den Blick senken, wie einer, der in die Sonne geschaut hat, mit einer Taschenlampe in der Hand.

DER NEUGIERIGE

Maeterlinck hat in den Bienenstock, in die Höhlen der Termiten, in die Kelche der Blumen geschaut, hat alles betrachtet, berochen, berührt; und dann hat er darüber berichtet. Diese dichterische Neugier, die nicht fachmännisch sein will und dennoch leidenschaftlich und gewissenhaft ist, die Lust zu forschen, die anfangs von der Leidenschaft angefacht und erst später durch die Erfahrung unterhalten wird, diese dichterische Wahrnehmung, welche die Inbrunst der Seele in die exakte, kalte Erfahrung des Bewußtseins umwandelt: Vielleicht ist dies der Weg der Wissenschaft. Erst empfindet der Mensch, dann nimmt er etwas wahr, danach wird er neugierig, dann tut er, wie sich's für einen Dichter gehört, einen tiefen Seufzer, und schließlich wird er, wie es dem Gelehrten zukommt, kontrollieren: Auch Goethe hat sich Forschertätigkeit so vorgestellt. In Maeterlincks Entdeckungsbüchern ist die Objektivität idealisiert, dichterisch. Wenn ein Experte in den Bienenstock schaut, sieht er nur Bienen; der Dichter Maeterlinck sah, sehr genau, die Biene und dahinter die Welt, zu der sie gehörte.

KATZENJAMMER

Das Werk dieses Schriftstellers ist ein einziger Katzenjammer. Mehrere tausend Seiten Katzenjammer. Er ist geboren, hat sich vollgefressen und angesoffen, kurz, er wurde betrunken von der Welt, und dann – mit feuchter Kompresse auf der Stirn, mit Kopfwehpulvern, Sigmund Freuds sämtlichen Werken sowie den Apostelbriefen in der Tasche – begann er zu jammern. Maunzt: Ach, die Welt! Ach, die Liebe! Ach, die Natur!

Kritiker, erbarmt euch doch endlich: Spendet ihm ein paar tröstende Worte, einen kleinen Rollmops – und ein Krügel leichtes helles Bier.

WARUM?

In der Nacht habe ich – zum vierten Mal – Wilders Roman »Die Brücke von San Luis Rey« gelesen.

Ich kenne kein Buch der zeitgenössischen Literatur, das, wie dieser Roman, die Schicksalsfrage des Lebens so mutig zu stellen wagt und auch stellen kann.

Die Frage ist, immer und ewig, die: »Warum gerade ich?« Das fragen die Marquise, Esteban, Onkel Pio, aber so fragt sich auch der Leser, wenn er den Deckel dieses wunderbaren Buches zuschlägt. Warum bin gerade ich krank, warum straft das Schicksal gerade mich mit Elend, Glücklosigkeit, mit Knechtschaft und den Schwarzen Pocken? Warum bin gerade ich einer von den fünf, die in dem kritischen Augenblick die San-Luis-Brücke überqueren müssen, warum bin gerade ich der Held der Tagesmeldungen, den an der Ecke der Üllőistraße* ein Fahrzeug überrollte, warum hat man ausgerechnet mich entlassen, warum wurde ich vom Blitz getroffen, warum? Wilder schreit diese Frage, ganz leise, bis an den Himmel hinauf.

Eine Antwort hat auch er nicht. Sie besteht lediglich in der Frage: »Gibt es etwas, ohne das man, sofern dieses Etwas also nicht vorhanden ist, nicht leben kann?« Was ist dieses Etwas? Die Liebe? Der Wille? Die Gnade? Der Dichter antwortet nicht. Doch hat er seine Frage in die Welt hinausgeschrien; und es scheint, als hätte Gott, bei all dem Lärm in der Welt, einen Augenblick lang auf den Schrei geachtet.

DER FLIEGER

Wie der Flieger, der vor seinem Flug um die Welt alles, was die Maschine belasten könnte, mit Bedacht hinauswirft, er nimmt keine schwereren Kleider, kein warmes Wollzeug mit, verzichtet auf die Lederstiefel, die ihm vielleicht in den sibirischen Sümpfen gute Dienste tun würden, falls er zufällig dort landen muß, im letzten Augenblick wirft er die mit heißer Schokolade, mit Zitronen- und Tomatensaft gefüllten Thermosflaschen hinaus, die ihm in der Wüste den Durst löschen könnten, schleudert die Pelzmütze fort, die auf Grönlands Eisfeldern den kahlen Kopf vor Neuralgien und eisigen Winden schützen würde, schließlich nimmt er wirklich nur einen einzigen leichten, dünnen Anzug, ein Sandwich und einen Schluck Wasser mit – ja, und im letzten Augenblick holt er auch noch sein Portemonnaie aus der Tasche, in dem er die Fotos des verstorbenen Vaters und seines Söhnchens aufbewahrt, denn auch das wiegt noch einige Dekagramm, also wirft er es durchs Fenster der schon dröhnenden Maschine dem Monteur zu, und so streift er alles ab, läßt alles auf dem Boden zurück, am liebsten wäre er völlig nackt und frei von überflüssigen Erinnerungen und totem Ballast ins Flugzeug gestiegen, nur damit er um so mehr Benzin, Öl und sonstige Betriebsstoffe für seinen Flug aufnehmen kann: Denn er will steigen, schweben, weit und hoch, würde jeden Tropfen Blut für Benzin eintauschen, um noch höher, noch weiter zu gelangen!

So lebt, so schreibt der Mensch, so bereitet er sich auf die letzte Tour vor, so wirft er allen Ballast seines Lebens ab, um mehr Treibstoff für den Weg zu haben und weiter zu gelangen.

DIE BEKANNTEN

Die wahren Gedichte sind wie Bekannte. Als ob wir sie vor langer Zeit schon einmal gelesen hätten. Als ob wir jede Zeile auswendig wüßten. Als ob das Gefühl, aus dessen geheimer, heißer Ader der Strom des Taktes die Verszeilen nährt, unser eigenes Empfinden wäre. Als ob die Liebe, die der Dichter besingt, unsere persönliche, schicksalhafte Liebe wäre, als ob die Heimat, deren Verlust der Dichter beweint, unsere Heimat wäre, als ob der Fluch, den er gegen die Menschen schleudert, aus unserer Brust hervorbrechen würde. Deshalb sind wahre, große, ewige Gedichte immer »international«, im komplizierten, edlen Sinn des Wortes, und sie gehen dem Leser in Bolivien genauso ans Herz wie in der engeren Heimat. Der Dichter feiert, preist und beweint immer und überall die gleiche Geliebte, die gleiche Heimat, die gleiche Menschheit. Ein Dichter kann nicht engherzig sein: Er empfindet für die ganze Welt. Deshalb sind uns seine Gedichte so vertraut. Wir alle, alle Lebenden, sind seine Kinder. Wir haben so empfunden, er hat es ausgesprochen; wir hatten das Erlebnis, er hat es in Gedichtform gebracht.

GESPRÄCH, MIT SCHRIFTSTELLERN

Wir reden immer über etwas anderes. Über Politik. Darüber, daß J. sich scheiden ließ, daß B. seiner Weltanschauung untreu geworden, daß Z. ein Trottel ist oder daß A. allmählich nachläßt. Nur vom Handwerk reden wir nicht, vom einzigen, von dem wir etwas verstehen.

Schriftstellern ist ihr Handwerk peinlich. Eifersüchtig hüten sie ihre Werkstattgeheimnisse. Eine Ars poetica schreibt der Dichter erst, wenn er keine Gedichte mehr schreiben will, und er wirft dann seine Erkenntnisse, Erfahrungen und Geheimnisse weg. Wir sprechen nicht darüber, welche Erfahrungen wir beim Romanschreiben gesammelt haben, aber mit größter Vehemenz diskutieren wir darüber, welche Vorteile die Technokratie hat, unterhalten uns über die neueste Behandlungsmethode der innersekretorischen Drüsen. Über alles, das uns eigentlich nichts angeht, reden wir, halten aber zähnefletschend den Mund, wenn es um das geht, was uns vertraut ist, für das wir unser Lehrgeld mit

Blut und Gold bezahlt haben, von dem wir etwas verstehen.

MAUGHAM

Somerset Maugham ist fast ein ganz guter Schriftsteller. Er hat alles, was man dazu braucht, einer
zu sein: Begabung, Bildung, Fleiß, Moral und Mut
zum Unmoralischen, Weltkenntnis und Hingabe
an das Wort und das Leben. Er weiß genau, was den
Unterschied zwischen einer Metapher von Shakespeare und dem besten Aphorismus von G. B. Shaw
ausmacht. Er ist wohlinformiert und bescheiden.
Maugham ist fast ein ganz guter Schriftsteller, sieht
die Welt aus der Distanz, mit der man sie sehen
muß, er weiß von der Natur des literarischen Stoffes
und verfügt über das ganze Vokabular, das nötig ist,
um seine Vision vom Leben zu gestalten.

Nur schreckt er im letzten Augenblick immer
vor der Aufgabe zurück und ist dann letztendlich
doch kein ganz guter Schriftsteller. Seine Theaterstücke schrieb er mit Verachtung, wie einer, der als
Pflanzer in die Kolonien geht, über vierzig Jahre
in eine unwürdige, erniedrigende Umgebung, um
dann in seine Heimat zurückzukehren, mit dem
in den Kolonien verdienten Geld das Gut seiner
Vorfahren zurückzukaufen und dort in Stille und
der Tradition gemäß zu leben. Doch scheint er in

den Kolonien Fieber bekommen zu haben; befallen von einer der geheimnisvollen weltlichen Krankheiten, quält ihn eine Fieber verursachende Abart des von ihm so sehr verachteten Erfolgs. Er ist ein guter Schriftsteller, nur schmuggelt er im letzten Augenblick immer einen himmelschreienden Kitsch in seine Texte, etwas klug und verdächtig Wirkungsvolles, einen Mord, eine Intrige oder eine Liebesgeschichte. Und auch mit dem Wort geht er so um, als hätte er nicht das Herz, es mit ganzer Kraft und Glauben und allen Konseqenzen niederzuschreiben. Péguy sagte, manche Schriftsteller reißen sich die Wörter buchstäblich aus dem Leib, andere ziehen den passenden Ausdruck mit einer natürlichen, lockeren Bewegung aus der Tasche ihres Überziehers hervor. So ein Schriftsteller ist Maugham. Er besitzt qualitätvolle Überzieher und ausgezeichnete Wörter. Zu mehr reichte es nicht, leider.

GELD

Die Literatur verachtet vorlaut und verlogen das Geld. Hält es für ein Dramenrequisit, das der Theaterinspizient, bevor sich der Vorhang hebt, dem Helden als eine Art wertlosen Bühnentaler überreicht, der beim großen Auftritt nur eine unbedeutende Nebenrolle spielt. In Wirklichkeit ist das

Geld, das das Leben mindestens ebenso ausfüllt, wie dies die Liebe oder die Todesangst, der Ehrgeiz oder die Vaterlandsliebe tun, ein viel subtileres Erlebnis. Noch nicht beschrieben ist das alltägliche Erlebnis mit dem Geld, nämlich die Dramatik, die eine Zwanzig-Pengő-Extraausgabe oder ein Fünfzig-Pengő-Extraeingang in unser Leben bringt, dieses an Kompliziertheit selbst die Liebe und den Ehrgeiz übertreffende Gefühlskonzentrat, wie es das Geld ist und wie es sich auch beim kleinen, alltäglichen Geld im Leben anhäuft; auch nicht geschrieben hat man die Acht-Pengő-fünfzig-Erschütterungen, das Sechsundzwanzig-Pengő-Glück und die Siebzehn-Pengő-Verzweiflung. Die Literatur spricht meist nur über die Extreme, über das Geld, das nicht vorhanden ist, oder über das unermeßlich viele Geld. In der Wirklichkeit aber leben wir zwischen dem nicht Vorhandenen und dem unermeßlich Vielen, rechnen, fühlen, begeistern uns und weinen. Das wahre Erlebnis des Geldes findet zwischen dem Verhungern und den Millionen statt, und das kann auch bei monatlichen vierhundertachtzig Pengő so farbig, abenteuerlich, aufregend und furchtbar sein wie eine Reise zum Kap der Guten Hoffnung, wie das Verhungern in China oder die Pleite der Fugger.

DURCHFALLEN

Ein richtiger, großer Durchfaller hat etwas Erhebendes und Beruhigendes. Der Mensch erwacht am Morgen und erfährt, daß sein Buch oder sein Theaterstück durchgefallen, sein geistiges oder weltliches Unterfangen gescheitert ist. Er erfährt es nicht aus der Kritik in der Morgenzeitung, auch nicht aus der Konkursspalte des Blattes. Der Durchfaller ist unmißverständlich. Man geht auf die Straße, und die Bäume drehen sich weg, in den Fenstern verlöschen die Lichter. Eingefleischte Schmarotzer und Schnorrer wenden, wenn du dich näherst, ihre Blicke ab, spucken aus. Vergeblich auch die Hoffnung auf die Nachwelt; es gibt keinen Trost. Das Klügste ist, die zarten Anspielungen und schüchternen, milden Tröstungen der Familie, der Geliebten und Freunde mit einer Handbewegung wegzuwischen. Was Nachwelt, Balsam, du brauchst sie nicht! Dieses Durchfallen ist der Urzustand, ist etwas Reines, ist wahr und stark. Ein solches Scheitern ist keine Katastrophe; der Mensch spürt, daß er etwas gemacht hat, daß in der Welt etwas geschehen ist. Wirklich durchfallen kann nur der, der etwas gewollt hat: Ein Trost ist auch das nicht. Es gibt kein Mißverständnis mehr. Stell dich hin, in aller Ruhe, schau der finsteren Nacht ins Auge. Du bist durchgefallen.

Die Anleihe

Denn nicht nur du schreibst das Buch; gleichzeitig schreibt das Buch auch dich. Es ist ein ewiger Leihprozeß, vergiß das nicht.

Die Hausnummer

Die Trambahn fährt auf einer Kaschauer Straße an einem ebenerdigen Haus vorüber, und wie ich das Haus und die Hausnummer erblicke, trifft mich ein Funke, stärker als ein elektrischer Schlag: »Das ist es.«

Ja, es ist das Haus, hier hat R., der Sohn vom Oberst, gewohnt, hier »ist etwas passiert« – und dann, später, ist aus alldem ein Buch und ein Mythos geworden, ein Kapitel des Romans spielt hier, irgendwo hinter diesen Mauern, hinter der mystischen, grundbuchlich vermerkten Hausnummer. Dies alles sagt mir nicht mehr mein Verstand; nur der Körper erinnert sich. So, die Trambahn ist weitergerattert, das Haus ist nicht mehr zu sehen, leben und schreiben wir weiter. Aber vergessen wir nicht, daß der Schauplatz und die Requisiten mit einer geheimnisvollen Beharrlichkeit irgendwo erhalten bleiben, und sie fordern ihren Teil an deinem Werk. Es stimmt nicht, daß du alle Spuren beseitigt hast; irgendwo denunziert noch die Hausnummer.

Märchen

Wirklich große Gedichte, Romane und gelehrte Schriften haben etwas Einfaches, Kindliches, wie Märchen. Große Bücher sind immer auch Märchenbücher. Etwa die Bibel, Tolstoi, jedes wahre Gedicht, ewige Geschichten. Denn auf dem Grunde des Lebens und der Seele ist stets das Märchen, das manchmal eine Sage – wenn Völker sie schreiben –, bisweilen ein Glaubensbekenntnis ist, von Propheten verfaßt, und manchmal, aus der Feder von großen Schriftstellern, eine Geschichte: Aber Ton und Attitüde, mit denen sich diese Schriften an die Welt wenden, sind immer der Ton und die Attitüde des wortkargen, ursprünglichen Märchens. Die Menschheit erwartet das Märchen, und der Prophet, der Schriftsteller, der Gelehrte, sie können nur in diesem märchenartigen Ton einen wahren und endgültigen Zugang zur Seele der Menschen finden. Denn jeder Schriftsteller lebt ein wenig im Orient, sitzt unter der Dattelpalme, und die Menschheit läßt sich im Kreis um ihn nieder und bittet: »Also, nun erzähle.«

Turgenjew

Ein Mensch sitzt, durchaus daheim, im Pariser Salon, in der französischen Literatur. Sein blasses

Gesicht, sein weißer Bart, die gepflegte, festliche Kleidung, sein freundlicher, kluger Blick und die feinen weißen, weichen Hände, der peinlich gewählte, perfekte französische Klang seiner Worte, all das entzückt die Besucher. »Wie vollkommen französisch« – sagen sie. »Maître!« – heißt es flehentlich.

Ja, so französisch. Aber dieser Mensch lebt und schöpft im französischen Salon und in der Literatur ein Leben lang aus dem Heimweh, das ihn an Rußland bindet. An das Rußland, in dem er nicht leben kann, aus dem er immer flieht, um dann als Freund der Goncourts und verwöhnter Liebling der geistigen Noblesse Europas auch in französischen Salons stets die Wortwechsel zwischen der Herrschaft und den Muschiks* der russischen Herrenhäuser, das Rauschen der Wälder im Ural, das Kläffen eines Hundes auf den Feldern am Wolgastrand, das Flennen eines russischen Balgs oder die Flüche eines arroganten Beamten aus der Gouvernement-Residenz zu hören. Er lebt in der geistigen Hochburg Europas, hört aber nur das, sieht nur das und kann auch nur darüber schreiben und davon träumen. Er erschafft in zehn Bänden jenes Rußland noch einmal, in dem er nicht leben kann. Ein Verbannter, der mit gespenstischer Sorgfalt das Rußland als Meisterwerk erstehen läßt, dem er entflohen ist. Weil er Russe ist und ein Schriftsteller. Ja, so vollkommen »französisch«.

Meine Sache sind nur noch die wenigen Zeilen, fünf oder zehn, die ich zur Abenddämmerung in dieses Heft oder ins Tagebuch schreibe, wie der verwundete Landser, der den ganzen Tag still, von Fieber, Schmerz und Erinnerungen betäubt auf dem Schlachtfeld lag und, wenn gegen Abend die Kameraden über Leichen und Gestrüpp stolpernd sich nähern, mühsam die Hand hebt und ein Zeichen gibt, daß auch er noch lebt.

Daß auch er noch lebt und vielleicht nie so sehr, so tief empfunden, so intensiv gelebt hat wie in diesen Stunden zwischen Himmel und Erde, zwischen Leben und Tod und es vielleicht auch nie mit einer so verbissenen Kraft zum Ausdruck gebracht hat wie mit dieser hilflosen Handbewegung, daß er lebt. Es gibt keinen literarischen »Betrieb«, kein lautes literarisches Leben rund um meine Person, nein. Fünf oder zehn Zeilen schreibe ich, wie einer, der ein Zeichen gibt, aber nicht der Welt und nicht den Kameraden, nur noch sich selbst. Ich will keine Werke mehr schreiben, denen man applaudiert. Will nur noch die Wahrheit aufschreiben, sonst nichts. Und so wie man in Bulgarien Tausende Rosen auspressen muß, damit ein Tropfen Rosenöl hervorquillt, so wie man bedingungslos lieben muß, damit aus dem menschlichen Körper Samen sprießt, dieses Bekenntnis zum Leben und zum Tod, so wie man den ganzen Schmerz fühlen muß, damit eine Träne aus dem Herzen und in die Augen tritt, so muß man leben, warten, beobachten, in sich und in die Welt schauen, lesen, faulenzen, lächeln, brummen und sich erinnern, um diese fünf oder auch zehn Zeilen zu schreiben. Sonst will ich gar nichts mehr schreiben. Friede mit euch, literarischer Streit, Ehrgeiz, himmelhoch lodernde Zweikämpfe... Sollen andere es tun. Die fünf Zeilen will ich schreiben, zum Abend hin, wenn die Rosen vor meinem Fenster, um Gül Babas Grab*, noch einmal durchatmen; fünf Zeilen, vielleicht auch zehn.

BILANZ

Schau dich um, danke dem Himmel, beruhige dich. Wer und was bist du? Ungarischer Schriftsteller bist du, einer von der Art, die nichts anderes schreiben kann als das, wozu sie Lust hat, also bist du ein Bettler, mal ein privilegierter, mal ein bürgerlicher Bettler, aber immer der Lust und den Launen eines armen, mißmutigen Landes ausgeliefert. Ein primäres Bedürfnis für das Leben der Nation bist du nicht. Im glücklichsten Fall dulden sie dich... Du bist ungarischer Schriftsteller, also mit der heiligen Armut vermählt, drückst dich irgendwo im Grenzbereich, am Rand der Gesellschaft herum, wie die Zigeuner; ab und zu geben sich die Anständigen und Mächtigen, die Titel, Häuser und Verdienstorden haben, kurz mit dir ab, klopfen dir gönnerhaft auf die Schulter; häufiger werfen sie dir nur ein Trinkgeld auf deinen Teller, wenn du schön musizierst. Du bist ungarischer Schriftsteller, vertrittst die Sache einer Nation in der Welt, auch dann, wenn diese Nation davon nichts wissen will. Wende dein Herz den Armen zu. Alles andere ist Täuschung, leere Luft und Lüge. Dies ist die Bilanz.

ÖFFENTLICHER DANK

Und dennoch schulde ich Dank: öffentlichen Dank, denn auch meine Schande, mein Elend sind öffentlich, zugleich ist das traurige Glück öffentlich, welches mich ganz durchdringt, Glück, daß mir das Schicksal die Gabe schenkte, mich auszudrücken, dank der ich berichten, was ich in der Welt gesehen, und manchmal, in Augenblicken der Gnade, auch das Unaussprechliche sagen kann. Ich muß für etwas dankbar sein und kann nicht anders. Dankbar, daß mir die Wörter vertraut sind, daß ich sie hören, schmecken, verstehen und erahnen kann; ich kenne ihren Sinn, ihren Duft und kann alles, was ich will, mit diesen Wörtern sagen, mich mit ihrer Hilfe den Menschen, den Kindern mitteilen, vielleicht sogar den Landschaften und den Toten. Und alles das gehört mir, jedes Wort. Ich bin sehr reich und zugleich doch auch arm und elend. Ich danke öffentlich dafür, ja, und quittiere es in der Presse.

Utrillo

Die Straßenabschnitte, die Plätze, die Flußufer mit den Häuserwänden, der Himmel mit dem einsamen Glockenstuhl oder mit dem Kirchturm sind auf seinen Bildern immer mittelalterlich, auch dann, wenn er eine zeitgenössische Straße von Paris oder der Provence malt. Die grünen, roten und schwarzen Jalousien der Häuser sind immer geschlossen, die Rolläden der Fenster von den Bewohnern heruntergelassen oder ausgestellt. Die Sonne scheint, die Steine werfen einen tiefen, schwarzen Schatten, der Bäcker hat sich in der hinteren Kammer schlafen gelegt, in der Stadt leben Menschen, für sie wurden die Steine, die Häuser, die Kirchtürme gemacht. Aber auf Utrillos Bildern erscheinen diese Menschen nie.

Und die Steine, die Hauswände und Dächer, die Glockenstühle und Kirchtürme, die schiefen, durch Sonnenschein und schwarzen Schatten kippenden alten Gartenmauern strömen dennoch das Geheimnis vom Menschen aus. Hinter den geschlossenen Jalousien glühen Leidenschaften, Liebe, Mord kreischt, und ein Verrückter zählt seine Goldstücke; ein Weibsbild, den heißen und schmachtenden Geschmack auf den Lippen, ist auf der nackten Brust des Liebhabers eingeschlafen. Dieser Maler malte das Unsichtbare in regelmäßigen, geometrischen Formen; malte das Schicksal in den Umrissen eingeschossiger, ingenieurmäßig gebauter Häuser. Er malte die menschliche Unendlichkeit, und das Bild zeigt nichts anderes als ein kleinstädtisches, menschenverlassenes, besonntes, enges Gäßchen. Der gute Maler, der gute Schriftsteller, der wahre Künstler malt ein jalousienverschlossenes Fenster so, daß man hinter den blinden Fensterscheiben das volle, tragische und beglückende Menschenschicksal des Lebens ahnen kann. Wir sehen eine Gasse, sie heißt »Birnbaumgasse«. Und es ist, als ob wir in die Hölle sehen würden.

DER FLEISSIGE

Wie fleißig dieser Autor war! Er hat sich jede Hinrichtung angeschaut, zu der er Zutritt bekam, hat Geburten gesehen und schreckliche Operationen, die Zertrümmerung der Atome interessierte ihn, mit Einstein, mit Max Planck und mit Katharine Hepburn führte er lange Gespräche, aus Shakespeares Werken kannte er Hunderte Zeilen auswendig, er war überall zugegen, wo mit Menschen etwas Außergewöhnliches, Erschütterndes oder Großartiges geschah, er witterte es und »war da«, kannte den Menschen in seinem großartigen Glück und in seinen großartigen Leiden. Er war auf sein Metier perfekt vorbereitet. Nur zum Schreiben kam er nie – fand keine Zeit, mit überzeugender Kraft niederzuschreiben, was er gesehen hat.

DER WANDERER

Und jetzt, da die Welt so ist, als ob die Kraft, die die Dinge verbunden und zusammengehalten hat – die Häuser, die Natur, die menschliche Seele, die Sterne und die Rechtsordnungen –, nicht mehr wirksam wäre, kehre ich zurück zu den Büchern. Alles am Menschen hat mich enttäuscht, weil ich es an falscher Stelle gesucht habe. Ich suchte den Menschen auf der Straße und im Bett, in den Geschäften und auf dem Kriegsschauplatz, in Sportarenen und auf der Bühne, in Krankenhäusern und Bordellen, in den Familien und in Klöstern. Überall, wo er vorkommt, habe ich ihn gesucht, nur nicht dort, wo er ist. Der Mensch, er ist nur in seiner Seele.

Und deshalb kehre ich zu den Büchern zurück. In alle Ewigkeit. Überlasse euch alles, was gestern noch so wesentlich war, für dich und für mich. Es ist nicht mehr wichtig. Der Wanderer, wenn er sich ernsthaft auf den Weg macht, sollte nur das Allernötigste bei sich haben. Eine Zahnbürste, eine Wäschegarnitur und die menschliche Seele.

Mihály Tompa[*]

Oh, diese in Psalter, in patriotischen Schmerz, in Blumenparabeln und Symbole gezwungene Neurose, diese mit krampfhaftem Willen disziplinierte Unglückseligkeit, das Aufbegehren, dieser in die Allegorie gepreßte Notschrei, in dem sich das Schicksal der Heimat mit dem des Mihály vermischen, das Schicksal des Pastors mit dem eines Dichters, der Bitt- und Trauergesang mit dem Freuden- und Todesschrei – Poeten, erinnert euch an seine Worte! Am Ende gibt jede verletzte und große Seele – Apostel oder Dichter – nur ganz einfache Ratschläge; aber ihre Ratschläge tönen hinaus ins zeitlich Unendliche. Was hat er gesagt, wozu hat er geraten? »Singt nur wieder, meine Vögelein.«

Konsonanten

Doch für die Konsonanten findet sich kein Dichter. Rimbaud hat dem »A«, dem »O« und dem »E« mit zärtlichen Fingern und einer geheimnisvollen Farbmischung ihren richtigen Ton verliehen. Doch dann sind die Dichter etwas zerstreut verstummt. Wer wird eines Tages über den rechten Sinn des »R« schreiben, dieses seltsame Krachen und Knarren, das sich anhört, als wenn ein nach Sibirien Verbannter auf der Flucht über die knochenhart gefrorenen russischen Felder in raschelndes Reisig tritt, wer wird das zarte »H« beschreiben, das wie der Seufzer einer Fünfzehnjährigen ist, wenn sie ihn mit glühenden Wangen auf die Eisblumen am Fenster haucht, wer interessiert sich für das zischende »Sch«, das den Moment heraufbeschwört, da unter den bloßen Sohlen des Savonarola das Astwerk im Scheiterhaufen zu glühen begann, wer spricht von dem hämischen Galgen, dem »F«, welches nur darauf wartet, daß man an seinem Oberbalken das dicke »Ö« oder das liederliche »Ü«, diese grün verkleidete Spionin, aufknüpft? Nur das »V« hat schon seine Rolle in der Dichtung gefunden, im Verbund mit den Kranichen in der nordischen Literatur. Ans Werk, ihr müßigen Dichter! Wir wollen dem Material, mit dem wir arbeiten, die Ehre geben und den Sinn der Buchstaben ergründen. Schließlich ist das unser Geschäft.

IBSEN

Er ist ewig ein Apotheker geblieben.

Das Augenglas auf der Nase, den schlohweißen Wuschelkopf tief über den Marmortisch gebeugt, hantierte er in der Hexenküche der Menschheit mit nachdenklicher Miene und spitzen Fingern, mischte Gifte und geheimnisvolle, mit Warnkreuzen versehene Mixturen. Die empfindlichen Hände von Säure zerfressen, vermengte er ein Körnchen Schmerz und zwei Teile Eitelkeit mit einem Kolben voll destillierter Unglückseligkeit und fügte noch einige Staubkörnchen gelben Neid hinzu; von Zeit zu Zeit langte er nach hinten ins Regal, griff sich ein bauchiges Gefäß und löste die Mixtur in hellgrünem Wasser der Hoffnung auf. Doch häufiger hat er nur Gift gemischt, die Gifte des Lebens in peinlich exakter Dosierung, damit nur ja niemand zuviel davon erwischt: keiner vom Publikum, der all das in seinem Herzen nach Hause trägt, was an Traurigkeit, Nüchternheit und Hoffnungslosigkeit in seinen Stücken steckt.

Er ist der Experte: als hätte er ein Diplom erworben für alles, was er tut. Dieser Experte ist schweigsam und bitter. Er bedient die Menschheit nach bestem Wissen und nach den Regeln seines Fachs, obwohl er weiß, daß es viel klüger wäre, allem, was menschlich ist, eine Betäubungsspritze zu geben.

DIE AUTORIN

Wieso möchte ich, sooft ich die Autorin im Kaffeehaus sehe, wenn sie sich über ihre Manuskripte beugt und bemüht ist, den Erzählungen und rührseligen Skizzen ihren Liebes- und weiblichen Ehrgeiz, ihre Rache und Hoffnungslosigkeit beizugeben, freundschaftlich und ganz vorsichtig die Feder aus ihrem

Händchen lösen und ihr sagen: »Seien Sie ja vorsichtig, meine Liebe, mit der Feder. Sie ist ein gefährliches Instrument und eigentlich nicht für Frauen gedacht. Eines Tages könnten Sie sich damit in die zarten kleinen Finger schneiden.«

DIE MELODIE

Aus den Geräuschen des Lebens klingt auf einmal, ganz rein, die Melodie hervor – aus dem Lärm die Musik, dieses großartige, dichte Destillat, in dem jeder irdische Ton und auch alle Geräusche enthalten sind, herausgefiltert und veredelt, wie die Sünde im Gebet, wie im Fünf-Pengő-Lächeln einer Dirne der Widerschein vom Lächeln des göttlichen Eros. Ringsum hört man nur Lärm; doch achte du nur auf die Melodie.

KRITIK

Für einen Verlag muß ich die Rezensionen sichten, die über meine Bücher erschienen sind. Ich finde hier mehrere hundert, vielleicht auch tausend Besprechungen, sorglos in Hefte hineingestopft, Todesurteile schon mit Eselsohren, schwärmerische, verliebte Lobeshymnen, arrogante Grobheiten.

die paar Zeilen hinschmiere, aus denen dann etwas wird, ein Artikel, eine Abhandlung oder eine Seite in einem Buch.

Ja, würde man mir meine Honorare als Stundenlohn verrechnen, könnte ich am Hungertuch nagen. Ich glaube nicht, daß ich täglich mehr arbeite als eine, höchstens anderthalb Stunden. Mit Recht verachtet ein Großteil der Menschen den Schriftsteller, der nur herumlungert, gafft, liest, glotzt und dann nebenbei auch mal etwas niederschreibt. Gegen diese Verachtung wehre ich mich gar nicht. Ich möchte nur festhalten, daß auch ich den größten Teil der Scheinarbeit verachte, mit der Menschen ihr Leben und ihre Zeit vertun. Scheinarbeit ist, täglich zehn Stunden in einem Amt zu sitzen oder Geld zu kassieren oder Akten zu »bearbeiten«. Möglicherweise ist im großen Getriebe einer Gesellschaft auch die Scheinarbeit notwendig. Aber ich schätze diese Arbeit nicht.

Arbeiten kann kein Selbstzweck sein. Arbeit lohnt sich nur, wenn der Mensch damit etwas produziert: ein paar Schuhe, meisterlich, wie andere das nicht können, oder einen Roman, meisterlich, wie andere dies nicht vermögen, oder heilt, meisterlich, als ob der liebe Gott ihm das Geheimnis zugeflüstert hätte. Ich bin dem Schicksal ewig dankbar, daß ich nicht arbeiten kann – eben nur produzieren, etwas schaffen.

Dichtung

Der Mensch wird vielleicht an dem Tag wirklich zum Dichter, da ihn all das, was in der Welt menschlich oder übermenschlich ist – die Schwüle eines Septemberabends, die Klänge eines Klaviers, der Duft von Früchten oder die Gegenstände von Toten –, so sehr berührt, ihm so nahegeht, daß er diese Rührung nicht einmal mehr mit Worten ausdrücken will. Die großen, die ganz großen Dichter schreiben auch nur Gedichte. Dichtung bedeutet mehr als nur Verse. Eines Tages verstummt der Mensch vor der Welt, schließt gleichsam seine Augen. Dies ist der Augenblick, in dem er wirklich Dichter ist.

Jacobsen

Ein Friede herrscht um ihn herum, ein Duft wie in einem Garten des Fin de siècle irgendwo im Nordwesten, nahe am Meer. In diesem Garten prangen lila, rote und goldene Glaskugeln zwischen den Rosen, auf weißgestrichene Stöcke gesteckt. Das Meer ist von hier nicht zu sehen, auch nicht zu hören, doch spürt man das Atemholen von Ebbe und Flut. Auf dem weißen Kiesweg geht eine junge Frau, blond und groß, vollbusig und mit unwirklich rotem Mund. Und diese Frau – das ist nicht zu übersehen – wird bald sterben, in der Blüte ihres Lebens. Dann werden manche aufheulen in der Welt, im Irrsinnsschmerz die Fäuste an ihre Lippen pressen. Denn jenseits des Friedens, der Idylle, der Rosen, hinter dem Frieden des schönen Gartens ist das Meer, hinter der Ordnung Unordnung, ihr Name ist immer Schicksal und Tod, hinter der Stimmung das ungeheuerliche Verlangen und Schmerz, und hinter der Literatur – sosehr auch manche dies leugnen – das Leben.

Der Schnittpunkt

Der Durchschnittsmensch, der schlechte Autor, der schmalspurige und bequeme Denker sieht und empfindet die Welt horizontal. Ein Mensch, der Mut genug hat, die Wirklichkeit zu begreifen, er sieht die kleine und die große Welt vertikal. Die zwei Betrachtungsweisen sind nie deckungsgleich; aber irgendwo, an einem einzigen Schnittpunkt, stoßen sie aufeinander. Dieser Schnittpunkt ist manchmal das Kreuz, manchmal der Scheiterhaufen.

Die Laute

Wie einer, den man bestohlen hat, der in der Nacht aufgeschreckt um sich schaut, der in seiner Herzgegend an die Tasche fühlt und nicht weiß, ob er die Polizei rufen oder schreien soll auf den Plätzen, so frage ich gelegentlich: Wo sind die Gedichte geblieben? Wer hat mir die Verse, die Poesie genommen? Warum schreibe ich keine Gedichte mehr, warum geniere ich mich, auf welchem Dirnenmarkt habe ich die Verse verhökert, wer hat mir die Golddukaten meiner Sprache in lumpiges Kleingeld umgewechselt, wer hat mir diese andere Dichtung, die stumme und strahlende, welche die einzige Schönheit und Innerlichkeit des Lebens war, genommen? Wo ist die Laute, wie die Poeten sie nannten, die Laute, die Arany* »in der Stunde des Todes« an seine Brust zu drücken wünschte, wer hat die Laute zerbrochen, was tue ich in dieser Welt ohne sie, mit Schreibmaschine und Füllhalter, welchen Sinn hat das Ganze ohne die Laute?

NOCH EINMAL

Noch einmal, Laute du, einmal noch! Erklinge noch einmal mit einer Saite nur, krächzend oder irgendwie. Sage es, verstaubtes Instrument, geniere dich nicht. Denn mit Worten kann ich es nicht mehr ausdrücken. Aber du, nur du kannst es, ohne Worte, auf einer Saite.

Bereitwillig

Ich schreibe ein Buch, bin schon über ein Drittel oder Viertel hinaus, da nimmt der wundersame und unverständliche Prozeß seinen Lauf, daß ich das Buch nicht mehr »schreibe«; einfach nur notiere, was meine Helden sagen oder tun. Ich sehe sie im Zimmer kommen und gehen, in ihrer Zeit, im vergangenen Jahrhundert, manchmal bin ich verdutzt, manchmal konstatiere ich mit freudigem Erstaunen, daß einer eine Warze an der Nasenwurzel hat, ein anderer über einen Vorgang etwas ganz anderes denkt, als ich vermutet hätte, von einem dritten stellt sich heraus, daß er ein niederträchtiger Kerl ist, vom vierten, daß er einen tabakfarbenen Mantel besitzt. Jetzt gehen, reden, leben und sterben sie schon ohne mich, und ich muß nur noch aufmerksam zuhören und ihre Worte notieren. Ich mische mich gar nicht mehr ein, höre nur zu, ergeben und bereitwillig.

Vajda[*]

Er schrieb mit glühender Kohle in die Asche. Mußte gelegentlich aufstöhnen, sperrte sein Eheweib in ein Zimmer und ging in ein Restaurant, wo er Rostbraten aß. Oder er reiste nach Wien und trat der schwangeren Frau in den Leib, die vom gelegent-

lichen Nähen im Elend lebte und ihr Kind verlor.
Dann weinte er. Dann schrieb er ein Gedicht, aus
Blut, aus Rausch und aus schwarzen Rosen, aus dem
Feuer der Unterwelt und hilfloser Leidenschaft.
Manchmal langte er, einen Zahnstocher auf der
Lippe, zerstreut zum Himmel hinauf und pflückte
sich einen Stern. Dann bat er in einem sehr höf-
lichen Brief bei offiziellen Stellen um Geld. Dann
brachte er ein Wort zu Papier, ungarisch, und das
Wort begann zu strahlen, als hätte man es im Hades,
in der Hölle des Leidens, zum Glühen gebracht.

WETTRENNEN

Die großen, die wahren Themen muß man über-
leben. Dieses Wettrennen mit dem Thema vollzieht
sich manchmal in einer zeitlichen Dimension von
Jahrzehnten – einer Art Marathon. Erst muß etwas
geschehen, dann muß man das Geschehene verstehen, danach muß man sein Urteil darüber fällen,
dann wieder dem Erlebten verzeihen, sich schließlich davon entfernen, weit fort, gewissermaßen in
die Geschichte. Erst dann beginnt das Thema,
ein wahres Thema, zu leben. Nonum prematur in
annum? Ja, aber nicht nur das Buch muß man neun
Jahre ruhen lassen; auch den Stoff, aus dem es
gemacht wird.

DER APFEL

Schau, wie vollkommen er ist! Seine Farbe, seine
Röte und die goldfarbene Blässe, seine Form, diese
zweckmäßige und geschlossene Form, die eine
innere und äußere Harmonie ausstrahlt wie große
Gedichte, perfekt gemeißelte, vollendete Skulptu-
ren oder ausgeglichene Menschen; sein Duft, das
Edelste, keine Parfumfabrik der Welt kann ihn
kopieren; der Geschmack, als ob du ins Fleisch einer
Göttin beißen würdest, irgendwo auf dem Olymp,
oberhalb der Akropolis: Möchtest du so schreiben
können? Das glaube ich dir.

DIE NOVELLE

»…Nur der Dichter allein weiß« – sagte Goethe
zu Eckermann –, »welche Reize er seinem Gegen-
stande zu geben fähig ist …« Von der Erzählung, auf
die er sich dreißig Jahre lang vorbereitet und die er
schließlich unter dem Titel »Novelle« veröffentlicht
hat, sagte er das.

»Man sollte … nie jemanden fragen, wenn man
etwas schreiben will« – erklärte er noch. Jeder
Schriftsteller müßte den Rat beherzigen. Es ist nicht
gut, über unsere Pläne zu sprechen, weil nicht verstanden wird, was der Zauber, das Dichterische
in einem Werk sein kann, dessen Inhalt lediglich

darin besteht: Der Löwe bricht aus seinem Käfig aus, und ein Kind lockt die Bestie mit seiner Flöte und Gesang wieder in den Zwinger zurück ... Goethe hat aus diesen mageren Elementen ein traumhaftes Wunderwerk geschaffen. Nur der Dichter weiß, was in einem Gegenstand steckt, welch ein Licht, welche Zusammenhänge, welcher Dämmerschein ... Schiller verstand nicht, was Goethe mit dem Stoff der »Novelle« beabsichtigte. Aber der Dichter hat dreißig Jahre gewartet, geschwiegen, und dann mit einem entschiedenen, harten Zugriff sein Werk geschaffen, dessen Zauber ihn, Goethe, nicht losgelassen hat.

Schweige, beobachte und träume. Und dann, wenn die Stunde geschlagen hat, schreibe.

MANN

Als wäre endlich ein Mensch eingetreten, in einem einfachen Straßenanzug, das Haupthaar bereits ein wenig ergraut, mit einer goldgerahmten Brille auf der Nase. Von Zeit zu Zeit nimmt er sie ab, reinigt sie mit dem Taschentuch, dabei lächelt er kurzsichtig.

Denn eines seiner Bücher aufzuschlagen erzeugt das Gefühl, als wäre ein Wesen mit sehr menschlichen Zügen eingetreten. Er lebt weder auf dem Olymp wie Goethe noch in der Gehenna des Leidens in der Unterwelt wie Dostojewski, sein Haupt stößt nicht an die Sterne wie das des unglücklichen Giganten Tolstoi. Er ist weniger und zugleich auch mehr als diese. Einer, der die Probleme des Geistes, der Literatur, des Maßes, der Moral, auch des Frohsinns und der Freude in menschlichen Maßstäben sieht. Er hat auch etwas Oberlehrerhaftes, weiß das selbst und findet sich in kluger Selbstironie damit ab. Anders sein kann er nicht, denn er ist so. Er lächelt und erzählt. Als hätten die Götter einen Musiker aus der himmlischen Klangwelt verbannt, und jetzt ist er nur mehr Mensch und spricht. Indessen hören wir in seiner Sprache noch die Musik wie der Verbannte die Heimwehmelodie.

PROTEST

Was muß ich sehen? Dieser Autor, der vergnügt mit Händen und Füßen im Erfolg herumplanschte, streut jetzt Asche auf sein Haupt, ziert sich, schlüpft quasi ins Büßerhemd, sucht in der Art des Asketen nach Worten, knausert mit Dialogen und macht sich gesenkten Blicks an die »gehobene Literatur« heran oder, genauer gesagt, ans Literarische, das er mit Literatur verwechselt. He, Hellebardiere! Auf! Wache, Kritiker! Verjagt ihn! Ruft laut und streng: – Wohin, Hallodri? Marsch, zurück zum Erfolg!

KOSZTOLÁNYI[*]

Er liebte es, sich wie ein Musikclown zu kleiden,
einer, der gerade seinen freien Tag hat; am Abend
fällt die Vorstellung aus. Daher geht er gegen Abend,
bürgerlich gekleidet, in den dämmrigen Gassen spazieren. Aber die Leute erkannten ihn, schauten ihm
nach. Sie erkannten ihn zwar, wußten aber nicht,
daß er ein Dichter ist. »Hier geht jemand« – dachten
sie. – Einer aus einer anderen Welt! Wer könnte das
sein? … Irgendein Künstler. Vielleicht ein Musikclown.«
   Er wußte alles über sich, fast alles; hat sich bewußt wie ein dienstfreier Musikclown gekleidet:
Er trug vatermörderähnliche Ausschlagkragen,
schmale Krawatten oder ein dickes Tuch mit Fran-
sen um den Hals; seine Haartolle hing ihm in die
Stirn. Unterwegs hatte er stets eine Aktenmappe
bei sich, als hätte er auch weltliche Dinge zu regeln,
etwas zu verkaufen oder mit Hilfe wichtiger Belege
zu erklären. Wenn er sprach, etwa mit einem Handwerker auf der Straße, mit einem Dichter oder General, warf er den Kopf eitel in den Nacken. Er
sagte etwas mit dem leicht räuspernd klingenden,
aristokratischen »r«[*]. Aber die Welt horchte auf,
denn er sagte immer die Wahrheit, wie die Sterne.
Seine Augen strahlten wie Diamanten, drangen
durch jedes menschliche Gewebe. Er wußte alles,
sah alles, verstand alles. Und aus dem Grund ver-

zieh er nichts. Nur schlechte Dichter, verkappte Schriftsteller verzeihen pausenlos der Welt. Er hat nur gesehen und konstatiert. Aber dann für immer.

DIE WELT

Gide notiert in sein Tagebuch, daß der Künstler nicht nur »irgendwas Neues« schafft – und schon das ist eine Menge –, sondern eine neue Welt erschafft, und der Schlüssel zu ihr bleibt für immer in seinem Besitz. Und er hat noch ein Geheimnis: Der Künstler versteht sich auch auf die vertrauliche gute Laune.

Ich glaube, das alles ist so, ist genau so und auch richtig: Der Künstler schafft eine neue Welt, die ihre physikalischen Gesetze hat, einen Sonnenuntergang, Flora und Fauna und selbst eine eigene Gesellschaft. Das ist sein Geschäft. Darin ist er der Rivale vom lieben Gott. Eine übermenschliche Aufgabe, die man gar nicht »vollkommen« lösen kann, und man kann sich nicht am siebten Tag hinsetzen, zufrieden ausruhen mit über dem Bauch gefalteten Händen, Mühle spielen und sagen: Fürwahr, es ist gut. Denn nie ist es »gut« genug. Bedaure den Künstler.

Der Roman ist, wie jede in sich geschlossene Kunstgattung, eine Gefangenschaft: eine wunderbare
Gefangenschaft, aber dennoch ein Zwang; irgendwann einmal möchtest du dich daraus befreien.
Der Roman hat einen Anfang und ein Ende, ein
Strukturgesetz und einen Umfang, um den man
nicht herumkommt, er hat Absätze und Zwi-
schenstücke, der Roman verlangt, daß der Autor
die Gesetze der Gattung respektiert. Dies ist in seiner Art hervorragend und vollkommen, und dennoch, dennoch empfinde ich, daß man auch noch
einen Schritt weitergehen könnte. In den Anforderungen der Gattung ist etwas Primitives und Er-
niedrigendes. Am Ende möchte man auch einmal
unabhängig von der Gattung schreiben, einfach
nur so, wie ja auch Gedanken, Gefühle an keine
Ausdrucksform gebunden sind, möchte sich ohne
Rücksicht auf Proportionen und Anforderungen
der Gattung ausdrücken, in einer Zeile oder auf
einer Seite, gleich in der Mitte oder am Ende beginnend... Möglicherweise endet die Arbeit hier,
doch es kann auch sein, daß sie irgendwo hier beginnt.

Die Aura

Vorsicht mit den Wörtern! Du kannst gar nicht vorsichtig genug sein. Du schreibst: »Die Atmosphäre« und »die Aura des Menschen« – aber weißt du denn, daß es kein komplexeres Phänomen als diese Aura gibt, die zugleich Charakter und Äußeres ist, aber ebenso, ob der Mensch seine Wintersachen im Kleiderschrank mit Naphthalin oder Zeitungspapier oder mit dem Globol genannten Kampfermittel gegen Motten schützt, und auch, ob er englische Zahnpasta benutzt oder sich mit einem ungarischen Fabrikat begnügt, und auch, was er von einer Frau erwartet, wenn er mit ihr ins Bett geht, ob er sich die Hand vor den Mund hält, wenn er mit dem Zahnstocher in seinen Zähnen stochert, und ob er es denn als Demütigung empfindet, wenn er sich im Kino die so erfolgreiche neueste amerikanische Produktion ansehen muß, und sogar, ob er Rilke gelesen hat – denn man muß ihn gelesen haben! –, und dann, ob er wirklich mit seinem ganzen Herzen und allen Sinnen weiß, daß jede Liebe vergänglich ist, und ob er sie dennoch will, die Liebe und das hoffnungslose Liebesglück, und auch: Kann er sich der Welt mit Würde widersetzen, kann er, traut er sich, feige Kompromisse mit der Wirklichkeit zu schließen, und sogar, ob er Lavendelhaarwasser oder einfach Kölnischwasser benutzt... Aura, schreibst du! Sei vorsichtig mit Wörtern, sie sind ein wenig komplex.

DANK

Ich habe es erwogen, und nun spreche ich es auch
aus: Das meiste und Schönste in meinem Leben
habe ich nicht Städten, Landschaften, dem Geld,
Tafelfreuden oder der Gunst von Frauen zu verdan-
ken, ja nicht einmal der Freundschaft von Männern.
Das meiste und Erhabenste im Leben verdanke ich
den Dichtern. Sie gaben es mir, gelegentlich, blitzartig, mit einer Zeile – etwas, was ich vergeblich
auf den Meeren, im Gebirge, in Gesellschaft von
Menschen oder in den Armen von Frauen gesucht
habe, sie gaben diese Begeisterung, das Vergessen,
das Herzklopfen und die tränenvolle Wonne, für die
es sich zu leben lohnte und Mensch zu sein, nur sie!
Petőfi und Rilke, Arany und Verlaine, Goethe und
Vörösmarty, Swinburne und Gyula Juhász*, Byron
und Árpád Tóth*, Berzsenyi* und Horaz, sie haben
mir im Leben das meiste gegeben, das Wahre, das
Erhabenste. Alles andere war wirr und unvollkommen. Dafür danke ich jetzt, nach langem Erwägen.

SHAKESPEARE

Er ist der einzige männliche Dichter der Weltliteratur. Männlich, also tugendhaft.
   Seit Jahrhunderten versucht man, sein Geheimnis zu lüften, mit Meißel und Brecheisen, wie das

Grab eines Pharaos, in dem alle Schätze und Rätsel einer versunkenen Welt zu finden sind. Seine Helden hat man bei lebendigem Leib seziert, jedes ihrer Worte durchtrennt und ihren Inhalt untersucht, im Zwielicht und bei Sonnenschein. Angezweifelt wurde gar, daß er überhaupt gelebt hat. Als ob sich eines Tages die Seele der Welt zu Wort gemeldet hätte, die menschliche Seele, direkt und unpersönlich. Die Experten haben dann ratlos mit den Schultern gezuckt. Er ist nicht zu »enträtseln«. Auch das Weltall läßt sich nicht ergründen. Man hat sich damit abzufinden, daß es existiert.

Seine Helden reden mit Schaum auf den Lippen über alles, was Sinn und Unsinnigkeit des Lebens ist: Hamlet, Lear, Prospero, Jago, der Erste Mörder, der Zweite Mörder, sie alle taumeln auf die Szene und schmeicheln, schwören, lügen, ziehen den Degen, morden und opfern sich. Aber er, Shakespeare, schweigt. Das Wort, das die sündige Welt vom Dichter und vom Propheten erwartet, das Wort der Vergebung, sprach er nie aus. Er sprach nicht dazwischen, weil er ein Mann war, ein Dichter, also sittsam. Er sagte: »Eh' im Ost die heil'ge Sonn' aus goldnem Fenster schaut.« Oder etwas Ähnliches. Mit seinem kurzen Umhang steht er über der Welt, einen Rundkragen um den Hals, den Bart sorgfältig gestutzt. Sein Auge beobachtet, unparteiisch. Sein Mund bleibt verschlossen. Er weiß alles und vergibt nichts. Fürchtet euch.

In dieser von Frost, Schnee und Sonnenschein glitzernden Mittagsstunde des Januar stehe ich in der
Kirchgasse von Altofen* vor Krúdys Haus. Ein
armseliges, ebenerdiges Häuschen, beiderseits der
Toreinfahrt links und rechts ein Fensterpaar. Hinter den Fenstern links das Zimmer, in dem Krúdy
bei Kerzenlicht starb.

Das ist die Wirklichkeit, dachte ich. Dieser
Schriftsteller hat das vollbracht, was ein Autor sich
schlechterdings vornehmen kann: Er schuf eine
eigene Welt mit eigenem Idiom, einem Klima, einer
Moral, mit Sagen und wilden Tieren – hat aus dem
Nichts das Neue geformt. Er war der edelste, größte
Schriftsteller, unter meinen Zeitgenossen derjenige,
den ich mit höchster Überzeugung verehre. Sein
weltliches Schicksal war natürlich hoffnungslos. In
dieser Behausung ist er gestorben, bei Kerzenlicht,
wie ein Zimbelschläger oder ein ausgedienter Jok-
key. Doch es hat schon seine Ordnung: Wo sonst
sollte ein ungarischer Schriftsteller sterben? In seinem Palais, in einer Nebenstraße des Faubourg
Saint-Germain in den Armen von Fürstinnen und
Lakaien, während draußen der Rolls-Royce auf ihn
wartet? Blödsinn. Der wahre Schriftsteller muß
hierher, irgendwo nach Altofen gelangen oder in
ähnliche periphere Einsamkeit, wo er schließlich
sein müdes Haupt hinbetten kann. Man rechne mir

nicht vor, daß er bei Vergnügungen und Kartenspiel mehr vergeudet hat als ein Bankdirektor, daß er auch in einer Villa auf dem Rosenhügel* hätte wohnen können, wenn er dies gewollt hätte. Erstens und praktisch hätte er dort nicht wohnen können, denn die reine und edle Musik, die sein Geheimnis, seine Kunst ausmachte, mochten die Menschen eigentlich nicht. Verlangt wird immer nur das Mittelmaß, das Verlogene, das, was mit dem Anspruch von reiner Kunst auftritt und angesichts dessen der Leser ausruft: »Ich bin eingeweiht!...« Krúdy »weihte« niemanden in die Geheimnisse seiner Welt ein. Er hat auf die Leser und die Welt gepfiffen. Und mit dieser reinen Absicht kann man schließlich nur hier enden, in einem ebenerdigen Häuschen, in Altofen. Das ist alles, was wir erreichen können. Das ist die Realität.

Die Zeile

Von einem guten Gedicht, das aus dem Urstoff der Poesie gemacht ist, prägen sich eine, zwei Zeilen in unser Bewußtsein ein. Leser lernen im allgemeinen keine Gedichte, sie lesen sie und erinnern sich ein Leben lang nur an die Zeile: »Noch blühen die Blumen des Gartens im Grunde«, oder: »Spiel auf, Zigeuner, vergiß deine Sorgen«, oder: »Auf! Die Heimat ruft, Magyaren!« Das gute Gedicht offenbart seine geheimnisvolle Zeile, auf der das ganze Gebäude ruht. Irgendeine Zeile eines echten Gedichts wird uns für immer in Erinnerung bleiben. Und diese Zeile, die sich unwillkürlich im Gedächtnis festsetzt, ist die Bestätigung für den Dichter und das Pfand seiner Authentizität.

Und dann gibt es Poeten, die tadellose, aber sterile Gedichte schreiben; Gedichte, die großmütig oder laut, edel und gehoben sind; an ihren Inhalt können wir uns vielleicht erinnern, nur werden wir uns niemals auch nur eine Zeile davon merken. Solche Verse können interessant, eventuell wunderschön sein, aber wahre Gedichte sind sie nicht, es fehlt ihnen »die Zeile«, diese gewisse Zeile, die der Dichter nicht mit dem Verstand, sondern mit seiner Leidenschaft, seiner Eingebung, mit dem Herzen, mit seiner Vision geschaffen hat. Ohne diese Zeile kann man tadellose Gedichte schreiben; wahre, richtige nie.

REIFEN, ZEIT

Ich bin bei den letzten Seiten des Buches, das acht Monate lang mein Leben ausgefüllt hat, bei Tag und bei Nacht. Zu so einer Zeit hat man die Arbeit schon satt, sie langweilt und widert einen bereits an.

Doch in der Nacht finde ich in einer Schublade die ersten Skizzen zu dieser Arbeit: einen Einakter von vor neunzehn Jahren – in Berlin geschrieben, ich konnte damals weder gut Ungarisch noch Deutsch – und einige herausgerissene Notizbuchblätter von vor acht Jahren, aus London datiert. Beide Fragmente kreisen um dasselbe Thema: den Stoff meines Buches, den ich jetzt endlich, einmal nach neunzehn-, einmal nach achtjähriger Vorbereitung und Zaudern niedergeschrieben habe. Diese Notizen und Versuche waren während der Arbeit völlig vergessen; im Augenblick der Ausführung schien mir das Thema ganz neu, es hat mich mitgerissen, gereizt; jetzt sehe ich, daß ich den Stoff schon vor neunzehn Jahren gründlich geprüft und mir dazu vor acht Jahren Notizen gemacht hatte, doch damals schreckte ich immer wieder davor zurück, weil ich mir meiner Sache nicht sicher war. Bis ich ihn dann endlich, nach zwanzigjähriger Anlaufzeit, an einem Tag, als die Inkubationsfrist abgelaufen war, in einer Art Zwangshandlung zu schreiben begann. Die Inkubation, die Zeit des Reifens, läßt sich nicht abkürzen. Der Schriftsteller konnte sein Werk keinen Tag früher schreiben, erst als das Thema ganz ausgereift war. Ein Mensch benötigt neun Monate, um fertig für die Welt zu sein, der Elefant anderthalb Jahre, ein Buch braucht manchmal zwanzig oder vierzig Jahre. Man muß sich nicht, kann sich gar nicht beeilen, hat zu warten, zu lauern. Das Buch ereignet sich in uns.

Arany[*]

Wir sprechen seinen Namen aus, und sogleich
stürmen großartige Bilder auf unser Bewußtsein
ein. Wir sehen eine Landschaft, darin Eichen, die
Ebene, Schilf und Moor, weiße Städte inmitten der
Ebene, mohnbetupfte Weizenfelder, Ziehbrunnen,
Urwald, Bergseen, felsige Berggipfel, die mit ihrer
schneeweißen, glitzernden Spitze etwas in die Wolken schreiben. Wir hören kratziges Gefiedel von
Geigen. Die Zigeuner von Nagyida[*] fiedeln so. Weinen dringt durch die Fensterläden eines dörflichen
Herrschaftshauses: Toldis Mutter[*] beweint ihren
Sohn. Wir hören eine Stimme, tief, wie eine Män-
nerstimme, wenn sie nur das Wesentliche spricht,
weil sie sich rüstet, mit Würde, zum Abschied und
für den Tod. Wir hören Wörter, die so frisch, wild,
sanft, duftend, würzig, glänzend, tief, stark, genau
und funkelnd sind, als ob das Universum und das
Leben in diesen Wörtern jetzt zum ersten Mal
ihren Sinn bekämen. Vollkommenheit spüren wir
in jedem seiner Wörter. Das Schicksal. Verwirrt
schwelgen wir in dieser Fülle. Als ob jemand mit
Gold[*], mit purem Gold hantieren würde. Ja, Arany –
also Gold.

FRANCE

Wie jemand, der einen Salon betritt und sehr leise, lächelnd, aber in einem Ton, der keine Widerrede duldet, erklärt: »Die Lektüre der Texte sämtlicher Kirchenväter und Verfasser der Antike haben mich davon überzeugt, daß die Welt hoffnungslos und unerträglich ist. Eine Tasse Tee, bitte. Danke.«

GLUT

Blase hinein in das Wort, wie in die Glut! Fache es an, nähre es mit ganzer Seele! Hebe es heraus aus dem Schmelzofen der Arbeit, nimm es in beide Hände, fürchte nicht, daß es dir die Haut versengt, hauch ihm Odem ein, halte es warm, blase, fache es an, bis es zu glühen beginnt und Flammen schlägt! Das Wort wird nur lebendig, wenn du es mit vollem Herzen, ja mit rasselnder Lunge anfachst und nährst! Nur so bringst du es zum Glühen, so wird es Funken und Flammen schlagen, nur so wird es heiß und magisch, so gerät es in Glut, bekommt wärmende oder vernichtende Kraft, so wird es rein wie das Feuer, wenn du es mit aller Hingabe belebst. Andernfalls ist es tote Materie. Sprich die Worte aus ganzer Seele, sonst leben sie nicht. Blase, blase, fache an – und siehst du, schon glüht es!

DAS ZIEL

Wie sehr er sich quält und müht, der Arme! Er möchte etwas Großartiges und Nützliches, Ideales und Sinnvolles, Erhabenes und Gehaltvolles in Reime fassen. Doch wie aussichtslos ist dieses Bemühen! Etwas »Vernünftiges« will er machen und weiß nicht, daß der maßgebliche Gehalt eines Gedichts nicht die vernunftmäßig zu erfassende Vernünftigkeit ist, daß der Inhalt eines Gedichts weder etwas Sinnvolles, Erhabenes noch etwas Gehaltvolles ist, das Gedicht hat einen einzigen Sinn, nämlich den, daß es eine Botschaft, ein Traumbild ist, etwas Bezauberndes und Unheimliches, es ist zugleich Herzschlag und Vision, Erinnerung und Beben... und man kann es gar nicht in Worte fassen: Das Gedicht wendet sich nicht an deine Vernunft, geschätzter Leser, es will Visionen anfachen. Die Worte großer Gedichte sind einfach, wie das Wasser, und ebenso tief und zweckfrei unverständlich. Wenn der Dichter »Schmerz« schreibt, geht es nicht um einen wörterbuchmäßig nachzuschlagenden Schmerz, sondern um eine Erinnerung, die so alt wie die Menschheit ist. Das Gedicht hat kein Ziel. Verstehst du das nicht?... Nun, Armer, dann schreib eben etwas Anfeuerndes und Kerniges.

Die Theorie

Viel habe ich von der Wirklichkeit gelernt: Die tiefempfundene Wahrnehmung hat mich etwas gelehrt, die Betrachtung der Welt und das Ertasten der Wirklichkeit. Viel habe ich aus Büchern gelernt, die die Realität objektiv und getreu beschrieben und mit keinem Wort zuviel, die Kunde gaben von allerlei Erscheinungen in der Welt. Viel habe ich auch aus solchen Büchern gelernt, die Unverständliches, Zweckfreies, Wundersames, Märchen- und Feenhaftes vorstellten, vom Feierlichen und Strahlenden berichteten, an dem das Leben so reich ist, das weder Instrumente noch Erfahrung fixieren können, wohl aber das Empfinden und der Traum. Ja, von all dem habe ich etwas Wahres und Zuverlässiges gelernt. Nur aus solchen Büchern habe ich nie etwas lernen können, die bemüht waren, Theorien zu bestätigen, statt die Wirklichkeit zu zeigen, die Thesen verkündeten, statt Träumen und Wundern nur Systeme boten, Formeln konstruieren wollten aus dem Zufälligen und Wunderbaren, deren Zusammenspiel die Welt ausmacht. Aus solchen Büchern habe ich nie etwas lernen können. Deshalb nehme ich vorsichtshalber Derartiges gar nicht mehr in die Hand.

Rilke

Eine Stimme klingt in der Welt. Die Welt ist Materie und Kraft, Sinn und Schein. Aber diese Stimme lebt abseits von allem. Als ob in der Tiefe der Häuser und Stuben einer immerfort betete. Doch er betet nicht, wie Gläubige beten, eher wie einer, der allen und jedem verzeiht, sogar Gott. In einem Zimmer brennt die Kerze, eine Frau liegt im Sterben. Eine junge Weibsperson rekelt sich auf dem Lotterbett, schließt die Augen und überläßt ihren Körper dem Mann, sie ist traurig. In einem Schloß lädt ein blasser Mann seinen Revolver, stöbert mit weißen Fingern zwischen Gegenständen und Briefen. Ein Vogel stirbt, stürzt mit ausgebreiteten Flügeln ins Meer. Gott wacht, schließt von Zeit zu Zeit müde die Augen. Ein Torgang verdunkelt sich allmählich durch Seufzer und Erinnerungen. Irgendwo wird musiziert, unbeholfen, ein Mensch möchte seine Sehnsucht auf der Geige mitteilen, fiedelt verschämt und verlegen. Eine Hand langt durchs Fenster zum Meer hin, dann sinkt sie nieder. Von all dem weiß die Stimme. Das ist Rilke.

Rivalen

Wäre ich ein Dichter, würde ich mir den Kopf darüber zerbrechen, wie wohl die Literatur der Tiere sein könnte. Was ein Ameisenbär, der weise Elefant, der blutrünstige Löwe und was Hyäne und Schakal, diese heulenden Pseudoreporter, schreiben würden. Goethe behauptete, daß Tiere die Welt nur über ihre Sinnesorgane wahrnehmen, deshalb sei ihr Wissen lückenhafter, unvollkommener als das des Menschen, der die Welt mit dem Verstand und über seine Gefühle begreift. Der blinde, taube und stumme Mensch, dem auch Hände und Füße fehlen – wenn es ihn denn gibt –, weiß immer noch mehr von der Welt als eine Lerche.

Die Literatur der Tiere wäre vermutlich objektiv und leidenschaftlich. Der Löwe würde, wie Gide, vom Erlebnis berichten, der Elefant vom Verständnis, wie Maeterlinck, die Lerche vom Samen der Luzerne, vom Fliegen und dem Glück, das alle Lerchenbusen erfüllt, wenn sie hoch über der morgendlichen Flur zu schlagen beginnen, wie die Dichter im allgemeinen.

Es wäre keine schlechte Literatur, glaube ich: Die Tiere würden ohne falsche Vorstellungen die Wirklichkeit und ihr Entzücken besingen und beschreiben, die Fakten des Lebens und des Todes und diese strahlende Unbegreiflichkeit, die jedes Leben durchdringt. Es könnte eine sinnliche Literatur sein, wie die chinesische. Dichter, höre! Es gibt ein gemeinsames Erlebnis von Mensch und Tier, doch die Tiere, diese edlen Rivalen, haben es noch nicht niedergeschrieben!

Horche, lausche, und schreib du es, bitte, schnapp
es ihnen weg!

POLIZEIAUFSICHT

Der Schriftsteller, den man wegen seiner politi-
schen Einstellung »unter Polizeiaufsicht gestellt«
hat, sucht mich heimlich auf; klagt sein Leid und
erklärt mir seine Lage; wir sprechen leise, wie Ver-
schwörer.

Die wir ja auch sind: Schriftsteller, also Konspi-
rateure, geduldete und unter Beobachtung stehende
Wesen, irgendwo an der Peripherie der Gesellschaft, leben teilweise schon ein wenig in der Nachbarschaft von Abenteurern und Attentätern. Der
Schriftsteller, den man unter Polizeiaufsicht stellte,
berichtet, daß ihm Telefonieren und Telegrafieren
untersagt seien, daß er die Stadt nicht verlassen,
keine Trambahn, keinen Omnibus benutzen darf,
abends ab zehn hat er sich zu Hause aufzuhalten,
er kann kein Theater oder vergleichbare öffentliche Einrichtungen besuchen. Ich höre ihm mit
gemischten Gefühlen und mitleidigem Kopfnicken
zu.

Ich meine, jetzt lebt er zum ersten Mal in seinem
Leben so, wie es einem Schriftsteller ziemt.

»GENUG!«

Ich glaube nicht, daß einer wirklich Schriftsteller ist, der nicht eines Tages anfängt, sämtliche Möglichkeiten seines Metiers zu hassen. Es kommt der Tag, da jeder Schriftsteller, zumindest einer, der es schicksalhaft ist, aufschreit: »Genug!« Er hat genug von der komplizierten Gefangenschaft, wie sie eine Kunstgattung ist, genug davon, daß du Bücher schreiben kannst, die »gute« Romane oder einfach nur Meisterwerke sind – wie ich bewußte Meisterwerke hasse! –, wie gemein und würdelos ist jede Treue, jeder Gehorsam, mit denen der Schriftsteller Kunstgattungen dient, die Sorgfalt, die Sachkenntnis, die Gewitztheit! Als ginge es darum! Wie nichtswürdig ist der Autor, der sich mit der selbstgefälligen, sicheren Überzeugung zur Ruhe begibt, daß er auch morgen arbeiten kann, keine größeren Fehler machen und Vortreffliches schreiben wird! Mach Fehler! Vergiß die literarischen Gattungen. Rüste dich für die Explosion, für die Wiedergeburt in jedem Augenblick, bereite dich auf das Unberechenbare und Schicksalhafte vor, das letztlich nicht »Literatur«, sondern Schöpfung heißt! Literatur verabscheue ich. Ich glaube an die Schöpfung. Zittere und fliehe davor.

Das Sensorium

Kunst ist nicht Darstellung, sondern Strahlung.
Doch diese Strahlung können nur diejenigen empfinden und empfangen, die dieses geheimnisvolle
Sensorium in sich tragen, das sensibler ist als eine
Platte oder eine Membran, welche die Kunst in der
Seele des Betrachters, Hörers, Lesers empfängt und
weiterleitet. Solche Menschen sind rar; fast so rar
wie Künstler und Schriftsteller. Die übrigen schreiben nur und lesen, malen oder machen in Kunst-
kritik. Mit Kunst, mit der Strahlung hat das alles
nichts zu tun.

Die große Masse der Menschen ist für die Kunst
nicht einmal so empfänglich wie das Tier. »Schau,
das sieht aus wie!« – sagen sie. Oder: »Der hat es
ihm gegeben.« Oder: »Er beschreibt es, als ob es mir
passiert wäre.«

Schließe die Augen, gieße dir siedendes Blei in
die Ohren, schweige und arbeite. Erwarte nichts
von ihnen: Es fehlt ihnen das Sensorium für das,
was du sagst oder sagen möchtest.

Villon

Beobachte ihn unbemerkt und in dem Augenblick,
da er nach Paris zurückschleicht; vorsichtig, unter
dem tief in die Stirn gezogenen Hut unschuldig

blinzelnd, hervorlugend, passiert er das Stadttor, denn die Häscher des Procureur du Roy sind hinter ihm her, denn Colin, der Schurke, hat in der Folterkammer gestanden, denn er hat bereits das Testament geschrieben, denn Margot, die Dicke, Marta, Jehan Cotart und all die Pariser Mädchen und Männer haben ihn verlassen. Dreißig ist er bereits gewesen; er altert. Es quält ihn das Gliederreißen durch Krankheit und Erinnerung, durch die Flucht und das Ungeziefer diverser Leidenschaften. Seine Gedichte hat er geschrieben, mit leichter Hand: Er ist der erste Dichter der Weltliteratur, der dies ganz ist, mit Haut und Haar, auch unter dem Galgen, weiß alles, was Mallarmé später am Schreibtisch wußte, und dennoch ist er nur so ganz nebenbei ein Dichter, selbst wenn er nur Spottverse schmiedete, wie Strauchdiebe zwischen zwei Raubzügen oder zwei Gängen zum Galgen. Auf der Straße kennen ihn die Mädchen von Paris wieder. Sie verpfeifen ihn nicht. »Armer Villon!« Seine Zähne sind faul, das Gebiß voller Lücken, zerlumpt sein Gewand. An der Kirche vorüber, bekreuzigt er sich, am Bordell vorbei, kehrt er ein, an der Kneipe: da bleibt er hängen. Das Mittelalter dampft rings um ihn, mit Glaube und Leidenschaft, Duft und Gestank, mit Weihrauch und rinnendem Blut, mit Hurerei und Demut. Ja, er ist bereits dreißig. Erinnert sich, daß er gern einmal jemand gern gehabt hätte. Aber es haben immer nur die Dienstmägde geholfen. Er bekreuzigt sich,

dann kreuzt er mit Würfelspielern die Klinge. Dann
verlangt er Tinte und Feder und beginnt mit zitt-
rigen Händen auf den Kneipentisch zu schreiben:
»J' sens mon cœur qui s'affoiblit…«*, schreibt er.
Und: »Premier, je donne ma povre ame …« Langsam wird es dunkel um ihn. Nur seine Stimme ist
zu hören, sein heiseres Fluchen und Lamentieren.
»Item, mon corps j'ordonne et laisse, A nostre gran
mere la terre« – wimmert er. Unsere Augen füllen
sich mit Tränen. Unser wilder Bruder ist er, der mit
Blut geschrieben hat.

Après

Schon eine Minute nachdem ich das Buch abgeschlossen habe, das mein Leben, meine Gesundheit, Nerven, Glück und Freiheit, meine ganze Zeit
bis zur Neige gefordert hatte – acht Monate lang –,
spüre ich eine sonderbare Verwirrung. Fühle mich
wie einer, der endlich seinen Tyrannen und Quäl-
geist abgeschüttelt hat, fühle mich befreit, möchte
vorsichtig jubeln und jauchzen, weil ich mich endlich, ja, endlich nicht mehr bei Tag und bei Nacht
mit derselben fixen Idee und Zwangsvorstellung be-
fassen muß. Weil ich ihr endlich den Hals umge-
dreht und mich von ihr befreit habe – wie von einem
Gefängniswärter und Kerkermeister, meinem Henker und Peiniger! Und zugleich fühl' ich mich hei-

matlos. Als ob man mich aus einem unheimlich vertrauten Zuhause und der Heimat verbannt hätte, wo mir alles verhaßt und zugleich süß und wunderbar bekannt und vertraut war. Denn die Arbeit ist auch Heimat, also Kerker und Glück zugleich. So, jetzt hab' ich den Punkt gesetzt und bin endlich frei. Ich schaue in Panik um mich: Was soll ich mit dieser Freiheit nun anfangen?

Die Überraschung

Und man muß so schreiben wie einer, der nicht weiß, was der nächste Satz bringt. (Auch leben muß man so; beides ist dasselbe.) »Nach Plan« kann man nicht schreiben; auch unser Schicksal vollzieht sich nicht »nach Plan«. Wirklich berühren und formen kann nur eine Dichtung, nur das Werk vermag auf mich zu wirken und ist schöpferisch, bei dem ich spüre, daß es mit Besessenheit, in fast ohnmächtiger, in andachtsvoller Bereitschaft zu Papier gebracht wurde. Nur die Lektüre verdient es, von den Lesern beachtet zu werden, bei der jeder Zeile die Überraschung anzumerken ist: die Verblüffung der Existenz und der Schöpfung, eine Art banger Erwartung. Dies ist schöpferisches Schreiben, das am Anfang war, wie das Wort der Bibel. Alles andere ist nur Literatur.

Punkt, Komma

Man kann mit der Interpunktion nicht vorsichtig genug umgehen, denn sie verwildert und mengt sich ein: Der Strichpunkt beginnt sich wichtig zu tun, der Gedankenstrich fordert eine Rolle für sich, auch der Punkt-Punkt-Punkt pocht beleidigt auf einen gebührenden Platz, der Doppelpunkt meldet sich mit emotionalem Nachdruck, und Punkt und Komma plappern mit einer Anmaßung in den Text hinein, die ihre Bedeutung weit übersteigt. Etwa so, hier setzen wir einen Punkt. Und – Komma – merke dir, der Gedanke darf sich dem Terrorregime der Interpunktion nur dann beugen, wenn das Satzzeichen ihm nichts hinzufügt, ihm aber auch nichts nimmt.

Und all das ist doch ziemlich kümmerlich. Punkt, Komma, Doppelpunkt, Frage- und Ausrufezeichen, Strichpunkt, Gedankenstrich und die drei Pünktchen: welch ärmliche Zeichen, um Akzent, Gefühlsgehalt, Rhythmus und Stellenwert eines Gedankens auszudrücken! Die Literatur arbeitet mit erstaunlich bescheidenen Hilfsmitteln; als würde Praxiteles den Marmorklotz mit dem Taschenmesser bearbeiten! Es könnte nicht schaden, wenn man für neue Hilfsmittel und Werkzeuge sorgte. Es reicht nicht, nur zu schreiben, auch das passende Instrumentarium gehört dazu.

Mechanismus

Im Endeffekt ist auch der Schriftsteller nur ein Mechanismus. Ein göttlicher Funke strahlt in ihm, ja. Aber er hat außerdem auch eine Drüsenfunktion, die krankhaft oder normal ist, er hat ein Nervensystem, das sich beeinflussen läßt, er hat einen Lebensrhythmus, der genauso geheimnisvoll und unabänderlich ist wie die Umlaufbahn der Sterne.

All das müssen wir miteinbeziehen, wenn wir das Lebenswerk eines Schriftstellers beurteilen wollen. Die Vollkommenheit oder die Störungsanfälligkeit dieses Mechanismus bestimmt das Maß, den Inhalt, die Vollkommenheit und die Wahrhaftigkeit seines Schaffens. Es geht immer um zwei: nicht nur um »Krieg und Frieden«, sondern auch um Tolstoi, nicht nur um »Werther«, sondern auch um Goethe. Beide ergeben ein Ganzes, das Meisterliche, das Werk. Lies das Werk; aber bewahre auch dem Dichter deine Solidarität.

Petőfi[*]

Unser verliebter junger Bruder ist er, der in die Schlacht zog und für eine Sache starb, die den Sinn des Lebens ausmacht.

Wir sprechen von ihm, auch in der Familie, wie von einem jungen, allerliebsten Verwandten, der starb. Es blieb nicht viel von ihm: ein Porträt, eine verschossene Schleife in Rot-Weiß-Grün, ein Hut, ein Rock. Und sein Werk. Und alles ist uns das Liebste: Durch den Schleier unserer Tränen betrachten wir dies Hab und Gut.

Und weil ihn, wie stets die Jüngsten und Liebsten, eine Legende umgibt, wird seiner leise gedacht. Gelegentlich kommen Fremde und flüstern, sie hätten sein Grab gefunden, fern, auf russischem Boden. Und wir blicken uns an, schütteln ungläubig den Kopf: »Habt ihr gehört?« – rufen wir – »jemand hat sein Grab gesehen!« Und verwirrt erinnern wir uns. Wie war er eigentlich? …

Ganz jung war er. Trug eine Flamme in sich. Er war überschwenglich und sanft, Tafelrichter* und Major, sechsundzwanzig und Petőfi, er konnte Englisch und Französisch, schrieb seine Werke und starb fürs Vaterland. Und er war der Allerjüngste, der Benjamin der Nation, der Geliebte, der Gehätschelte. Wir reden leise von ihm, vertraulich. »Einen solchen gab es nur einmal!« – sagen wir mit gedämpfter Stimme und drücken uns sein Werk ans Herz, wie Mütter das Schühchen des toten Kindes.

O'NEILL

Seine Helden kommen aus dem Bürgerkrieg, aus einem Ehebruch, von den Antillen oder aus dem benachbarten Kirchsprengel, in Straßenkleidern, mit ihrem Geschick in der Tasche, das sie sogleich mit den ersten Worten und Gesten so natürlich wie mitgebrachte Blumen oder Gebäck auspacken und überreichen. Gleich vom ersten Augenblick an erscheinen sie mit ihrem gesamten Schicksal auf den Brettern, also nicht nur mit dem, was zur Handlung des Stückes gehört, sondern auch mit allem, was sie als Kinder gern mochten oder haßten, mit den Gedanken an die Leiden und die Ungeduld ihrer Jugend, mit den Erinnerungssplittern eines boshaften Ausbruchs oder einer versöhnlichen Viertelstunde. So treten sie auf und sagen ohne Umschweife: »Töte sie!« Oder: »Liebe mich!« Oder: »Du dreckige Hure, ich hasse dich!« Oder ganz brav: »Liebe mich trotzdem.« Sie tragen ihr Schicksal mit sich herum, wie andere einen Füllhalter oder das Taschentuch. Aber er, der Autor, erscheint keinen Augenblick auf der Szene, mischt sich nicht ein; als ob er alles über seine Figuren wüßte, über jede Person und Situation, und als würde er sich auch ein klein wenig vor dem fürchten, was er weiß.

DIE DIMENSION

Nicht nur die Bühne, auch der Roman hat eine spezifische Dimension. Was »im Leben« einen Meter mißt, das wird im Roman nicht ganz genau einen

Meter haben: vielleicht nur achtzig Zentimeter. Was im Leben Rang und Titel bedeuten, muß im Roman nicht unbedingt von gleichem Gewicht sein. Wer im Leben blond ist, wird im Roman unversehens brünett, Höhe und Tiefe tauschen die Rollen, Nebensächlichkeiten des Lebens bekommen im Roman ausschlaggebende Bedeutung, eine Taschenuhr fängt an zu ticken und gibt im Roman den Zeittakt an, obwohl sie im Leben niemals auch nur eine einzige Minute angezeigt hat, die Aufmerksamkeit verdient hätte. Die weltliche Dimension, die Maßeinheiten verändern sich im Roman auf so merkwürdige Weise, wie es die kontinentalen Maße auf den Britischen Inseln tun, wo sie nicht dasselbe bedeuten: Was hier der Kilometer, ist drüben die Meile, was hier ein Liter, ist dort ein Pint, was hier das Dekagramm, ist dort das Lot, und was hier Gefühl und Tragödie, das wird im Roman zum verlogenen und lächerlichen Scheingefühl, und was im Roman Schicksal ist, kann verflachen und sich in Langeweile verwandeln. Wer aus dem Leben in die Dimension der Literatur überwechselt, muß den Gesetzen der Schwerkraft abschwören. Wie ein Erdenbürger in der »Atmosphäre« und im Gravitationsfeld des Mars muß man auch hier anders leben, gehen und atmen. Laßt uns tief Luft holen.

Betriebskosten

Wenn die Menschen wüßten, wenn sie ahnen würden, was ein Schriftsteller für seine Arbeit aufwendet! Wenn sie wüßten, was das Schreiben »kostet«! Es kostet Nerven und Blut, auch den Körper muß man in seinen Dienst stellen, und dann kostet es die ganze Lebensweise, irgendeine unheimlich selbstbewußte, schlaue, beobachtende, argwöhnische, hingebungsvolle, überschwengliche, zurückhaltende, alles in allem also volle Bereitschaft kostet jede zu Papier gebrachte Zeile! Und was man dafür alles zusammenleben, zusammenträumen, zusammenlesen, zusammenreisen und abenteuern muß, und dann soll man auch asketisch, unglücklich, hin und wieder auch glücklich und verschwenderisch sein, und all das nur, um in einem geheimnisvollen Augenblick, wenn man dem Zwang der Arbeit nicht mehr entrinnen kann, »gegenwärtig«, presente! zu sein – und schreiben zu können. Ja, das Schreiben verursacht auch Betriebskosten, mehr und beängstigendere als eine ganze Fabrik. Was man aufwenden muß? Alles, das ganze Leben!

Personenbeschreibung

Die autorisierten Szenenanweisungen moderner Theaterstücke legen mit standesamtlicher Überheblichkeit fest, daß »Jenő, 33«, und »Gisella, 28 Jahre alt« ist. Shakespeare gab das Alter seiner Helden auf dem Theaterzettel noch nicht in Ziffern an. Das Alter, die charakteristischen Eigenschaften, alle Eigenheiten der Helden haben sich aus der Handlung ergeben, gingen aus dem Dramenstoff hervor, klar und unmißverständlich. Von Lear wissen wir, auch wenn kein Autorenhinweis etwas darüber sagt, daß er siebzig ist, Ophelia ist zwanzig, Hamlet fünfunddreißig und Titania achtzehn, bei Lady Macbeth geht man von fünfunddreißig aus, Puck hat kein Alter.

Der Dichter kann das Alter seiner Helden und Personen nicht in der Art des Standesbeamten verkünden. Er darf nicht ein, zwei Jahre von ihrem Leben abknapsen und auch keinen einzigen Tag zugeben. Personen und Helden haben ein Alter, ein Geschlecht, Namen, Wohnung und Hausnummer, aber das alles gehört ihnen, folgt aus ihrem Los, aus ihrem Schicksal und kann sich für den Leser oder Zuschauer nur aus diesem Schicksal ergeben. »Jenő, 33 Jahre« gibt es in der Literatur nicht. Aber ein Wort aus Jenős Mund, eine seiner Handlungen verraten unzweifelhaft, daß er dreiunddreißig ist.

Die Literatur registriert also die Personalien auf ihre Art. Diese »Angaben zur Person« sind dennoch genauso zuverlässig wie die konkreten Daten der Wirklichkeit. Hier gibt es kein Mogeln, keine

Urkundenfälschung; die Fälschung stellt sich sogleich, schon beim ersten Satz heraus.

DAVOR

Diese schwer zu beschreibende, mit den Jahren nicht nachlassende und nicht vergehende Erregung, dieser Druck und die Beklemmung, die mich noch immer vor einer Arbeit überkommen und versuchen – dieses Verschleppen der Arbeit, morgens oder abends, dieses Hinauszögern des Schreibens, dieses Rüsten und Vorbereiten, Faulenzen, Rauchen, Lesen und diese geheime, stille Hoffnung, daß vielleicht doch noch, im letzten Augenblick, etwas dazwischenkommt, und dazu die Angst, daß, Gott behüte, es darf nichts dazwischenkommen, dieses Herzklopfen, das weder Übung noch Erfahrung mildern! Dann kommt der Augenblick, in dem sich nichts mehr hinausschieben läßt, das Wort ist reif, will Zeichen, festgemachter Ausdruck werden. Dann wirfst du die Zigarette weg, mißgelaunt, erhebst dich und trittst zum Schreibtisch, setzt dich, fährst dir mit allen zehn Fingern durchs Haar und weißt, daß es kein Entrinnen mehr gibt vor deinem Schicksal, das wie ein bedrohliches Stelldichein ist. So, du schreibst bereits; und langsam lösen sich Druck und Beklemmung.

Manchmal wird das Werk von außen, von der Welt durchkreuzt, sie mischt sich ein in unsere Arbeit, diktiert eigenmächtig Wörter, verändert Satzkonstruktionen nach eigenem Anspruch und Geschmack und wechselt Attribute aus. Die Welt ist stark und gefährlich. Man darf ihre Methoden und Waffen nicht unterschätzen. Der Autor schreibt, glaubt, daß niemand seine Kreise stören kann. Aber die Welt wirkt pausenlos auf dich, beunruhigt dich, mengt sich ein, auch dann, wenn du nicht damit rechnest, wenn du glaubst, du verfügst über den Stoff, wenn du glaubst, du bist mit ihm allein, bist sein Meister und herrschst nach eigenem Gefallen und Glauben über ihn. Plötzlich spürst du, daß du einen Ausdruck nicht ganz so gewählt hast, wie du eigentlich solltest, daß ein Attribut artiger wurde, und ein Satz hat nicht den erwünschten aggressiven und vollkommenen Schwung, du merkst, daß eine fremde Kraft deine Sätze durchdringt, zähmt, verwässert oder verfälscht... da hat sich die Welt eingemischt. In einem solchen Fall wirf sogleich die Feder weg. Lauere, horch, lausche, wie das Wild, wenn es Gefahr wittert. Verschließe dein Werk und dein Herz, sieh dich mit scharfem Blick um, befrage Herz und Vernunft. Die Welt läßt dich nicht los, mischt sich ein. Wehre dich, wenn du ein Dichter bist, bis ans Ende deiner Tage.

Elemente

Frühling, blühende Bäume, auf den Feldern flimmert noch der schmelzende Schnee, Wildwasser, Flut, wildgewordene Flüsse, Nordwind, der Blumensamen, Staubkörner, Zeitungspapier verweht, Sonnenschein, so kühl wie der Blick eines Dandys … was ist das alles? Elemente, deine Arbeit, dein Leben, Elemente deines Schicksals, die dich formen, aber auch deine Werkzeuge sind, Material, mit dem du arbeitest, wie ein Hafner mit dem Lehm, wie der Schneider mit dem Tuch, wie Gott mit der Welt, wie der Künstler mit dem Leben, das ihm auch Schicksal ist, Element und Rohmaterial zugleich, dem er sein Wissen, seinen Sachverstand, Leidenschaft und Gleichmut hinzufügt.

Ist es gut? …

Die Bibel sagt, Gott hat die Welt erschaffen, dann, am siebten Tag, »ruhte er und sah, daß es gut war«.

So konnte das nur ein Mensch sagen, niemals Gott. Gott hat die Welt erschaffen, doch – ganz gewiß – empfand er nie, »daß es gut war«, was er schuf. Dies ist die Selbstzufriedenheit eines Kleingewerbetreibenden, der stolz seiner Hände Arbeit betrachtet, eine Wiege, einen Sarg oder ein paar Stiefel, der sich auf den Bauch klopft und sich selbst versichert, »daß es gut ist«, was er geschaffen hat. Gott ist niemals so selbstgefällig. Gott und der Künstler – nur sie beide – wissen, daß es nie »gut« ist, daß alles, was schöpferisch, ob vom Menschen oder von Gott gemacht, unvollkommen ist, denn der Wunsch, der auf dem Grund jedweder Schöpfung glüht, erlischt niemals, will anderes, mehr, Menschlicheres oder Göttlicheres... Frohlocke nicht, laß das zufriedene Daumendrehen, das selbstgerechte Blinzeln. Es ist nicht »gut«. Es *ist* gerade nur – und schon das ist übermenschlich.

LEICHT

Dieser Autor prahlt damit, daß ihm das Schreiben »leicht« von der Hand geht und er keine Probleme kennt. Er merkt nicht, wie er mit dieser Prahlerei sein eigenes Todesurteil spricht.

Das Schreiben ist nicht nur eine Leistung, sondern – und vor allem – Kampf, ein Ringen mit dem Widerstand, der einem Stoff innewohnt, dem Stoff, der bearbeitet werden will, damit daraus ein Gedanke wird, er eine Form gewinnt, Gestalt annimmt... Das Schreiben ist primär das Niederringen dieses Widerstands, und dieser Kampf ist kein geringerer Teil des Schöpfungsaktes als der Ausdruck und das Werk selbst. Wem das Schreiben »leicht« von der Hand geht, der schreibt eigentlich gar nicht, er setzt lediglich Buchstaben aufs Papier. Als ob jemand sagen würde: »Ich lebe und sterbe ganz leicht, kenne keinerlei Probleme.«

DAS GEHEIMNIS

Das »Geheimnis der Bühne«, das »Geheimnis des Stückeschreibens«: was für ein Unsinn! Man redet darüber wie von der Gaukelei eines Fakirs auf dem Jahrmarkt. Die Wirklichkeit ist viel einfacher und unheimlicher.

Such dir einen Charakter, das ist die einfache Aufgabe. Finde dazu die Situation, die aus diesem Charakter folgt. Stell den Charakter der Welt und dem Schicksal gegenüber, die im Widerspruch zum Charakter stehen: das ist das Drama. (Hamlet.) Achte darauf, daß nicht du, Autor oder Dichter, auf der Bühne das Wort ergreifst, daß deine Helden immer nur über das sprechen, was für ihren Charakter, in ihrer Situation wirklich wesentlich und schicksalhaft ist. Gib acht, daß sie kurz und prägnant sprechen, auch wenn sie sagen: »Gnade«, oder: »Ich liebe dich.« Alles andere überlaß der Bühne und der Zeit. Das allein ist das Geheimnis.

Der namenlose Dichter

Irgendwo lebt der namenlose Dichter, in Portugal
oder in Kiskunfélegyháza*, einer, der nicht für Zeitschriften schreibt, dessen Name nicht in den Pro-
grammheften literarischer Vortragsabende steht;
der Kurswert seiner Gedichte wird nicht auf den
Börsen der Redaktionen und Kaffeehäuser disku-
tiert, sein Name ist der Welt nicht bekannt, und
auch er selbst will nicht offiziell ein Dichter sein,
mit Lorbeerkranz und Honoraren, mit Kritiken,
einer Lesergemeinde und Gegnern, mit Telefonnummer und Stammcafé: nur einfach Dichter, so
wie ein Baum sich Blätter leistet unter dem Himmel, nur Dichter, weil er Glut im Herzen trägt, die
etwas ausstrahlt, nur Dichter, weil Gott seine Stirn
berührt hat, er von den Zusammenhängen weiß und
diese andere Musik hört, die aus der Seele von Gegenständen, Tieren und Pflanzen und aus den Herzen der Menschen tönt. Deshalb ist er ein Dichter.
Ich glaube, der wahre Dichter.

Stundenplan

Dichter, hab keine Angst vor dem Stundenplan! Du
bist kein Leopard und auch kein Geysir auf Island!
Du zahlst Steuern, hast zwei Zimmer mit Zentral-
heizung, Bad, Staubsauger und Telefon, dein Name,

deine Personalien werden in amtlichen Büchern geführt – also fürchte dich nicht vor dem Stundenplan! Versuch nicht, dich wie ein Leopard oder wie ein Geysir zu gebärden, glaub nicht, daß du deine Inspiration und deine Arbeit heraushalten kannst aus der Welt, in der du lebst, einer amtlich geordneten Welt, mit Polizei, mit Sozialversicherung, Gefängnis und dreimonatiger Kündigungsfrist. Innerhalb dieser Ordnung hast du Dichter zu sein und über sie hinaus: Führe du nur ein geregeltes Leben, sei am Nachmittag Dichter, nach dem Stundenplan, zwischen zwei und vier. Du bist kein Leopard, vergiß das nicht. Und auch kein Geysir. Du bist Dichter, also gezähmter Rebell: Rebelliere nach Stundenplan, höflich, gemäß den Regeln und unerbittlich, so wie man soll und darf.

MONTHERLANT

Ein klein wenig ist er immer noch – ewig – ein Toreador. So eine Art Amateur-Stierkämpfer, Sproß einer reichen, sportbegeisterten französischen Adelsfamilie, der aus Liebhaberei, aus herrschaftlicher Passion Stiere tötet, Frauen verführt und Romane schreibt.

Diese Todesverachtung aus Liebhaberei, die aristokratische Arroganz und Gleichgültigkeit gegenüber Gefahren verstimmen den Leser immer wieder.

Denn man ist es, ob Schriftsteller oder Leser, gewohnt, Gefahren mit Respekt zu begegnen. Die Literatur ist Lebensgefahr. Montherlant geht alles so an wie einer, der weiß, daß er gesehen wird, und das genießt er. Aber er überzeugt einen dann auch davon, daß er bereit ist, seine Haut zu Markte zu tragen. Auf dem Markt, der für ihn gleichermaßen die Stierkampfarena, das Bett der Geliebten und das Manuskriptpapier ist.

Deshalb hat er das Recht, so zu sein, wie er ist. Deshalb überzeugt er, daß seine arrogante Freimütigkeit echter Mut ist. Er ist bereit, sein Leben für das zu geben, was er schreibt. Das ist ganz wichtig. Hier fängt er an, und hier endet der Schriftsteller.

Die Wolken

Ja, du warst ein Dichter und liebtest die Wolken. Aber streite nicht ab, daß du auch für ein Schweinskarree schwärmen konntest, mit Bohnen und Röstkartoffeln. Du hast den Schmerz und die Traurigkeit geliebt, aber im Kino auch gern über Walt Disneys Trickfilme gewiehert. Die menschlichen Tränen, dieses edle Destillat aus Trauer und Leid, hast du über alles geschätzt, aber auch Birnengeist mochtest du gern, am Wintermorgen auf nüchternen Magen, zum Speck. Du liebtest den herbstlichen Wald und seine purpurne Pracht, bist aber viel häufiger im Kaffeehaus gesessen, ohne Wald und herbstliche Pracht, und da hast du dich auch wohler gefühlt. Die Liebe, dieses unsterbliche und erhabene Gefühl, hast du sehr geschätzt, doch am Ende gabst du dich immer mit Frauen zufrieden, die weder unsterblich noch erhaben waren. Du hattest es gern licht, wurdest aber laut, wenn die Stromrechnung zu hoch ausfiel. Du konntest für die Unendlichkeit schwärmen, hast aber all deine Raffinesse aufgeboten, um zu einer Freikarte für die Trambahn zu kommen. Du hast die Wolken geliebt, ja, weil du ein Dichter warst. Aber du warst auch ein Mensch: Also leugne das Schweinskarree nicht.

Erfolg

Jeder Erfolg ist verdächtig. Was soll ich mit dem Lob meines Briefträgers anfangen? Der rechtschaffene Mann ist der beste Ehemann und Vater, auch als Bediensteter und Staatsbürger tadellos. Aber ich benötige nicht die wohlwollende Zustimmung des besten Gatten und Staatsbürgers, ich will den Faustkampf, den ich mit dem eingeweihten und widerborstigen, mir ebenbürtigen Leser ausfechte. Man kann die Welt nicht erobern; man kann sie nur überzeugen. Ein Eroberer, den die Welt umarmt und an die Brust drückt, gibt sich immer selbst auf; wer überzeugt, zwingt jemand oder etwas, also einen Menschen oder irgendeine Dummheit, in die Knie. Diesen, den anderen Erfolg suche ich im Leben, den Erfolg, der stets nur ein persönlicher sein kann: jeweils nur eine Seele überzeugen will. Das ist das meiste. Alles andere ist lediglich Auflagenzahl und Kassenabrechnung.

SCHMETTERLING

Für einen Augenblick blitzte im Lichtstrahl der Vernunft, wie ein Schmetterling, der Gedanke auf – aber du warst gerade abgelenkt. Jemand hat gesprochen, du sehntest dich nach irgendwas, etwas hat dich beschäftigt oder gequält. Und als du dann nachgefaßt hast, war der Gedanke verflogen, wie der Schmetterling.

Deshalb sollst du dir merken, daß man gar nicht aufmerksam genug nachdenken kann. Daß du, wenn du denken willst, in permanenter Bereitschaft leben mußt. Denn gelegentlich blitzt dieser kleine Einfall auf, der nicht gerade weltbewegend ist; möglicherweise ist er nur gefällig, einer, den mit behutsamen Fingern zu ergreifen und auf eine Stecknadel gespießt unter Glas zu stellen sich lohnt, für immer; wenn du nicht darauf achtest, fliegt dieses farbige Nichts weiter und kehrt nie mehr wieder, und die Welt wird dann leerer und ärmer. Also sei auf der Hut, was immer um dich herum gesprochen wird. Achte du auf den Schmetterling, wenn er den Lichtstrahl der Vernunft passiert, funkelnd, schwingend, tänzelnd, und sei nie zu träge, zu müde oder gleichgültig, um deine Hand nach ihm auszustrecken.

Mit beiden Händen

Schreib du nur verschwenderisch, mit beiden Händen. Hör nicht auf sie, auf ihren Rat, achte nicht auf ihren Geschmack, ihre Moden und ihre Kommandos. Überlaß es ihnen, sich zu streiten, dich zu definieren – du schreib nur, mit beiden Händen, gib alles, kümmere dich um nichts sonst. Gönne dem Satz die halbe Stunde oder den halben Tag, dessen er bedarf, damit er ganz, aufrichtig, stimmig, reich und zugleich unbarmherzig, maßvoll und wahrhaftig wird. Mißgönne deinem Buch nicht die zehn, zwanzig Jahre, die es braucht, bis die Inkubationszeit abgelaufen ist und du es eines Tages doch schreibst, weil du ihm nicht mehr aus dem Weg gehen kannst. Bemitleide dich nicht selbst – was zählt denn das Leben noch, wenn du für das Schreiben nicht alles hingibst, Gesundheit und Glück, was zählt es in einem Jahr oder in hundert, daß du glücklich oder krank warst, wenn du deine Arbeit nicht getan, deine Aufgabe nicht erfüllt hast? Gib alles, hörst du! – gib es mit beiden Händen, vorbehaltlos, verschwenderisch. Und dann, wenn du alles gegeben hast, was ist dann? Nichts. Doch nur so wird es in Ordnung sein, weil das deine Aufgabe war.

DER AUSREISSER

Und auch das gibt es, daß eine Figur sich aus dem Roman davonmacht. Wo ist sie? ... Gerade war sie noch da, etwa bei Seite 100, deklamierte laut, prahlte, schwelgte in Gefühlen, war auf alle Fälle noch anwesend. Dann, in einem unbewachten Augenblick, auf Seite 114, schleicht sie sich aus dem Zimmer, aus der Handlung, aus dem Roman und läßt sich nicht einmal mehr mit Honigkuchen zurücklocken.

Warum nicht? Ist ihm etwas eingefallen? Fühlte er sich beleidigt? Ist das seine Natur? ... Auf Romanhelden muß man achtgeben, genauso wie auf die Helden im normalen Leben. Sie sind zuweilen eigenwillig und launisch. Das Rebellieren, die Temperamentsausbrüche sind nicht nur für das Genre des modernen Romans und innerhalb der Gattung für das Verhalten des modernen Romanhelden kennzeichnend. Schriftsteller, was machst du, was fängst du mit deinem Romanhelden an, wenn er mitten in der Handlung rebelliert, den Satz nicht mehr zu Ende spricht, fortspaziert und gar nicht wiederkommt, nie mehr? Laß ihn laufen. Dies sind schlechte Helden. Besser, du läßt ihn gehen, als daß du ihn mit Gewalt zurückhältst, wie das die Autoren in den naturalistischen Romanen über hundert und aberhundert Seiten mit unverständlicher Strenge und zwecklosem Starrsinn getan haben. Sag dem Helden mit solchen Neigungen: »Gut, mein Junge, geh zum Teufel, ich will dich hier nicht mehr sehen. Warte nur, du würdest schon noch gern wiederkommen, gegen Ende des zweiten Bandes! Aber dann wird es zu spät sein. Du wirst auf dem Misthaufen enden und nicht in der Literaturgeschichte.« Dann beginnt das Flennen und Flehen. Du aber bleib hart.

EIN WORT

Manchmal fehlt nur ein Wort, genau ein Wort, dieses gewisse, das den Satz, das Kapitel, vielleicht das ganze Buch lebendiger, sinnvoller, echter macht. Dieses gewisse Wort, das die Wahrheit ausspricht, aber so sanft und kraftvoll, so wohlklingend und fürchterlich, so wahr und mit peitschender Schärfe, wie das Schicksal beim Namen genannt werden will. Nur dieses Wort fehlt, manchmal, meistens. Der Satz fließt schon so schön, alles paßt – Attribut, Verb, Substantiv –, ist schlüssig und farbig!

Nur leider fehlt ihm der Sinn, weil ein Wort fehlt, ein einziges – welches? Moment, ich sag' dir's sofort, ich hab' es, hier, auf der Zunge.

Der Klang

Ein literarischer Text klingt anders, wenn wir ihn im Manuskript lesen oder dann als Korrekturfahne in die Hand bekommen, er liest sich anders in der Zeitung oder in Zeitschriften abgedruckt und wenn wir ihn im Buch wiedersehen, anders, wenn wir – Jahre nach seinem Erscheinen – ein abgegriffenes Exemplar entdecken, einen Band, der schon aufgeschnitten ist und gelesen wurde, beim Trödler erstehen, schließlich auch anders, wenn wir dem Text in unseren »Gesammelten Werken« blätternd wiederbegegnen. Klang und Stellenwert der Wörter ist in dem Fall ein anderer. Der Schriftsteller muß in dem Augenblick, da er seine Gedanken zu Papier bringt, voraus und weit in die Zeit hinein lauschen: Was auf Manuskriptpapier wohl und kraftvoll klingt, kann im Druck durchaus taub und auch ungeschickt wirken, doch in zwanzig Jahren beginnt der Text vielleicht wieder zu leben. Man muß die Wörter in der Zeit klingen hören. Das ist eine Sache des Hörens; vielleicht das Geheimnis des Schreibens.

JUHÁSZ[*]

Diese Dichtung entstand aus dem Stoff einer einzigen Erinnerung, so wie die Welt aus einer einzigen Idee entstand. Nein, diese Erinnerung ist nicht Anna. Die Erinnerung ist der Schmerz.

Auf dem Grund aller Dinge, am Grund der Seen, am Grund der Sehnsucht von Männern und Frauen, da ist der Schmerz. Er bewegt die Welt, wie der Wind und das Licht. Ein schwarzes Licht. Und es flutet und strömt von überall her, am Tag und im Schlaf. Von diesem schwarzen Licht wurde die Seele des Dichters übervoll. Er erinnerte sich an den Schmerz, wie die Kreatur an das Erlebnis des Seins. Er liebte diesen Schmerz, wie ein Liebhaber das Andenken an die tote Geliebte, von Sinnen. Er liebkoste ihn, trug ihn in den Armen, wie eine Mutter im Wahnsinn den weichen Körper ihres toten Kindes. Mit geschlossenen Augen sprach er davon, als ob er stets nur in einen anderen, schwarzen Himmel schauen würde, der weit weg und nicht oben ist, über der Welt, sondern in der Tiefe, auf dem Grund des menschlichen Bewußtseins. So rief er nach ihm, sang er für ihn, so liebte er diesen Schmerz, wie man nur seine Leidenschaften lieben kann – die Leidenschaften, nur sie, niemals die, der die Leidenschaften gelten, auf die sie sich richten.

Die Welt

Literatur ist nicht nur, was ein Schriftsteller schreibt, auch nicht einmal nur die Gedanken- und Gefühls- welt eines Autors; die Literatur ist eine Welt für sich, eine ebenso wirkliche und unfaßbare wie das Sonnensystem, mit Gesetzen, Atmosphäre, Plane- ten – eine Welt, von der wir nur ahnen, daß sie un- endlich ist, deren Ausmaße wir nicht kennen; wer in diese Welt eintritt, wird merken, daß nicht mehr alles gilt, was er auf Erden erfahren hat. Er wird anders atmen, sein Herz wird in der Atmosphäre dieser unheimlichen Welt anders schlagen, er wird anders leben und sterben, den Gesetzen dieses rät- selhaften Gestirns gemäß. Wanderer, nimm dich in acht, diese Welt ist nicht ganz ungefährlich.

Der Heilige Geist

Er hat mir seinen neuen Gedichtband geschickt, in Leinen gebunden, mit Initialen in Gold und einer herzlichen Widmung. Ich habe die Gedichte ge- lesen, morgens, auf nüchternen Magen.

Es waren ausgezeichnete Verse. Sie enthielten Gefühle, Gedanken, Begeisterung und Pathos, und dann enthielten sie Mallarmé, Rilke, Arany, Babits[*] und Kosztolányi[*], Reime und treffende Gleichnisse fehlten ihnen ebenfalls nicht. Diese Gedichte waren stimmungsvoll, hatten Schmelz, waren klangvoll und angenehm, auch schmetternd und dramatisch. Sie hatten alles. Nur den Heiligen Geist hatten sie nicht. Und so warf ich diesen Gedichtband gähnend hinter mich.

DER ROMANHELD

Der Romanheld trat ins Zimmer, hat nervös gehüstelt, sich geschneuzt und gereizt, ein wenig außer Atem und schnaubend gesagt:

– Bitte, daß wir uns richtig verstehen. Ich habe zu der ganzen Geschichte absolut keine Lust. Ich liebe Olga gar nicht.

Ich blickte vom Romanmanuskript auf, in dem ich gerade an einzelnen Attributen polierte, schob die Brille auf die Stirn und sagte streng:

– Ich verlange nicht von Ihnen, daß Sie Olga lieben, bin nicht der liebe Gott, der Unmögliches von den Menschen verlangt. Ich bin nur ein Romanschreiber und erwarte, daß meine Helden ihr Schicksal ertragen. Ihre Gefühle interessieren mich nicht. Lieben Sie eben Olga nicht, aber brennen Sie mit ihr durch, denn das Gesetz – das geheime Gesetz, die Lex meines Romans, der Befehl – will es so. Und überhaupt, hampeln Sie nicht ohne Erlaubnis in meinem Leben herum. Ihr Platz ist im Augenblick auf Seite 130 und sonst nirgends. Zurück in

den Roman, Sie frecher Dilettant! – sagte ich mit
furchterregender Stimme, während ich mich halb
von meinem Sitz erhob und gebieterisch die Hand
ausstreckte.

ATTRIBUT

Ich glaube immer weniger daran, daß man sich bezüglich der Bestandteile des Satzes für dies oder
jenes entscheiden kann, daß man sie wie die Blumen
beim Gärtner nach Farbe, Duft und den exquisiten
Blüten zu einem gefälligen Strauß zusammensor-
tieren darf. Das Attribut meldet sich entweder von
selbst, und dann ist es in der Tat »treffend«, oder
man muß danach suchen, und dann wird es nie das
wahre, auch nicht das wirklich passende, wohlklin-
gende sein. Der Vergleich ergibt sich ganz natürlich
aus dem Charakter des verglichenen Gegenstandes,
der verglichenen Person oder Erscheinung: Man
kann ihn nicht »erraten«. Kaue nicht am Federstiel,
Poet, du suchst dieses »so, wie«, das die Augenfarbe deiner Geliebten oder den hochmütigen Zorn
des Tyrannen veranschaulichen kann, vergeblich
am Himmel wie auf Erden. Den guten Vergleich hat
man zur Hand wie das Schicksal. Das starke Attribut strömt aus dem Begriff, der zu charakterisieren
ist wie der Charakter aus einem Menschen. Auch
sonst ist die Welt nicht »so, wie«. Fehlt das Attribut

und stellt es sich nicht von selbst ein, erzwinge es nicht; sage statt des »so, wie« einfach mit kräftiger Stimme »so«.

RITENUTO

Man muß gezügelt schreiben, ritenuto. Denn gelegentlich möchte ein Satz oder auch ein Kapitel davoneilen, besonders zum Ende eines Kapitels oder eines ganzen Werkes hin, wenn das Thema, die Helden und selbst der Verfasser plötzlich ungeduldig werden, jeder möchte schon die Kalamität des Abschlusses hinter sich haben ... immer dann muß man dieses Anschwellen und Ansteigen dämpfen, die Leidenschaft, die Wörter und die Spannung, den ganzen Stoff dosieren, Takt und Tempo künstlich zurücknehmen, ihnen Zeit lassen; wie man auch nicht eine einzige Seite, keine einzige Zeile mehr schreiben darf, als unbedingt sein muß, so wenig darf man sich beeilen und ein Werk keinen Tag, keinen einzigen Augenblick früher beenden, erst wenn der Moment gekommen, wenn man am »Ende«, an dem mit Anführungszeichen versehenen Ende des Romans angelangt ist. Leg dir beim Schreiben Zügel an, diszipliniere den anschwellenden Stoff. So wird auch sein innerer Rhythmus wahrhaftiger, sein inneres Beben lebendiger.

Erfolg

Du hast Erfolg? Vorsicht. Erfolge sind immer verdächtig.

Du freust dich, dein Herz schlägt höher, wenn
im Halbdunkel des Zuschauerraums die Theater-
besucher in ihre heißen Hände klatschen. Merk dir,
der Anteil an diesem Erfolg, der aus dir kommt, ist
bescheiden und vergänglich. Theater ist auch Körperlichkeit, es besteht nicht nur aus großen Worten und kraftvollen Tiraden, nein, das Theater ist
zugleich ein Geflecht von verschwitzten Trikots,
Farbe, Lampen, Billeteuren und bezahlten Boten.
Du entdeckst in der Auslage den farbigen Einband
deines neuen Buches? Wende den Blick gleich ab,
denn zum Ereignis wird jeder Erfolg aus allerlei
Mißverständnissen. Ja, du hast Erfolg, selbst dein
Haarschneider begrüßt dich mit einer tiefen Ver-
beugung, Verkäuferinnen haben deinen Namen auf
den Lippen, und gesetzte Damen pressen dein Werk
an ihren Busen, grimmige Herren parlieren tiefsin-
nig darüber – doch sei du vorsichtig! Denn was die
Welt akzeptiert, ist immer nur das und so viel, wie
in dir wesensverwandt ist mit ihr. Und das ist zu-
wenig.

NUR SO LANGE

Du hast nur so lange ein Recht zu leben und zu schreiben, wie du bei der Arbeit, davor und danach, meinetwegen auch untertags, in einem Kaffeehaus oder in der Trambahn, vor der Verantwortung des Schreibens noch gelegentlich erschaudern kannst, vor der Größe der verhängnisvollen Aufgabe und ihren entsetzlichen Folgen erschrickst, solange du hinter jedem menschlichen Wort das Schicksal spürst, das Schicksal, das dich, gerade dich, für diese lebensgefährliche Rolle erkoren hat, anstelle der Menschen gut oder schlecht auszusprechen, was auch sie wissen, aber nicht immer und nicht mit aller Konsequenz auszusprechen wagen. Du hast nur so lange das Recht zu schreiben, wie eben auch ein Pfarrer nur so lange berechtigt ist zu strafen und von Schuld zu entbinden, wie er glaubt, und so lange, wie er spürt, daß er Gott persönlich verantwortlich ist. Wenn du eines Tages nicht mehr erschauderst, dann bist du ein Niemand und Nichts – bestenfalls ein erfolgreicher Autor, weiter nichts.

ICH LESE GOETHE

Wie jeder wirklich Große hat auch Goethe jenseits der pathetischen, auf Kothurnen einherschreitenden Erhabenheit, mit der er sich vor uns aufbaut, so etwas wie eine ganz irdische Verschlagenheit, etwas, das man in Pest mit dem Ausdruck »link« bezeichnet. Gelegentlich steigt er herab vom Olymp, stellt sich vor uns hin, schiebt eine Hand in den Ausschnitt seines blauen Fracks à la Napoleon, in dem sich übrigens das Pathetische mit dem Verschlagenen genauso mischte, blinzelt, hört den Menschen zu, und an seinem Blick und Hüsteln merken wir, daß das Genie, das sonst mit Göttern konversiert, von den Menschen alles ganz genau weiß, ihre Bagatellsorgen und billigen Leidenschaften kennt, ebenso die Anschriften der Freudenmädchen, zu denen sie von ihren Schätzchen eilen, er kennt auch die Adressen der Schuldner, denen man zu Wucherzinsen Geld vorstreckt – und merkt sich die Adressen! –, weiß, was sie nachts allein in der Stube treiben, was sie fühlen, wenn sie, mit Berechnung, Tränen vergießen und Eide schwören... er weiß alles! Weil er ein Eingeweihter, weil er ein Genie ist. Weil er »link« ist. Ohne diese feine irdische Verschlagenheit gibt es keine wirkliche menschliche Größe. Alles das weiß er, dann dreht er sich um, geht auf den Olymp zurück, spielt Flöte und läßt es himmlisch donnern.

ÜBEREINKUNFT

Rühre nicht an ihre Übereinkünfte! Auf sie ist die ganze menschliche Welt aufgebaut. Erdulde und ertrage es, daß sie sich über gewisse Irrlehren, nebelhafte Wunschbilder, über die peinliche und traurige Ordnung einig geworden sind. Vermutlich geht es nicht anders. Rüttle nicht an ihrem Glauben, den falschen Vorstellungen, vagen und zwangsweisen Übereinkünften.

Nur solltest du wissen, daß du, wenn du sie in Ruh läßt, noch nicht mit ihnen übereinstimmst. Halte still, aber wie einer, der nicht anders kann. Schweigst du so, als ob du übereinstimmen würdest, gibt es kein Gegengewicht mehr in der Welt. Man hat zu schweigen, wie einer, der auch auf der Folterbank schweigt. Das ist schwer. Die Wahrheit zu verschweigen ist immer schwieriger, als die Lüge auszusprechen.

STUNDENPLAN

Baue täglich an deinem Werk, tu jeden Tag etwas daran. Mal nimmst du dir verbessernd einen Teilabschnitt vor, wenn es dir einmal an Kraft fehlt, ordnest du nur, rückst schlampige Zeilen und Seiten zurecht. Aber tu täglich etwas daran.

Das ist deine Aufgabe. Doch vernachlässige bei

deiner Arbeit die seelische Komponente nicht. Baue auch daran, Tag für Tag. Mit Ehrfurcht und Aufmerksamkeit. Indem du etwas dazulernst, eine Auffassung abklärst, eine Leidenschaft oder Aufregung kontrollierst. Wie an deinem Werk, so baue und forme in dieser Zeit auch an der Seele. Werk und Seele sind zweierlei, setze sie nicht einfach gleich. Es gibt großartige Werke, hinter denen kranke Seelen stehen. Und es gibt reine, starke Seelen ohne ein Werk, ohne Resultat. Du mußt an beide Hand anlegen, an ihnen bauen, wie frühe Gemeinden ihre Kirche gebaut haben, in der sie zukünftig beten wollten, aber zugleich auch die Regeln ihres Glaubens schufen, das innere Gefüge der Idee, nach der sie glauben und beten wollten.

Und gönne deinem armen Körper die traurige Befriedigung, ohne die das Tier in dir zur Bestie wird. Wirf ihm einen Brocken vor. Klopf ihm den Nacken, beruhige, tröste ihn. Das ist dein Stundenplan.

EINSAMKEIT

Schon möglich, daß die Einsamkeit den Menschen zerbricht, wie Hölderlin, wie Pascal, wie Nietzsche; aber dieser Zusammenbruch, dieser Absturz ist für ein geistiges Wesen immer noch würdiger, als sich gemein zu machen mit der Welt, die durch ihre menschliche, süß-verderbliche Versuchung infiziert und in eine Grube stößt. Stürze tiefer, in den Abgrund der Einsamkeit; auch so wirst du zugrunde gehen, doch mit deinem Absturz hast du deinem Werk und deiner Seele Haltung gegeben. Zum Feilschen ist hier kein Platz, so wenig wie für epikureische, halbweise, leisetreterisch vorsichtige Lösungen, wie mit dem Garten und mit den Freunden: Wenn du auf die Fragen der Welt antworten willst, kannst du nur aus der Einsamkeit heraus Antworten geben, die total sind, wie das Leben und der Tod. Und es stimmt nicht, daß diese tiefe, dichte Einsamkeit menschenfeindlich ist; du dienst der Sache der Menschen dann voll und ganz, wenn du dich von ihren Angelegenheiten zurückziehst.

Bleib einsam und erinnere dich. Bleib einsam und beobachte. Bleib einsam und gib Antworten. Gib dich keiner Hoffnung hin: Es gibt keine andere Lösung. Bleib einsam, auch wenn du daran zugrunde gehst. Das ist immer noch besser, als nach ihren Bedingungen zu leben.

Spitze die Ohren

Quäle dich nicht, etwas überwältigend Schönes, etwas außergewöhnlich Überraschendes oder auch etwas gefährlich Individuelles und Originelles zu sagen. Öffne deine Augen und spitze die Ohren

ganz bewußt. Dann schließe die Augen und erinnere dich, intensiv. Danach hörst du eine Stimme,
siehst ein Gesicht oder eine Landschaft, und dir
wird etwas dämmern… Und nun beginn zu schreiben, sehr langsam, gewissenhaft.

Alles weitere überlaß dem lieben Gott.

EIS

Sei vorsichtig mit der Einsamkeit. Denn es gibt diese
sanftmütige und wirkliche Einsamkeit, die ein Verhalten Menschen gegenüber ist; und die ist gut. Und
es gibt die tragische, bei der die Welt um dich herum
zu vereisen beginnt und die Wege, die zu den Menschen und zum Menschlichen führen, mit Eis über-
zieht. Dann verirrst du dich und mußt erfrieren.

UNTREU

Es ist ratsam, verdammt ratsam, daß du dich von
deinem abgeschlossenen Werk mit dem gleichen
Elan entfernst, mit dem du dich ihm während der
Arbeit gewidmet hast, als es noch im Werden war
und deine ganze Lebenskraft in Anspruch nahm.
Da warst du diesem geheimnisvollen Tyrannen treu,
hast ihm Leben und Blut geopfert. Doch dann war
vollbracht, was du gewollt hast, und nun solltest du

dich von dieser Schöpfung mit aller Kraft entfernen; wende dich ab, richte den Blick auf neue Ziele, lebe und schaffe in Untreue! Es ist nicht wahr, daß die Vergangenheit dich verpflichtet. Es stimmt nicht, daß du mit dem vollbrachten Werk zugleich eine Verpflichtung eingegangen bist. Es ist nicht wahr, daß eine Art zu schreiben, eine Betrachtungsweise, ein angeschlagener Ton oder eine Ausdrucksmöglichkeit den Autor, dich, der du all dies einst zusammengeführt und geschaffen hast, auf irgendeine Weise binden. Nichts und niemand bindet dich. Was du geschrieben hast, das bist nicht mehr du, wende dich davon ab, schau nach vorn. Diese Untreue gehört ebenso zu deinen Pflichten wie die Treue und das Opfer.

KRISE

Achte sehr auf die Tage, wenn dein Körper und deine Seele eine einzige Rebellion sind gegen die Arbeit, wenn du Krankheiten erfindest, über Herz und Magen klagst, die Zigaretten für Tage in die Ecke wirfst, Todesängste hast, die Welt kaum erträgst, jeder Verständigung den Krieg erklärst, wenn du das Gefühl hast, daß du nicht mehr, nie mehr schreiben kannst, daß dich deine Arbeit nichts mehr angeht, du schon alles gesagt hast, daß dir dein wunderbarer Schwung, die Sicherheit abhanden gekommen sind, die Schatzkammer leer ist, du gleichgültig unter den blassen, farb- und glanzlosen Wörtern herumkramst: Achte auf diese Tage. An solchen Tagen rüstest du dich für das Buch, für die Seiten oder auch nur für Zeilen, die einen bestimmten Sinn deines Lebens und deines Werkes ausmachen sollen. Der Mensch empfindet sein Schicksal und die Gefahren seines Schicksals nicht nur im Leben, sondern auch in seinem Werk. Und dann, eines Tages, löst etwas diesen quälenden Widerstand. Eines Tages arbeitest du wieder, der Protest ist zu Ende, und dann ist alles so natürlich und einfach. Das sind die gesegneten Tage, die Tage der Gnade. Und auch die Tage der Nikotinvergiftung. Aber was zählt das schon. Nur die Zeilen zählen nach solchen Tagen.

Ein neues Buch

Der Verlag schickt mir Bücher zu, Besprechungsexemplare zur Rezension.

Die Bücher liegen tagelang unberührt auf meinem Tisch. Von Zeit zu Zeit werfe ich, mit schlechtem Gewissen, einen Blick auf sie. Dann schlag' ich fest entschlossen eines von ihnen auf. Lese aufs Geratewohl, irgendwo in der Mitte. Die Zeile lautet: »Burkusch, du! ... – schnalzt Andrisch mit der Peitsche in Richtung des Hundes.«

Ich schlage das Buch wieder zu und gehe kopf-
nickend an meine Arbeit. Unterwegs denke ich: »Es
stimmt einfach nicht, daß Werbesprüche, Kritiken
oder Textauszüge ein wahres Bild von einem Buch
geben. Auf geheimnisvolle, eigentlich unverständliche Weise verrät sich ein Buch selbst, noch bevor
wir auch nur eine Seite aufgeschlagen haben. Ich
glaube nicht, daß ich nachlässig an Meisterwerken
vorübergegangen wäre. Bücher, die aufzuschlagen
wir keinerlei Neigung verspüren, büßen nicht ohne
Schuld. Eine einzige Zeile reicht aus, um über ein
Buch Bescheid zu wissen, wie auch schon ein einziges verlogenes Wort, eine kleinliche, würdelose
Handlung genügt, um einen Menschen zu verraten.«

Wie alles, was lebt, strahlt auch das lebendige
Buch etwas aus. Das künstliche, das gemachte Buch,
das *ist* einfach nur. Das soll der ganze Unterschied
sein? Ich glaube, ja.

Die Regeln

Wenn du eine Welt schaffen und auf Dauer erhalten willst, in der die Menschen nicht verzweifelt
auf ihren Illusionen bestehen, die ja verlogen und
schädlich sind, zerstöre nicht ihre Illusionen, ohne
die sie weder leben, kämpfen noch Ordnung halten
und auch nicht zusammenleben können. Die Tra-

gödie jeder großen Literatur ist: Sie will die Menschen von ihren Lügen befreien und zerstört damit zugleich die Regeln, die das Zusammenleben der Menschen erst erträglich machen.

SPÄNE

Es ist keineswegs sicher, daß du »das große Werk« deines Lebens gerade dann vollbringst, wenn du große Werke schreibst ... Kann sein, du verzettelst dich damit erst so richtig, daß du große Werke schreibst. Möglich, daß das einzig wirkliche Werk deines Lebens nichts anderes als die spärlichen Zeilen sind, von denen du glaubst, es wären nur Späne ...

PFEFFER UND SALZ

»Zwischen Pfeffer und Salz« nennt der Franzose das Jahrzehnt zwischen vierzig und fünfzig. Er bezieht das aufs Haupthaar, dessen dunkle Pfefferfarbe sich nun mit der Weisheit der salzfarbenen hellen Strähnen zu mischen beginnt. Er bezieht es auf den Menschen, der sich in diesem Alter anschickt, sanfter zu werden: nicht mehr so unerbittlich und ungeduldig ist, eher bewahren und retten möchte. Er bezieht es aufs Leben, das blasser, reizloser wird.

Ist das Leben tatsächlich blasser und reizloser zwischen vierzig und fünfzig, zwischen Pfeffer und Salz? ... Gelegentlich scheint es, als wäre es nie zuvor so wahrhaftig und effektiv gewesen wie in diesem Lebensabschnitt. Ja, zwischen vierzig und fünfzig lebt der Mensch nicht für ferne Perspektiven, nicht für den Augenblick und auch nicht so begierig wie die Jugend oder die Greise: Dies ist die Zeit, da wir in der wirklichen Gegenwart leben, für den Tag, die Nacht, eben nur für diesen gegenwärtigen Tag, vom Aufwachen bis zum Einschlafen, bewußt und auch dankbar, zielgerichtet und geduldig, fast glücklich. Denn es gibt kein anderes Glück, als die Wirklichkeit zu erkennen, sie zu ertragen und zu verstehen.

*Die Welt wird gerade erst eine Spur fahler...
etwa wie Anfang Oktober, nachmittags, an nebli-
gen Tagen. Irgendwo musiziert jemand, in den Bergen ist Sonnenschein, irgendwo wird nachgedacht
und verstanden, irgendwo in der Welt gibt es für uns
noch etwas zu tun... oh, Segen! Halt inne, stumm,
mit verschränkten Armen, lächle, zwischen vierzig
und fünfzig, zwischen Pfeffer und Salz.*

228

DER ELEFANT

Ich sah den Elefanten, als er das in Gefangenschaft
geborene Elefantenbaby totgetrampelt hat. Die Zeit
verrinnt, Herz und Sinne werden mir schwer, ich
möchte schon vergeben und verstehen. Doch alle
Erfahrung und Vernunft lehren uns nur dies eine,
daß unser Leben *ein* Gutes hat, für das es sich zu
leben lohnt, das ist die Freiheit. Ich beginne den
Elefanten zu verstehen.

DEN RING ABSTREIFEN

Den Ring und die Uhr abstreifen, zerstreut und lässig alles abwerfen, was wir im Leben eingesammelt,
gehütet und mit uns herumgeschleppt haben, die
Stimme der Welt noch vernehmend, aber bereits
mit halbgeschlossenen Augen, wie einer, der sich
nach einer sehr langen Wanderung in der fremden
Herberge zur Ruhe begibt, die Welt wahrnehmen,
aber nur noch so, wie der Wanderer die Geräusche
der fremden Stadt vernimmt, einer Stadt, die ihn
eigentlich nichts mehr angeht, deren Freude und
Verzweiflung, Unkeuschheit und Tugend, deren
Rechtsordnung und Verbote ihn, den Ruhesuchen-
den, Durchreisenden, den Fremden, nicht mehr
berühren, den Ring abstreifen und auch die Uhr,
langsam alles fallen lassen, von dem wir glaubten,

daß es für uns unabdingbar sei, den Ehrgeiz, den Stolz, die Begierde der Wollust und die Spannung der Arbeit; die Gesichter unserer Lieben vergessen, wie ein Wegnickender die Bilder des Tages vergißt, die Welt noch hören, sie aber nicht mehr zur Kenntnis nehmen, sich noch erinnern, aber schon darüber lächeln, weil es nicht mehr schmerzt, den Ring abstreifen und die Uhr, die Kleider, die Titel und die Aufgaben, abwerfen auch den Leib, diese verschlissene und verdächtige Materie, alle Lichter löschen, allein sein, auch nicht mehr zittern, einschlafen, schlafen.

PROTEST, VERZWEIFELT, NACHMITTAGS UM DREI

Aber ich mag diese Welt nicht! Ich brauche nicht, was sie Erfolg nennen, ich will diese Geselligkeit nicht, möchte nicht der brave Knabe sein und nicht der elegante Dandy in irgendeinem Zirkel der großen Welt, ich will nicht, daß man mich lobt, streichelt wie einen Dackel, dieses ewige Mißverständnis darüber, was ihre Übereinkunft und mein Gelübde ist, interessiert mich nicht. Sie sollen endlich verstehen, daß ich ihr Freund nicht bin. Nein, ich bin auch nicht ihr Feind. Aber ihre Sache ist nicht meine Sache. Ihr Element ist nicht das meine. Ihre Beute ist nicht mein Ehrgeiz. Ich habe so viel mit ihnen gemein wie der Luchs mit der Robbe oder

mit dem Aasgeier. Ich will innerhalb meiner rätsel-
haften Spezies und meines Fachs bleiben, leben, leiden, arbeiten und sterben. Laßt mich gehen.

Verdacht

Einsam und schlechtgelaunt sitze ich im Kaffeehaus, schaue durchs Fenster hinaus, verstehe die
Welt nicht, und plötzlich spüre ich, konkreter als
eine körperliche Berührung, den Blick des Verdachts: Jemand fixiert mich. Vom Nachbartisch aus
werde ich beobachtet; vielleicht ein Geheimpolizist,
ein politischer Agent, möglicherweise ein Seelen-
fischer oder ein Weltanschauungskontrolleur. Ich
fühle mich unbehaglich. Bin verdächtig.

Aber ich bin nicht Mitglied irgendeiner Partei,
habe meine Steuern bezahlt, weder gestohlen noch
gemordet und begehre auch die Frauen meiner Mitmenschen schon eine ganze Weile nicht mehr; ich
habe mich damit abgefunden, daß es auf Erden
keine Lösung gibt zwischen Mensch und Mensch,
zwischen Mann und Frau. Weshalb also dieser Verdacht? Was habe ich verbrochen? ... Plötzlich verstehe ich:

– Ich bin verdächtig, weil ich denke.

Nein, die Weisheit, wenn es sie gibt, ist kein sicherer Schild; die unbarmherzige Lanze des Verlangens und der Angst durchbohren ihn. Nein, Geist und Vernunft sind keine unüberwindlichen Waffen, sie sind, wenn man sie nicht mit der Munition der Güte lädt, nur kümmerliche Flinten. Nein, Spott und Gleichgültigkeit schützen nicht; dieser Panzer ist kalt, ich verzichte lieber auf ihn und trete schutzlos vor die Welt.

Womit also kann ich kämpfen? Mit dem Geheimnis, dem Schweigen, dem Widerstand? ... Oder lieber damit, daß ich weniger verwundbar sein werde, sofern ich auf jeden Anspruch verzichte, der mich an die Oberfläche der Welt bindet, damit, daß ich mich heimlich für meine Arbeit rüste, die erbarmungslos und unversöhnlich ist. Denn es gibt zwei Leben, zweierlei Arbeit; und wie der Häftling, der tagsüber Papiertüten klebt, aber nachts mit der Feile an die Gitterstäben seiner Zelle sägt, so sollst auch du nicht glauben, daß die Arbeit, die du von mir siehst, die weltliche Qualifizierung, die du über mich liest, meine wirkliche Arbeit und mich tatsächlich zeigen. Was ich mache? Du wirst es irgendwann erfahren ... Freikommen möchte ich. Doch bis dahin sichte ich meine Waffen, und das Brot, das diese Sklavenhalter-Welt mir vorsetzt, schneide ich vorsichtig entzwei und suche darin nach der Feile.

Der Gürtel

Der Gürtel war im Schaufenster des Handschuhmachers ausgestellt, und die nette, feine Dame konnte seiner Verlockung nicht widerstehen. Der Gürtel kostete fünfzehn Pengő, war ganz schmal, aus bordeauxrotem Leder geflochten und mit Messingnägeln beschlagen, er erinnerte an eine Karbatsche, mit der in Romanen von Turgenjew Troikakutscher ihre Pferde traktieren, ein wenig glich er auch dem Keuschheitsgürtel eines mittelalterlichen Ritters; kurz, er war phänomenal: Doch, alles in allem kostete er fünfzehn Pengő. Deshalb hat die Dame auch noch eine Zeitlang mit sich gerungen; dann trat sie ins Handschuhgeschäft ein und kaufte den Gürtel.

Mittags hat sie sich den Gürtel gekauft, nachmittags zog sie sich an, schnallte sich den Gürtel um die Hüften und besuchte ihren Liebhaber, der redete über ganz andere Dinge und beachtete den Gürtel überhaupt nicht. Sie wartete noch eine Weile, dann seufzte sie und begann, sich zu entkleiden. Wie sie beim Ausziehen in die Hüftregion kam und an der Gürtelschnalle fingerte, wurde ihr endlich klar, warum sie ihn für fünfzehn Pengő erstanden hatte. Um ihn zu lösen.

DAS JUNGE MÄDCHEN

Das junge Mädchen begann ohne Grund zu lachen. Und plötzlich war alles heller geworden. Sie lachte, weil sie Lebensfreude in ihrem jungen Körper spürte, weil ihr der Schlagsahnegeschmack der süßen Cremetorte oder ihr erster Kuß einfiel, den sie, es war noch nicht lange her, in einer Ballnacht auf dem Korridor bekam, wo noch schwüle, betörende Walzerklänge zu vernehmen waren. Sie lachte mit dem ganzen Körper und auch mit ihren Zehen, der fleischigen Schulter und mit dem Knie. Klug war sie nicht, jung war sie. Sie war noch nicht glücklich, doch sie freute sich. Und sie wollte eigentlich noch gar nichts, sondern nur eben sein. Ich betrachtete sie mit tiefer Verehrung. Verneigte mich bis zum Boden.

LUFT

Die Luft hat sich über Nacht beruhigt, als ob die Welt verstanden hätte, daß im Zorn nichts zu regeln ist. Im Zorn kann man nur handeln, doch Regeln ist mehr als das Handeln. Der Mensch beruhigt sich, und Frieden kehrt ein. So wird auch im Frühling die Welt friedlich. Nur die Bäume im Wald fechten noch, nackt und mit gezogenen Schwertern. Aber das Tal hat sich schon hingestreckt, wie ein erschlaffter Liebender, die Arme ausgebreitet. Von irgendwoher ertönen Klänge eines Ringelspiels. Etwas berührt mein Gesicht. An das Glück glaube ich nicht, doch es freut mich, daß für einen Augenblick Stille eingekehrt ist in der Welt.

FRAGE, SEHR LAUT GESTELLT

Was stellst du mir nach, Schmerz, gemeiner? Warum trittst du immer schon vor mir ins Zimmer, legst dich vor mir in mein Bett, wo ohne dich Freud und Ruhe mich erwarten würden, warum fühle ich deine Zeichen an allem, was ich berühre, an jedem Glas, aus dem ich trinken will, auf jedem Mund, über den ich mich beuge? Ich pflege und hege dich nicht, Schmerz, nähre dich nicht an meinem Busen und feiere deine Schatten nicht. Brüllend negiere ich dich, schreiend fordere ich die selbstvergessene und beschwingte Freude, ich schmücke dich nicht mit schönen, edlen Attributen, ich glaube nicht, daß du die Gerechtigkeit bist. Ich weiß nur, daß du bist, und ich verabscheue dich.

TRENNUNG

Aus welchem Stoff ist das Band gemacht, das die Menschen durchtrennen, wenn sie sich »trennen«?

Im Ungarischen sind da die Wörter genau und anschaulich; es lohnt sich, auf ihren inneren symbolischen Sinn zu achten; also: Zwei Menschen gehen auseinander, »trennen« sich, und in diesem Augenblick wird in der Tat irgendeine feine Leitung, ein aus Gefühlen, Neigungen, Reizen, aus Neugier, Traurigkeit und Verlangen gesponnener Faden durchtrennt, der feiner, immaterieller ist als Ätherstrahlen, eine Art Astralgeflecht zerschnitten, das bisher verbunden und zusammengehalten hat. Zerschnitten, weil sie sich trennen, durchtrennt, und es verbindet sie, diese auf komplizierte Weise Verbundenen, nichts mehr. So irgendwie hat sich auch die Erde von der Sonne, der Gedanke vom Gefühl und hat sich am Ende der Hans von der Grete getrennt. Jetzt staunen sie und schauen zum Himmel auf, und sie glauben, Trennung sei Privatsache. Nein, in solchen Fällen geschieht auch im All etwas.

REFLEX

Pawlows Versuche haben bewiesen, daß Tiere in der Lebenszeit von drei Generationen dank ihrer Wahrnehmung und aus Erfahrung einen Reflex ausbilden. Die Ratte, für die man im Käfig jedesmal eine Klingel ertönen läßt, wenn man ihr das Fressen bringt, lernt, daß es zwischen dem Klingeln und der Nahrung einen Zusammenhang gibt. Das Junge dieser Ratte erkennt das schon nach fünfhundert Klingelzeichen, ihre Enkelin erlernt ebendiese lebenswichtige Kunst schon nach fünfzig Klingelsignalen, die Urenkelin der Ratte kommt bereits beim ersten Klingeln angelaufen, denn die Erfahrung der Vorfahren wurde in diesem Abkömmling schon zum Reflex ausgebildet.

Natürlich funktionieren nicht nur Bauchspeicheldrüse und motorische Nerven über die reflektorische Steuerung; jede einzelne der innersekretorischen Drüsen hat in den Jahrtausenden der Entwicklung ihre Lektion gelernt, und das nicht nur bei den Ratten. Diese innersekretorischen Drüsen machen mich, den ausgelernten Schriftsteller, zum Beispiel darauf aufmerksam, daß mir die Frau, die mir in der Vorhalle des Theaters entgegenkommt, ganz ausnehmend gut gefällt, daß sie diejenige, die richtige ist, für die ich mich einmal eines reifversengten Morgens draußen im Hűvösvölgy[*] aufknüpfen werde. In den Spalten der Boulevardpresse wie in der Dichtung verwendet man für die Funktion der innersekretorischen Drüsen den gängigen Ausdruck »Liebe«. Momentan glaube ich noch, daß die Liebe Geheimnis, Wunder, Inbrunst ist. Aber eine Erfahrung, die Stimme der Vernunft, sagt mir, daß diese innere Erschütterung nichts anderes sein kann als ein Reflex. Wirklich nichts sonst ? ... Vielleicht ist es schon das Alter, aber ich beginne, an

Wunder zu glauben, und will mich doch nicht damit abfinden, daß es nur ein Reflex ist. Und so wiederhole ich störrisch und naiv: »Liebe, Liebe«.

DER AUSGEMUSTERTE[*]

Ja, Liebesgefühle vergehen, die großen, hochtrabenden emotionalen Prozesse laufen wie aufgestaute Gewässer ab, die eines Tages in ihrem Flußlauf, in der Strömung, im Meer und in der Zeit verschwinden. Gefühle vergehen, der Pulverdampf der großen Leidenschaften verzieht sich. An ihre Stelle tritt die Erfahrung, so wie sich an Sommerabenden die Dämmerung einstellt. Sie umschließt, löst alles auf. Du erinnerst dich, lächelst. Vermagst nicht einzusehen, warum, wozu dann das alles, wenn es jetzt nicht einmal mehr zu schmerzen vermag.

Sobald die Dämmerung sich verdichtet, auch der Wind schon zwischen den dunklen Bäumen rauscht, an den Fenstern deines Hauses rüttelt und die Schornsteine ächzen läßt: Allein mit dem Leben und deinen Erinnerungen, wirst du verstehen, daß diese verflogene Leidenschaft der geheime Inhalt, der treibende Strom deines Lebens war. Diese namen- und sinnlose Kraft hat das ganze Getriebe deines Lebens bewegt. Deshalb warst du heldenmütig und feige, waghalsig und schöpferisch, erfahren und verwegen. Dann hatte die Leidenschaft keinen Sinn mehr, die Liebeserlebnisse sind verweht, dein Herz wird nicht mehr von dem schmerzlichen, dunklen Strom durchdrungen, alles ist verflossen, alles. Doch deine Aufgabe war es dennoch, diese viele Hoffnungslosigkeit zu erleben. So bildet, schafft und gestaltet die Welt aus Hoffnungslosigkeit und Schmerz. Nun kannst du abtreten, wie ein Ausgemusterter; weil du gelitten hast.

Die Sünde

Meine Sünde war nicht, daß ich dies oder jenes gesagt habe, ja nicht einmal einzelne meiner Taten: Ich habe nicht Witwen und Waisen bestohlen, nicht Arme ausgeplündert und nie lumpige Dreißig-Heller-Stundenlöhne gezahlt. Versündigt habe ich mich dennoch. Meine Sünde ist, daß ich lebte.

Offenbar lebt der Mensch immer gegen irgendeinen oder irgendwelche. Lebt immer vom Fett, von der Arbeit, vom Traum, vom Glück eines anderen. Meine Sünde ist einfach nur, daß ich geboren wurde und hier auf dieser Welt gelebt habe. Eine große Sünde. Allmählich verstehe ich, daß man es nicht verzeihen kann und daß es unverzeihlich ist.

Dieser unruhige Jüngling, dieser schlaffe Patrouil-
lengeher der Salons, brüllt die Losung von der
»freien Liebe«. Ich höre seine Anklage, sein empha-
tisches Zureden, rauche und denke nach.

– Das größte Übel – glaube ich – verursacht nicht
nur die Dummheit im Leben, sondern die Begriffs-
verwirrung durch schlechte Lektüre; was übrigens
aufs selbe herauskommt. Was ist »freie Liebe«? Die
Liebe ist nicht Freiheit, sondern Gefangenschaft,
wie übrigens jede menschliche Bindung, Eltern und
Kinder, Mann und Ehefrau, Geliebte und Freunde,
sie alle leben in Gefangenschaft. Aus dieser Gefangenschaft wird fast jeder einmal fliehen wollen; gelegentlich gelingt die Flucht, meist aber nicht. Doch
die Liebe kann man nicht »befreien«, weil es nicht
ihr Sinn ist: Diese rätselhafte menschliche Verbin-
dung dauert nur so lange, wie sie Gefangenschaft
für die bedeutet, die ihr zum Opfer gefallen sind.
Mit gleichem Recht könnten wir von Raubmördern
Güte verlangen, Mitleid und Verständnis, von Blinden Scharfblick, kurz, Sinnloses und Unmögliches.
Klären wir einmal konsequent die Begriffe. Der
Raubmörder gilt nur so lange als ein solcher, wie er
raubt und mordet. Der Blinde ist nur so lange blind,
wie er die Bilder von Manet, eine Morgendämme-
rung im Wald nicht sehen kann. Der Verliebte ist
nur verliebt, solange er in Gefangenschaft lebt, der

verrückten Gefangenschaft eines Bannes und Zaubers. In dem Augenblick, da er sich davon freimacht und sich nicht mehr in dieser Gefangenschaft befindet, ist er nicht mehr verliebt, sondern einfach nur der Hans, der sich räuspert und fein säuberlich den Kopf zerbricht, wie er die Grete loswerden könnte.

GESTÄNDNIS

Vielleicht kommt einmal der Augenblick, in dem du darüber reden kannst, daß du das Ganze gewollt hast. Das Ganze, das Wahre, nicht den Ersatz oder das Ähnliche, das Nebensächliche: das Ganze, das Glück und die Gerechtigkeit, die Wahrheit, egal wie furchtbar und niedrig sie auch ist. Du wolltest nicht anstelle des Lebens etwas, das dem Leben nur gleicht, statt Seele und Buchstabe nichts, das nur ein raffiniertes Zerrbild der Seele und des Buchstabens ist; echte Frauen wolltest du lieben, echte Bücher wolltest du schreiben, mit echten Menschen wolltest du dich streiten und versöhnen. Du wolltest das Ganze, nicht irgendein Bruchstück davon. Dieser Wunsch hat sich nicht erfüllt. Du bist gescheitert. Aber auf dem Boden, im Dreck liegend, sollst du, besiegter Kämpfer, stammeln: »Doch zumindest ersehnt habe ich das Ganze, zumindest gewollt habe ich das Richtige, wenigstens so viel sollt ihr verstehen und mir vergeben.«

DER WALD

Gegen fünf loderte der Wald noch im Licht und im goldenen Feuer des Oktobers; doch bis wir das Ende des Waldweges erreichten, erloschen die Flammen, kalter Rauch und düsteres Dämmerlicht legten sich über uns, über den Wald und über die Lichtungen.

In dieser Düsternis begannen wir, uns zu sputen. Redeten aufgeregt, als wäre dies der Augenblick, in dem schnell, ganz schnell alles besprochen werden müßte, Sinn und Sinnlosigkeit des Lebens, Vergangenheit und Zukunft, die gleichermaßen verhängnisvoll sind, das Geheimnis, das ihn, und das Geheimnis, das mich bedeutet, zornig, fast schreiend, eilend auf dem Waldweg in der Dämmerung, im Oktoberwald, unter den gerupften Bäumen, zwischen den grauen und zerzausten Schatten – im Wald, auf diesem verhängnisvollen Weg einander ins Wort fallend, innehaltend und keuchend, dem anderen ins Auge blickend und wieder weitereilend, nach Atem ringend, uns Wörter zurufend, den Text irgendeines unverständlichen Streites schreiend. Und der Wind brauste. Dies war der Augenblick, als die Bäume emporwuchsen, ja bis zum Himmel aufragten. Schicksal war in allem, in der kalten Abenddämmerung, im keuchenden Zwiegespräch, in der Hast, und wie er gelegentlich seinen Arm ausstreckte, als suchte er nach dem Weg, als wollte er Hilfe erbitten zwischen den im Sturm sich neigenden Bäumen, schreiend, tief im dichten Wald, verloren und hilfesuchend, als ob er gar nichts anderes hörte, nur das Brausen des Windes, das Ächzen der dunklen Bäume, den zum Schrei gewordenen Nachhall seiner Worte und das wilde Pochen seines Herzens. So gingen wir den Weg zurück aus dem Wald. Weit entfernt, am Rande der Wiese, brannten bereits die Lichter. Dann blieben wir stehen, verstummten, gingen in die Stadt zurück. Auf halbem Weg habe ich verstanden, daß ein Teil des Lebens zu Ende war; die Vierzig habe ich hinter mir, und jetzt beginnt etwas anderes.

GEGNER

Ich fürchte mich weder vor Bomben noch Panzern, auch nicht vor den berüchtigten und zähnefletschenden Gegnern. Ich inspiziere noch einmal die Welt und stelle mit Verblüffung fest, daß mich gar nichts mehr besonders stark bindet, also fürchte ich mich auch nicht mehr, vor gar nichts. Nur derjenige fürchtet sich, der etwas zu verlieren hat.

Doch vor mir selbst, das will ich nicht leugnen, habe ich noch etwas Angst. Mit Argwohn beobachte ich mich, diesen eigenartigen Gegner, dessen geheimste Gedanken ich kenne und dessen Schritte und Handlungen ich doch nicht vorhersehen kann.

Ich fürchte mich vor mir selbst, verteidige mich mit allen Mittel gegen mich, ich diszipliniere mich, und wenn nötig, schüchtere ich mich ein, ja strafe mich auch. Doch wer ist der Stärkere? ...

Manchmal habe ich Angst, daß schließlich doch er der Stärkere ist, das andere ich, das bekannte und unverstandene, das keine Visitenkarte besitzt und keinen Körper und das mindestens so sehr *ich* ist wie meine Hände und meine Augen. Ich fürchte, daß er doch der Stärkere ist, weil er mich geringschätzig behandelt, wie ein Fechter, der seinen Gegner vielleicht sogar unterschätzt: ihm vorsichtig und spielerisch Wunden zufügt und eventuell nur deshalb nicht endgültig zusticht, weil ihn dieses ungleiche Duell – vorläufig – amüsiert. Soll ich etwa um Pardon bitten? Dann hat das Ganze keinen Sinn. Soll ich mich davonmachen aus dem Leben? Dann hat er gesiegt. Ich kann gar nichts tun. Es genügt nicht, den Gegner zu überzeugen, ihn zu überwältigen. Ertragen muß man ihn. Das ist das Schwierigere.

DER BRIEF

In meinem Leben fehlt mir genau der Mensch, dem ich einen Brief schreiben möchte.

Diät

Man darf nicht zurückgehen in die alten Räume, gleichgültig ob wir dort glücklich oder unglücklich waren. Man darf die Menschen von früher, die wir vor zehn oder zwanzig Jahren, an irgendeinem Punkt unserer Entwicklung, verlassen haben, nicht wiedersehen. Antworte auf Briefe von alten Freunden höflich, doch vereinbare kein Treffen mit ihnen, und noch viel weniger solltest du alte Freundinnen wiedersehen. Man darf nicht zu Begräbnissen gehen. Du solltest dich nicht auf die Turbulenzen fremder Leben einlassen, die dich schließlich nichts angehen. Man darf nicht zurückschauen.

Alles das soll nicht Untreue oder Gefühllosigkeit den Menschen gegenüber sein. Es ist lediglich eine Diät, nichts sonst. Auch die Seele verträgt verdorbene, abgestandene Nahrung schlecht; gib ihr Vitamine, lebendige, neue Geschmacksimpulse. Liebe die Menschen, aber ihren obskuren Geschichten begegne mit Disziplin und Zurückhaltung. Bedauere sie, doch denke daran, daß du deine Tränen dereinst über das Schicksal der Deinen vergießen sollst. Bleib solidarisch mit der Welt, wisse aber, daß du ihre Gesetze nicht verändern kannst – *die Welt ist hoffnungslos* –, und mische dich nicht in den Trauerchor der Aufgeregten und der Wehklagenden ein. Verordne nicht nur deinem Körper, sondern auch deiner Seele Diät; nicht um länger zu leben;

Leben läßt sich nicht mit zeitlichen Maßstäben messen. Halte Diät, damit du mehr und wahrhaftiger leben kannst. Bewahre dir die Würze des Lebens; und iß nicht zuviel von den gewürzten Speisen.

KLUG

»Eine kluge Frau!« – heißt es, und manchmal nikken auch Frauen dazu und akzeptieren von einer anderen, daß sie klug ist, sehr klug. Und bemerken dann noch süffisant lächelnd: »Tja, weibliche Klugheit.«

Es bedarf schon einiger Zeit und großer Geduld, bis ein Mann diese weibliche Klugheit richtig versteht und schließlich vielleicht auch akzeptiert. Manchmal glaube ich, daß ich sie verstehe. Also: diese Frau ist klug, weil sie ständig an dasselbe, nur an das eine, denkt; und deshalb ist sie nicht »schlecht«, auch nicht »gut«, sie ist einfach Frau. Solange wir an Brücken, an ein Serum, an Gedichte oder an die Unvergänglichkeit denken, denkt die Frau mit uns, nimmt teil an unserer Arbeit und an unserem Leben, mit viel Verständnis und zugleich mit leichtem Seufzen, wie eine, die weiß, daß Brükken, Gedichte, Seren lebensnotwendig sind, daß es aber im Endeffekt darum nicht geht. Aber worum geht es bei alldem, bei Leben und Tod, bei Geburt, Fruchtbarkeit und auch Beruf? Natürlich um die

Sache der Männer und Frauen. Deshalb nimmt die Frau – auch die klügste der Frauen – den Mann, auch den klügsten Mann, ein wenig so wie einen interessanten und genialischen Menschen, der nur leider ein bißchen unvollkommen und blöd ist, weil er alles weiß, nur weiß er nicht genau und mit allen Konsequenzen, worum es geht... Deshalb sagen wir, im Brustton und anerkennend: »Kluge Frau.« Und verstummen dann verwirrt, wie jemand, der irgendeine komplizierte Unschicklichkeit geäußert hat.

FIN DE SIÈCLE

Das Ende des Jahrhunderts lebt noch in den Küssen mancher Frauen, ihren Liebesgewohnheiten, ihrem Kummer, ihrer Sehnsucht, ihrer Freude und Sinnlichkeit: Diese Frauen sind nicht unbedingt um die Jahrhundertwende geboren, aber sie bekamen als Erbteil Körperform und Seelenstruktur des 19. Jahrhunderts mit. Solche Frauen sind rar; sie bewegen sich zurückhaltend unter den modischen Girls, Priesterinnen gleich in der profanen Masse. Sie hüten das Geheimnis, als Erinnerung an eine Gesinnung und an ein Verhalten. Dieses Geheimnis ist die Frau, wie sie Gott im Sinne hatte, als er Eva schuf.

Das Zigeunermädchen

Das Zigeunermädchen, mit aufgeschnürten Gold-
münzen um den Hals und einer roten Rose in ihren
wirren schwarzen Haarlocken, sagte noch dies:

– Meine Eltern waren immer sehr besorgt um
mich und haben mich gewarnt vor Menschen, die
ein Haus besitzen und ständig am selben Ort wohnen. Wir hatten einen schönen grünen Wagen und
ein Pferd. Mein Vater war ein sehr vornehmer Mann
mit Silberknöpfen an der Weste, und wir schliefen
jede Nacht vor einer anderen Stadt. Jeder bei uns
hatte einen erlernten Beruf, ich habe getanzt und
die Herren unterhalten, mein Bruder war Schwert-
und Feuerschlucker, die Cousins haben Lehmziegel
und Zigeunerräder geschlagen. So lebten wir in geordneten, gesetzten, soliden Verhältnissen, im Zelt.
Doch mein Vater, der Woiwode, hat uns oft von
bösen Menschen erzählt, die in Steinhäusern wohnen und brave Zigeunerkinder rauben, sie in allerlei verwerfliche Berufe drängen, sie quälen und die
Unschuldigen gegen ihre Neigungen zum Erlernen
irgendwelcher Kunststücke erziehen, zum Beispiel
Mädchen verheiraten und auch von eingefangenen
älteren Zigeunern den Nachweis der Staatsangehö-
rigkeit fordern. Und daß man in dieser Welt sehr
vorsichtig sein muß, denn sie wimmelt nur so von
streunenden Gendarmen – sagte sie und hat tief geseufzt dazu.

Das Lösungsmittel

Stendhal beschrieb den Kristallisationsprozeß der Liebe mit unheimlicher Genauigkeit. Aber Liebe hat auch noch einen anderen Aspekt, dieser ist nicht physikalisch, sondern eher chemisch, und er wurde nur von wenigen und dazu noch unvollkommen beschrieben. Die Liebe ist eine Art Lösungsmittel: Die schöne Frau, deren Hände, Füße, Augen und ähnlich angenehme, aber letztendlich vergängliche körperliche Eigenschaften wir bewundert haben, verliert in diesem Lösungsstoff der Liebe merkwürdigerweise ihre Liebreize: im dritten Monat der Liebe sehen wir die körperlichen Reize der attraktiven Frau nicht mehr, oder zumindest nicht mehr »so«, also für sich, als Eigenphänomene: wir sehen einfach nur die Frau, die irgendwo lebt und mit der wir im Banne der Liebe leben, aber eigentlich haben wir keine Zeit, speziell auf ihre Hände oder Füße oder die Augen zu achten – der Mensch hat, zum Teufel, noch anderes zu tun. In diesem Lösungsstoff, in der Liebe, verliert der andere Körper seine phänomenalen Eigenheiten. Die Frau wirkt in der Liebe schließlich – ebenso auch der Mann – durch andere Mittel, sie bezaubert, erklärt, teilt sich mit, aber nicht mit dem, was zu Beginn Eindruck, Zauber, Erklärung und Mitteilung war – in der Lösungsflüssigkeit der Liebe werden diese geheimnisvollen Wirkungen neutralisiert, und dann beginnt das Wunder, das zwar auch Hand und Fuß hat, aber eben nur ganz nebenbei. Oder es bleiben nur die Hände und die Füße, die möglicherweise nach wie vor sehr schön, aber dann halt nicht mehr interessant sind.

ROSINENZOPF

In der Auslage des kleinen Stehcafés einer Seitengasse prangt auf dem mit Seidenpapier bedeckten Tablett ein Zopf, Wahrzeichen und Lockmittel dieser Lokalität. Ich komme an der Auslage vorbei, da zwingt mich etwas zum Stehenbleiben.

Wie verlogen ich lebe, wie anders, als ich gern möchte! Ich betrete den Kaffeeausschank nicht, bestelle keine Schale Kaffee mit Schlag und kein großes Stück gezuckerten Rosinenzopf, denn... also das Lokal fügt sich nicht gut in den Rahmen meines Lebens. Ich lebe andernorts und anders. Und dennoch zieht es mich irgendwie hierher; sind es die als Handwerker und kleinbürgerlich lebenden Vorväter, die sich auf die Weise in Erinnerung bringen? Vielleicht einfacher: die Sehnsucht, ganz bescheiden, ohne überflüssige Verpflichtungen zu sein, das zu essen, so und an dem Ort zu leben, wo es vertraut, einfach und heimatlich ist. Danach sehne ich mich. Und das ist es, was für mich nie mehr möglich ist.

Das liebe, dumme Weibsbild. Es sagt: »Man kann auch ohne Chinchillapelz leben.«

Als sie weg ist, fange ich an, mit dem Wort zu spielen: – »ohne« – als ob man mir eine Aufgabe gestellt hätte, die ich lösen sollte. »Ohne« was kann man denn leben?… Ohne China, ohne Glücksgefühle, ohne die Kenntnis von Gerechtigkeit?… Die Möglichkeiten verblüffen mich. Vermutlich läßt sich ohne alles leben, allein in einem Zimmer, ohne Arme und Beine, blind, stumm und taub. Man kann die Welt vollständig aussperren, und auch wir selbst können uns vollständig ausschließen aus der Welt.

Aber wir haben irgendwas in uns, »ohne« das wir doch nicht leben können. Irgendeinen Stoff, der zugleich Körper und Seele, der Voraussetzung jeglichen Lebens ist. Wenn dieser Stoff im Körper oder in der Seele zu schwinden beginnt, sterben wir. Darum geht es. Ja, das liebe, dumme Frauenzimmer hatte recht, man kann auch ohne Chinchillapelz leben.

RAT UND GELÖBNIS

Ja, ja, rechne endlich ab mit allem und mit der Welt: Du wirst mit der Zeit weder besser noch jünger, nicht menschlicher und nicht wahrhaftiger, auch nicht gesünder und friedfertiger, verständnisvoller oder selbstloser. Du bist vierzig gewesen, damit hast du dich abzufinden. Ertrage es, daß du alt wirst, daß dich die Zeit einholt, dein Ruf schäbig und von Motten zerfressen wird; es leben schon Junge, die gähnen, wenn sie deinen Namen aussprechen. Du mußt es ertragen, daß die Frauen dich nicht mehr um deinetwillen lieben, bestenfalls wegen deines Namens, der sie reizt, wegen deines Geldes, das sie in ihrem Beutel versenken, um dann zu Jüngeren zu laufen. Finde dich damit ab, daß du »das« Buch nie schreiben wirst... vielleicht schmerzt dich dies am meisten, doch finde dich damit ab! Was kannst du also tun? Lebe, wie es der Tag erlaubt. Versuche, nicht allzu tugendhaft und nicht allzu zielstrebig zu sein, glaube nicht an Wunder, schau auf das, was die Menschen tun, notiere, wenn du etwas verstehst oder wahrnimmst, was deiner Meinung nach andere vor dir noch nicht wahrgenommen oder verstanden haben, nimm von den Frauen an, was sie dir geben, und bezahle sie, trinke Wein, aber nicht zuviel, iß nach Herzenslust, wie es deinem Geschmack und deiner Gesundheit wohl bekommt, lies viel und bereite dich vor auf den Tod. Denn die Freude ist vorüber. Bleibt die Wirklichkeit, die wunderbar einfach ist. Hast du verstanden? ... Sprich es mir nach: »Ich verstehe und gelobe.«

ARGWOHN

Jede echte Frau hegt ständig den Argwohn, daß der Mann, mit dem sie in innigster menschlicher Beziehung lebt, ihre Verbindung insgeheim eher geringschätzt: Sie weiß, daß er nicht ohne sie leben kann, daß sie ihn auch in seiner Eitelkeit oder Leidenschaft oder Anhänglichkeit tödlich verletzen kann, sie weiß, daß sie den Mann in der Hand hat, dennoch argwöhnt sie, daß dieser eroberte, unterworfene Gegner insgeheim, während er mit seinen Ketten rasselt, gähnt und die ganze Sache doch ein wenig mit kopfnickender, achselzuckender Seelenruhe betrachtet. Dieser Verdacht, der gerade die schönsten, edelsten, also die in der großen Konkurrenz der Liebe wettbewerbsfähigsten Frauen am heftigsten quält, läßt keinen Augenblick nach: Der Mann, selbst der verhexte, betörte Mann, ist stärker. So beäugen sie einander: der Mann entzückt, aber mit dem Gleichmut des Stärkeren; die Frau voller Argwohn.

REGEN

Jetzt regnet es bereits den vierten Tag. Ich schreibe diese Zeilen am frühen Nachmittag bei eingeschaltetem Licht; der Regen schlägt gegen das Fenster, als ob der Himmel weiche Geschosse eines zarten Maschinengewehrs auf die Welt niederprasseln ließe. Alles ist dunkelgrau, wie Kriegsschiffe, alles ist feucht und unruhig.

Es regnet jetzt schon den vierten Tag, und ich sehe keinen Ausweg aus meinem Leben. Vielleicht wäre es klüger, ich würde mich gleich auf die Landstraße legen, nackt, und so darauf warten, daß der Regen, der alles durchtränkt und zersetzt, mich zu einem Lappen aufweicht. Das geht mir durch den Kopf, während ich dem Regen lausche. Ich lausche aufmerksam, denn auch er hat seinen Sinn.

HIMBEERE

Nun weiß ich es, weiß es im Wachen wie im Schlaf, daß mein Körper, dieses großartige Gewebe, aus ebenso mürbem, verderblichem und zerfallendem Stoff gemacht ist wie die Himbeere.

UND EINES TAGES

Und eines Tages wird alles einen anderen Sinn haben. Betrachte den Raum, in dem du gerade lebst, sieh dir die Landschaft an, die dir in allen Varianten der Jahreszeiten durchs Fenster deines Zimmers entgegengestrahlt hat, schau in die Gesichter der Menschen, die du zu kennen, zu lieben oder zu hassen glaubtest, sieh dir die Gegenstände an, mit denen dein Leben umgeben war: Es kommt der Augenblick, da du erfährst, daß alles das nur Zeichensprache war, chinesische Schriftzeichen, deren wahren Sinn du erst jetzt enträtselst, in diesem fürchterlichen und einfachen, in diesem gnadenlosen und gleichgültigen, in diesem leeren und vernünftigen Augenblick. Unglücklicher, du glaubtest, daß du etwas wüßtest. Aber jetzt erkennst du, daß du bisher eigentlich gar nichts gewußt hast. Und diesen Sinn, dieses neue und letzte Wissen, kannst du niemandem mehr mitteilen.

Das Verreisen

– Und dann – sagte sie – wäre es schön, zusammen zu verreisen.

Der Mann schwieg mit säuerlicher Weisheit. Natürlich, dachte er, wäre es schön, zu verreisen, zusammen! Die kleine Bescheidene! Und wie zufällig sie das fallen läßt. Als hätte das Leben überhaupt noch mehr und etwas Besseres zu bieten als ebendieses »zusammen verreisen«, dieses zunächst so alltäglich klingende, aber in Wirklichkeit, in der Praxis des täglichen Lebens so mystische und großartige Geschenk; zugleich die Welt und die Liebe, zugleich Flüchten und Desertieren, zugleich Landschaft und Aufeinander-Angewiesensein, das

Hotelzimmer, das gleichzeitig Paradies und improvisiertes Zuhause ist, das Abenteuer, das am Fahrkartenschalter und mit dem Geruch der Eisenbahn anfängt und dann mit der fremden Stadt und der Vertraulichkeit der Kellner endet, und all das dazwischen, übereilt und in großen Zügen skizziert, beschleunigt und überdimensioniert, sämtliche Erlebnisse des Lebens, das ganze konzentrierte Sichkennenlernen... oh, das bescheidene Kind! Wünscht sich gar nicht mehr, nur verreisen, zusammen!

SPANNUNG

Was im Satz das Prädikat, in der Sprache das Verb, das ist in der Liebe die Spannung des Geldes: Genauer gesagt, das Geld selbst ist Ausdruck der Liebe, nicht nur Mittel, sondern genau die Spannkraft, durch die das laue Gefühl, die zerstreute Neugier zur echten Bindung und Leidenschaft wird. Ohne Geld wird jede Liebesbeziehung fade, welkt und schläft ein. Geld ist nicht nur das Symbol des Besitzens, sondern natürlicher Treibstoff der Liebe – und die Liebenden empfinden das gar nicht im frivolen Sinne so. Ohne Geld gibt es keine richtige Potenz, keine echte Rührung, keine wahre Leidenschaft und Hingabe – es ist notwendig, daß der Mann, oder die Frau, alle Requisiten ihrer weltlichen Existenz, so auch das Geld, und nicht zuletzt dieses, im reinigenden Feuer der Liebe einschmelzen. Das Geld hat vielerlei Erscheinungsformen: Bargeld, das ist das billigste, dann das Geschenk, der Name, Unterhalt, Beteiligung bei weltlichen Geschäften. Die »platonische Liebe« ist eine Lüge, sie ist genauso unsinnig, es gibt sie ebensowenig wie den vegetarischen Tiger. Zweck der Liebe ist es nicht, platonisch zu sein. Die Liebe ist eine wilde und tolle Interessengemeinschaft; warum sollte ausgerechnet das Geld darin fehlen? ... Wer liebt, zahlt. Wer nicht zahlt, liebt nicht gut, liebt falsch, liebt also gar nicht wirklich.

SELBSTBEWUSSTSEIN

Über unseren Körper wissen wir so gut wie nichts. Wir sind falsch erzogen. Ich kann von meinem Zimmer aus San Francisco anrufen, doch was sich in diesen Augenblicken in meiner Leber oder in der Galle abspielt, davon habe ich keine Ahnung. Die Aufgabe der modernen Erziehung wird sein, die Tätigkeit der inneren Organe bewußt zu machen. Genauso, wie ich von den Bewegungen meiner Hände, Augen, meines Mundes weiß, sollte und könnte ich auch über das Funktionieren meines Magens, der Drüsen und der Nieren Bescheid wissen. In der Beziehung zu sich selbst ist der Mensch noch immer

257

nicht stark und mutig genug. Er wagt es bereits, den Sternen in die Augen zu sehen, aber bei der Milz und bei den Gedärmen fehlt es ihm noch an Mut. Ein tieferes Selbstbewußtsein, irgendeine röntgenstrahlartige Verbindung mit uns selbst – das sollte der Weg des Menschen sein. Doch ist dieser Weg komplizierter und unheimlicher als eine Fahrt zum Mond.

Die Rippe

Aber dann, natürlich, ja vor allem, müßte man sie neu erschaffen: Schließlich wurde sie aus meiner Rippe gemacht. Gott hat sie ein wenig nebenher und als Zugabe, also mit leichter Hand und etwas zerstreut erschaffen, als er merkte, daß das Original allein zu einsam und unvollständig war, und er sagte sich: »Natürlich, er muß auch noch eine Frau haben.« So schuf er sie und gab sie ihm bei, soll er doch glücklich sein mit ihr, wenn er nicht anders kann. Und darauf lebten sie zusammen, das Modell und die Rippe, das Geschöpf und die Draufgabe, der Mann und das Nebenprodukt – sie lebten zusammen, und dann wurden seltsamerweise die Rollen vertauscht, offensichtlich deshalb, weil der Mann anderes zu tun und keine Zeit hatte, darauf zu achten, und darum hat sich das Zubehör und die Draufgabe so in die Brust geworfen, ist ein bißchen übermütig geworden. Man kann das alles verstehen und muß sich damit, wenn möglich, abfinden. Aber wichtiger ist, daß sie neu erschaffen wird, wenn es in unserer Zerstreutheit schon einmal so weit gekommen ist, Männer: Denn sie wurde doch aus einem Teilstück gefertigt, das der liebe Gott einfach so hingeklatscht hat, wie der Metzger die Zuwaage, den Knochen zum Fleisch, und nun muß dieser Knochen aufgezogen und ihm allerlei beigebracht werden, denn die Ärmste hält sich für ebenbürtig und redet in alles hinein. Ja, man sollte sie neu erschaffen: Also, Kleines, fangen wir an.

Langsam

Gelegentlich meldet sich dieser alarmierte Wunsch, die Besinnung, die mahnende Stimme: »Langsam! Lebe langsam!«

Als ob man das Leben wie den Docht und die Flamme einer Lampe hoch- und herunterschrauben, dieses Feuer auf kleine Flamme zurücknehmen könnte! Ja, man müßte langsam leben. Nicht nur, weil »langsam« meist – nicht immer – auch »länger« heißt. Man sollte langsam leben, denn »langsam« bedeutet auch bewußt, heißt auch direkter und menschlicher zu leben. Der Mensch reift in neun Monaten für sein weltliches Dasein heran. Nach den menschlichen Gesetzen hieße das, man müßte auch neunzig Jahre reifen für den Tod, um etwas vom Leben zu verstehen.

MISSGLÜCKTES LEBEN

Drei Tage in Kaschau. Ich bin in der früheren Wohnung, unter fremd-bekannten Menschen, in dieser abgekühlten Lava, die Erinnerungen wie einst die Bürger von Pompeji in kalter Asche erstarren läßt. Ich besichtige Wohnungen, besuche Gräber und starre in viele Gesichter von Menschen. Bin den ganzen Tag auf der Suche nach etwas, will mich erinnern. Ich muß mir Kaschau zurückerobern von den Fremden, auf meine Weise – doch auch die Bekannten sind mir fremd. Es ist Pfingsten, die Winde brausen. Den ganzen Tag laufe ich herum wie einer, dem etwas nicht einfallen will, schleiche um den »Tatort«, sehe die Wirklichkeit nicht anders als die Erinnerungen auch, aus der Perspektive von vor zwanzig, dreißig und vierzig Jahren.

Am Abend schreibe ich in mein Notizbüchlein: »Das Leben ist mißglückt.« Ich schreibe es, ohne zu überlegen, reflexartig, dem Kommando eines alles beherrschenden Grundgefühls gehorchend. Von hier bin ich fort, aus diesen Gassen, bin vierzig Jahre alt und muß den ganzen Tag an den verstorbenen Vater und mein totes Söhnchen denken, und jetzt, da ich an den »Tatort« zurückgekehrt bin, weiß ich es: Das Leben ist mir mißglückt. So sicher weiß ich es wie jemand, dem man das Urteil verkündet hat. Nein, es gibt keinen Einspruch mehr: Man muß es ertragen.

DAS SCHLOSS

In der Abenddämmerung kam ich zum Schloß, als Wanderer und Fremder. Das Bauwerk war bereits dem Verfall preisgegeben, seine Bewohner, die hochmütigen Herren, sind in alle Himmelsrichtungen zerstreut, saßen jetzt in möblierten Zimmern irgendwo in Großstädten, lösten, beleidigt ihre langen Nägel betrachtend, beim Schein der Lampe Kreuzworträtsel. Doch das Schloß blieb hier, nur eben fahler und brüchiger von Tag zu Tag, wie Schwerkranke. Heute stürzte eine Säule, morgen wird ein Fenstersims abgefallen sein. Die Steinlöwen sind vom grünen Moos überzogen. Auch der Springbrunnen ist versiegt, die Goldfische sind verendet. Hinter den zerbrochenen Fenstern in den leeren, eingesponnenen Hallen schlug nur der zugige Wind des närrischen Schmerzes die Türen. Denn auch Schlösser sterben, wie alles in der Welt. Sie sterben wie du und ich. Komm, setzen wir uns auf die Schwelle des Schlosses.

Nichts wird so verstimmt ertragen wie ein Mann, der sich auf das schöne Ady-Gedicht* beruft und erklärt:

»Ich flieh', weil ich sonst dich verlieren müßte.«

und:

»Weil ich nicht will, daß ich jemals verlerne
Die Liebe zu dir, bestell' ich zur ewigen
Hüterin ihr die verschönernde Ferne.«

In solchen Situationen fangen sie an zu schluchzen, stoßen Verwünschungen aus, fluchen und toben. Sie wissen warum. Und sie haben übrigens auch ganz recht.

Sie wissen, daß selbst die komplizierteste Nähe und Wirklichkeit mehr wert ist als die »verschönernde Ferne« – und der Mann, der immer ein wenig unterwegs ist, weiß Gott, wo und wohin: auf dem Weg zu anderen Frauen oder Beschäftigungen, anderen Gesellschafts- oder Längenkreisen, Aufgaben oder bedauerlichen Irrlehren, wie dem Brükkenbau, der Atomzertrümmerung, der Relativität oder dem Romanschreiben, und zwischen dergleichen Aufgaben und Berufungen, auf die er sich im allgemeinen auszureden pflegt, wenn er der Frau anbietet, daß er flieht, weil er sie sonst »verlieren müßte«, der Mann soll sie lieber nicht auf diese

Weise behalten wollen und nicht die »verschönernde
Ferne« zur Hüterin ihrer Liebe machen, soll machen, was er will, aber fortgehen soll er nicht. Es
gibt nichts, was kränkender, gefährlicher und hoff-
nungsloser wäre als diese »verschönernde Ferne«,
und es gibt keine Frau, die sich nicht eher und lieber mit der häßlicher, garstiger machenden Nähe
und Gegenwart abfinden würde, mit irgendwelchen
lausigen Brosamen der Wirklichkeit und greifbaren
Gegenwart als mit den verdächtigen Plänen der Ent-
fernung, dieser »verschönernden Ferne«. Deshalb
beginnt das große Heulen, sobald sie diese schönen
Gedichtzeilen hören. Sie wissen, warum ... Gut, ich
weiß es auch.

IN DER ZWISCHENZEIT

Sollte ich blitzschnell auf die Frage antworten, was
ich denn in der ganzen Zwischenzeit, während der
das Leben verging, in vierzig Jahren, also schon
bis weit jenseits des »halben Lebenswegs des Menschen«, gelernt habe, durch welche Erfahrungen ich
reicher, durch welche Wahrheiten belasteter und
durch welche Weisheiten wissender geworden bin,
würde ich hastig und atemlos erwidern, und zwar
vollmundig erwidern: »Trinke nicht zuviel Flüssig-
keit, sie schadet dem Herzen, salze deine Speisen
weniger, doch Paprika und ein wenig Pfeffer kannst

du genießen, iß ein-, zweimal die Woche ausgiebig und alles, worauf du Lust hast, aber iß sonst nur einmal am Tag Fleisch, möglichst mittags, und begnüge dich mit einem Gericht: Viel Gemüse, Äpfel und anderes, nichtblähendes Obst wird dir guttun, trinke viel Zitronenwasser und begnüge dich mit zwanzig Zigaretten am Tag, liebe jemanden, mit Körper und Seele, ohne Angst und schlechtes Gewissen, ja sogar ohne Programm, so, wie der Mensch auch atmet, beim ersten verdächtigen Anzeichen geh zum Arzt, und zwar nicht zu einem, den du aus dem Adreßbuch, sondern aufgrund deines geheimnisvollen Instinkts gewählt hast, den du dann ausprobiert und wirklich als Arzt empfunden hast, sei schweigsam, denn die Menschen sind niederträchtig, arbeite regelmäßig und verreise, sooft du nur kannst, weg von deinem Arbeitsplatz, denn kleine Ausreißer bringen dich auf andere Gedanken, wie der Franzose zu sagen pflegt, bemühe dich, gesund und frei von Lüge zu sein … Das alles und noch Millionen weitere Erfahrungen habe ich in vierzig Jahren, in der Zwischenzeit, gemacht.«

Und eine andere Stimme sagt, genauso hastig und atemlos, auch noch dies: »Trinke regelmäßig nach Lust und Laune Alkohol, denn du brauchst das Vergessen und die Verklärung des Rausches, iß eine Schlachtschüssel oder einen Esterházy-Rostbraten, wenn du Gusto darauf hast, denn wenigstens teilweise erfüllte Wünsche sind wichtiger als

eine langweilige, sterile Gesundheit, laufe hinter
jeder Schürze her, weil du ohnehin nicht anders
kannst, pfeife auf die Ärzte, denn die können dir
eh nicht helfen, wenn dich einmal ernsthaft etwas
erwischt, rauche soviel, wie dir gut bekommt, denn
es ist egal, ob du zehn Jahre länger lebst, Reisen
ist ekelhaft und schmutzig, eine unbequeme Angelegenheit; fühl dich lieber zu Hause wohl, tratsche,
plaudere mit Menschen, egal wie lebensgefährlich
das ist, denn allein leben kann man nicht; verstehst
du jetzt? ... Das ist es, was ich gelernt habe, während ich lebte und in der Zwischenzeit.«

NEBENBEI

Ganz nebenbei, hinter vorgehaltener Hand, so wie
bei Shakespeare die Helden nebensächliche Wahrheiten flüstern, die aber dennoch so wichtig sind,
daß man sie nicht verschweigen kann, wichtiger sind
als die Handlung und der laute Text, mußt du auch
das eingestehen: »Auch jetzt noch, mit über vierzig, hängt alles von mir ab: auch, wie lange ich noch
leben soll und wie. Noch immer entscheide ich, ob
ich weitere vierzig Jahre leben werde oder morgen
vom Kaffeehausstuhl falle, noch immer entscheide
ich über die Lebensumstände, Arbeit, Glück, über
jede Änderung im Leben, ich kann noch Kinder
und Enkel erleben und auch, daß ich einmal bei

entsprechenden Lebensbedingungen im hochran-
gigen oder unnützen Sinn des Wortes etwas Wahres
und Nützliches schreibe, noch immer entscheide
ich über Krankheit und Gesundheit. All das halte
ich in meinen beiden Händen. Es stimmt nicht, daß
die Zeit abgelaufen ist. Nur gehört jetzt alle Verantwortung für die Zeit, für das Leben und die
Verantwortung für die Arbeit mir, ich kann mich
nicht länger mit der Unerfahrenheit entschuldigen,
ich bin ein Eingeweihter, Augur, bezüglich der Geheimnisse ein Wissender und ein Kenner der Realität. Also drück dich nicht länger. Leb oder stirb,
wie du willst. Du entscheidest.« Das muß ich noch
flüstern, ganz nebenbei.

Das Meisterwerk

Aber man sollte ihnen schon Achtung zollen; wenn
auch nicht immer ihrem Schaffen, dem Werk, dem
Resultat, so doch der hehren Absicht, mit der sie
an den schöpferischen Akt herangehen. Wenn ein
mittelmäßiger Künstler, Maler oder Schriftsteller,
die Verwirklichung jeder seiner geistigen Lebens-
aufgaben mit so viel künstlerischer Sorgfalt vornehmen würde wie die Frauen, die sich tagtäglich,
zeitweise auch mehrmals am Tag, zurechtmachen
mit Reispuder, Haaren, Nagellack, mit Klamotten
und Schmuck, und wenn sie so auf Nuancen, auf die

Subtilität des Ausdrucks achten würden wie eine Kaufhauskassiererin auf den Strich ihrer Augenbrauen, die Spuren von Pickeln im Gesicht oder die Haut ihrer Hände: so könnte jeder Maler ein Murillo, jeder Schriftsteller ein Proust sein. Frauen sind große Künstler; leider ist ihr Werk vergänglich.

VOLLENDUNG

Auch stimmt es nicht, daß es in der Jugend besser war: Unruhiger war es, immer hatte ich Angst, etwas zu versäumen. Jetzt bin ich mir schon dessen bewußt, daß ich jeden Tag, in jedem Augenblick eine Menge versäume; doch diese Erkenntnis schmerzt mich nicht mehr. Die Jugend war voll von einer Art Traurigkeit, sie war mein Element, wie für den Tiefseefisch der Atmosphärendruck und die Dunkelheit; ich hatte fast Angst, höher hinauf in andere atmosphärische Verhältnisse und an die Oberfläche zu gelangen. Jetzt fürchte ich mich vor nichts mehr, außer vor langer Krankheit und vor ungerechter Erniedrigung, vor der Schmach. Der Tod, die Armut, die maßlose menschliche Unvernunft, alles irdisch Schlechte erzeugt kein Angstgefühl mehr. Nein, die Jugend war nicht besser. Jetzt hat alles seinen richtigen Geschmack: Das Süße ist süß, das Herbe ist herb, Duftendes duftet, und was stinkt, das stinkt.

Vielleicht ist das die Zeit der Vollendung, das Alter zwischen vierzig und fünfzig. Ich verneige mich tief vor deiner geräuschlosen Erhabenheit, Zeit, feiere dich innig und einsilbig.

Auf den Tod eines Kindes

Was ist von ihm geblieben? Sein Name,
Auf dieser Bürste der Duft seines Haars, mehr
   nicht,
Der Teddybär, sein kümmerlicher Totenschein,
Ein blutverschmiertes Tuch und dies Gedicht.
Die Welt besteht aus Geist und Herrscherwahn,
Nein, ich begreif' es nicht, warum hat man mir
   das getan.
Hadern werd' ich nicht. Schweigen nur und
   weiterleben,
Ein Engel ist er jetzt, sollt' es denn Engel geben –
Doch da, hienieden, ist alles schal und leer.
Verzeihen kann ich nicht. Niemand und niemals
   mehr.

Schnee

Mitte März fiel noch einmal Schnee. Herber Zauber erfüllte die Welt. Im Wald brauste ein nasser Wind, und hurtig waren die Spuren der Tiere am

Boden, als würden alle und alles fliehen, was lebt. Fröstelnd stand ich im kalten Zimmer am Fenster, sah zu den fernen Bergen, auf die Gipfel mit dem blauen Schnee, und dachte daran, daß ich nicht mehr glücklich sein will. Ich rauchte. Meine Schläfen sind grau geworden. Ich war nicht mehr traurig; schämte mich. Aber nicht zu sehr.

Zeit müsste man haben

Ja, natürlich, Zeit müßte man haben – und zwar brauchte man sie jetzt, jenseits der Vierzig. Jetzt endlich, noch einmal soviel oder nicht viel weniger – zwanzig, dreißig Jahre, ein kurzes Stück Zeit, und dennoch eine Ewigkeit, genug, um alles darin einzuweichen, was das Leben verschmutzt hat, um den Stoff des Lebens reinzuwaschen, Zeit, die immer mehr ausufert in die Überflutungsgebiete des Lebens, alles aufweicht, lockert, mürbe und fruchtbar macht, was trocken, verunkrautet und unfruchtbar war, Zeit, in der aus der Leidenschaft Vernunft wird und die Vernunft sich mit selbstbewußteren, gütigeren und sanfteren Leidenschaften paart: Natürlich, jetzt müßte man Zeit haben, jenseits der Vierzig. Jetzt könnte man etwas anfangen damit, nun, da du schon mutmaßt, daß die Form Inhalt und der Inhalt auch Form ist, daß eins das andere schafft und auflädt! Jetzt, wo dir die Frauen schon den Urstoff des Lebens schenken und nicht nur die Erregung und die Zweifel, jetzt, wo du verstehst, daß Künstlersein heißt, etwas zu vollenden, am Ende eines Prozesses dazustehen und etwas auszusprechen – und dieser Prozeß war viel Zeit und viel Leben. Jetzt müßtest du Zeit haben, noch einmal soviel, nun, da du es ihnen endlich sagen könntest, nicht dröhnend und an die Brust klopfend, sondern mit kopfnickender Schläue und mit ihrer eigenen Stimme, denn die Bestien haben ein scharfes Gehör, dennoch aber so, daß zugleich die Erklärung und die zwingende Kraft in deiner Stimme lägen. Zeit müßte man haben.

Der Römer

Ich lebe wie die alten Römer zur Zeit der schnell wechselnden Kaiser. Stehe spät auf, frühstücke gemächlich, lese einige Seiten aus weisen Schriften, auf dem Bett liegend lausche ich dem Frühlingstreiben der hinter den Fensterläden zwitschernden Vögel. Dann begebe ich mich ins öffentliche Bad. Hier sitze ich, ein nettes Buch in der Hand, lange auf einer steinernen Bank, betrachte die herumtollenden jungen Körper, erfreue mich an den Stimmen und Formen des Lebens. Ich esse etwas Leichtes, schreibe dann ein paar Zeilen in mein Tagebuch oder ordne meine Schriften. Am Abend sitze ich mit Freunden in einem Garten, trinke leichten, säuerlichen Wein, und wir tauschen uns über öffentliche Fragen aus. Um Mitternacht, wenn ich mich zur Ruhe begebe, steht der Mond bereits hoch, und der Wind zwischen den Bäumen hat sich gelegt und ist still wie die Seelen der Toten auf den Friedhöfen.

Ich freue mich über Blumen, über junge Körper, kluge Bücher und über die sanften Worte meiner Freunde. Auch über Regen und Sonnenschein freue ich mich. Ich warte auf das Todesurteil; warte lächelnd darauf. Es schmerzt mich nicht mehr, aus diesem Leben fortzugehen, denn ich habe noch nach den Maßgaben der Vernunft gelebt. Friede sei mit euch.

ARM UND FIEBRIG

Auch Geld gehört dazu, natürlich. Doch auch wenn wir das Geld erworben und hingegeben haben, lieben kann man dann doch und wieder nur fiebrig und arm.

Arm, also wie jemand, der bereit ist, allem zu entsagen, und fiebernd, wie einer, der weiß, daß er in der Feuersbrunst mit Klugheit und Vorsicht nichts retten, nichts aus den Flammen bergen kann, keine Daunendecke und auch nicht ein paar Aktien und Wertpapiere … Man muß in den Flammen aufgehen, abgebrannt und arm geworden sein, sonst bekommt man nichts. So läuft dieses Spiel, das sind die Voraussetzungen, so sind die Spielregeln. Gib acht, du wirst brennen und frieren müssen; zieh dich warm und mit Bedacht an, als würdest du zugleich an den Pol und ins Feuer gehen. Nimm alles mit ins große Abenteuer, vorausschauend und sorgfältig; vergiß nichts, damit du dann arm und fiebrig sein kannst.

DER LÖWE

Und trotzdem, Vorsicht, Vorsicht! Du sprichst wie der Jäger, dem die Hand nicht mehr zittert, wenn er den Löwen anvisiert und ihn aufs Korn nimmt.

Du sollst dich vor dem Löwen nicht fürchten, aber wissen, daß es ihn gibt. Nachts hörst du sein Brüllen noch im Gebüsch. Wo du gehst, in der Wüste, mahnen dich Knochen- und Kadaverreste an seine Gegenwart. Irgendwo ist der Löwe, in der Wüste, im Gebüsch, im Dschungel deines Lebens, stets auf dem Sprung – irgendwo ist er, wird er auch für immer sein, denn er ist der Gegner, Räuber und Beute zugleich, der dich überwältigen kann. Die Gefahren sind nicht gebannt; der Löwe ist immer hungrig. Spähe mit den Augen eines Luchses, wittere wie Leoparden und lausche mit den Ohren der Antilopen, behalte mit der Furcht des Menschen und mit der Vernunft des Schriftstellers die Gefahr im Auge, die du ja auch ständig suchst, umsonst glaubst du, daß du ihr entkommen bist.

DIE SCHANDE

Es gibt kein so linkes Abenteuer, keinen so plumpen Irrtum, keine so hemmungslose Scheußlichkeit oder verzückte und barbarische Orgie, für die ich mich schämen würde: Gott ist bei all unseren Unternehmungen dabei, wacht nicht nur in der Kirche, sondern auch im Bordell über uns.

Ich schäme mich nur für das, was ich gern getan hätte, wozu ich aber zu feige war: feige, nicht mit dem Verstand, was ja richtig ist, sondern mit dem Herzen. Das ist »die« Schande; in solchen Fällen hat Gott sich abgewandt und mich, den Feigen und Lauen, einfach ausgespuckt.

DER KLEINKRAM

Jetzt ist es ohnehin schon egal, also packte ich ihren Kram in eine braune Pappschachtel. Nach einer Liebschaft bleibt nicht viel zurück: nicht viel mehr als nach einem toten Kind. Ich habe ihr den Kamm mit dem Silbergriff eingepackt, die Pantöffelchen und den bordeauxroten Samtschlafrock, die Schildpattschachtel, in der sie das Nähzeug verwahrte, ihren Puder- und Parfumkram. Einen roten Filz-krampus fand ich noch und einen Band Verlaine. Auch das packte ich noch dazu.

Als ich alles zusammenhatte, mußte ich mich hinsetzen, weil ich so müde war wie nie zuvor in meinem Leben. Wie hoffnungslos alles ist, das Leben, die Bindungen, und wie schnell alles vorbei-geht! Eine kleine Weile noch, und man wird auch nach mir so zusammenpacken. Das alles, dieser Kleinkram, ist Wirklichkeit und weist zugleich auch über das Menschliche hinaus: Er hält das Unver-ständliche fest, auf primitive Art bewahrt er etwas aus dem geheimsten irdischen Stoff, aus der Verbin-dung zweier Menschen, vom menschlichen Gefühl. Und das alles hatte in der braunen Pappschachtel Platz. Die Schachtel war leicht, ich habe sie ange-hoben: um nichts schwerer als ein Kindersarg.

Du

Dein Haar, deine Hände, deine Beine, dein Rock,
Deine Augen, dein Traum, deine Zähne, dein
    Mund,
Deine Nägel, deine Bluse, dein getüpfeltes Kleid,
Deine Lider, deine Zunge, dein verlegenes Lachen,
Dein Duft, deine Schuhe, deine Brüste, dein
    Kuß,

Dein Lächeln, dein Schmerz, deine Einsamkeit,
Mein Leben, dein leben und mein Tod auch dein
   Tod.

URTEIL

Was man gesellschaftliches Leben nennt, brauche
ich nicht mehr: Herrenzimmer, wo Menschen
fruchtlose Konversation machen, aber nicht die
aufrichtigen Worte aussprechen, von deren kenn-
zeichnender Kraft die Begriffe zu leben, zu glühen
beginnen, Abendessen und anschließende Gesel-
ligkeiten, diese peinlichen und lächerlichen An-
lässe, bei denen die Teilnehmer sich gegenseitig
das Schlußwort wegschnappen und mit verdrehten
Augen ihre Sprüche klopfen, um Sachkenntnis und
Überlegenheit zu demonstrieren; ich brauche keine
Verwandtschaft, diese fürchterliche und feindse-
lige Verbandelung, die mich beherrschen will, ich
lege keinen Wert auf Freunde, denn das Urteil, das
sie über mich gefällt haben, verbietet mir, daß ich
noch andere menschliche Verbindungen pflege als
beobachtende und beschreibende. Die Welt verlassen, wie weh es auch tut; allein leben, mit unpersön-
lichen Verbindungen, in immer tieferer Einsamkeit,
in einer immer dichteren und wirklicheren Verbor-
genheit, beinahe unsichtbar. So lautet das Urteil.

DER KÜNSTLER

Im Zimmer, früh um vier, im Rauch und in den dichten Schwaden menschlicher Respiration, im dampfenden Dunst von Speisen und Getränken, begannen die Menschen selbstvergessen, berauscht und unruhig zu reden. Der eine erzählte, warum es ihm nicht gelungen ist, der andere, wie er es gern gehabt hätte, der dritte sprach von seinen Sehnsüchten, der vierte über seine fünfzehnte Enttäuschung – sie redeten verlegen und aufgeregt, einander ins Wort fallend, in betäubter Rastlosigkeit, als ob endlich der Augenblick gekommen wäre, da es ausgesprochen werden muß und berichtet werden kann.

So redeten sie, die Menschen, früh um vier. Aber in der Ecke, neben dem Fenster, saß einer, der schwieg. Er saß zurückgezogen, ein Glas vor sich, die Zigarette zwischen den Fingern, und starrte abwesend in den Rauch, fremd und orientierungslos. Dieser Mensch, der stumm blieb, als jeder glaubte, dies wäre der Augenblick, und daß es jetzt endlich gesagt werden müßte und gesagt werden kann: der war in dieser Gesellschaft der Künstler.

TELL

Tell tötet nicht aus Rache; denn keiner hat das Recht, aus Rache zu töten.

Tell tötet auf Befehl; auf einen höheren Befehl hin, dem er leidenschaftslos, fast widerwillig Folge leistet. Er möchte gern »in Frieden leben«; aber wenn es nicht möglich ist! Das Tragische für Tell ist ja gerade, daß er kein Held sein will; dies verleiht ihm Größe! Er will nichts anderes als Frieden. Und um des Friedens willen ist er bereit, sich zu erniedrigen. Friedlich erträgt er selbst Willkür – bis zu einem für den Menschen erträglichen Maß. Gern gibt er dem Hut die Ehre, und er schießt den Apfel vom Kopf seines Söhnchens – nicht mehr ganz so gern, schließlich könnte er die Armbrust auch auf den Landvogt anlegen! Nein, Tell will keine Tragödie, er möchte kein Held, möchte Kleinbürger sein, will fischen und jagen, den Kindern ein Häschen aus dem Wald mitbringen, sich am heimischen Herd die Sorgen seines Eheweibs anhören, daß man Holz benötigt, daß das Kleinste Grind am Kopf hat. Dies alles will Tell und erträgt auch die Tyrannei. Aber dann, eines Tages, ist ihm klar, daß er einen Befehl bekommen hat – von den Menschen, von der Zeit –, und dann wird er, seufzend und aufgewühlt zwar, zum Helden. Dies ist wahres Heldentum. Der Kleinbürger, der gegen seine Neigung und Absicht eines Tages erfährt, daß er ein Held ist und dann die Armbrust erhebt ... das ist der andere Held, seine Tat wird nicht von schmetternden Fanfaren begleitet.

DER MAGIER

Tagsüber, im bürgerlichen Leben, ist der Magier ein zuverlässiger und gewissenhafter Anwalt; nur an gewissen Abenden wird er zum Magier – Taschenspieler und Zauberer – in dem Geselligkeitsklub, wo seine Kollegen, die Magier, zusammenkommen und ihre neuesten Kunststücke und Tricks vorführen, mit dem Taschentuch, dem Cœur-As, dem Ei und dem Kaninchen.

Der Magier ist ein geschäftiger, neugieriger und humorvoller Mensch. Mit den Gegenständen lebt er im Dauerstreit, sucht, wittert und tastet nach ihrem Geheimnis. Die Welt steckt – wie man sieht – voller Kunststücke und Tricks; im Zylinder hockt ein Kaninchen, man muß es nur herausholen, das Cœur-As steckt hinterm Ohr des Oberkellners, man braucht es nur hervorzuziehen, blitzartig und im richtigen Augenblick. Sicher, die verpaßten Möglichkeiten tun ihm leid, und er bedauert, daß er nicht irgendeine gute Nummer mit den Wolken, mit dem Mond oder mit den Sternen beherrscht. Vom Teufel und der versenkbaren Hölle gar nicht zu reden.

Ich beobachte seine Scherze und verfolge, während er die Stehlampe in der Streichholzschachtel verschwinden läßt, voller Neid seine Kunst. Auch ich habe daran geglaubt, daß sich ein Kaninchen im Zylinder befindet. Ich glaube es noch immer, trotz aller Enttäuschungen. Nur ist es viel schwieriger, dieses so andersartige Kaninchen aus dem Hut zu zaubern; Fingerfertigkeit allein genügt nicht; auch das Wunder und der Glaube gehören dazu. Was kann ich tun? ... Den Magier beobachten und fleißig üben.

LOTTE VON WEIMAR

Ja, die Frauen kehren zurück. Das ist ein schrecklicher Gespensterspuk: Jede zurückkehrende Frau ist ein lebender Vorwurf. Sie verzeihen es nicht, daß wir sie überlebt haben.

Sie verzeihen es nicht, daß auch noch andere Kraft, Inspiration, Gründe zum Leben und zum Schaffen gespendet haben. Sie können es nicht verzeihen, daß es nicht um sie ging; wo sie ja sicher wissen, daß es doch um sie ging; und damit haben sie auch recht. Aber sie können nicht verzeihen, daß es nicht um eine ging, sondern um alle.

Das können auch wir, Werther und Männer, uns nicht verzeihen; doch wir ertragen es. Deshalb empfange sämtliche Lotten in Weimar: höflich, feinfühlend und ohne Schuldgefühle. Denn auch du warst einer Sache treu, als du sie überlebt hast.

NIAGARA

Wenn eine Frau sagt: »Komm, laß alles zurück, ich
bin das Abenteuer, das Leben, der Untergang und
die Vollkommenheit, springen wir gemeinsam in
den Niagara!«, muß man sehr auf der Hut sein.
Denn Frauen springen vorsichtig. Und bevor sie
sich in den Wasserfall stürzen, üben sie den Sprung
lange, härten sich mit Schwimmtraining ab, und vor
dem Springen knüpfen sie sich eine lange Schnur
um die Hüften, auch fragen sie im letzten Augenblick vor dem Sprung sanftmütig und ganz nebenbei nach der Versicherungspolice.

DIE ZWERGIN

Zuerst schritt mir auf der Straße in der Innenstadt bei dichtem Schneefall Mór Jókai* entgegen,
in schwarzem Mantel mit einem Pelzkragen von
etwas struppiger weißer Behaarung, Rauhreif in
Bart und Haar und mit den blauen Augen, mit
etwa siebzig, fünfundsiebzig, als Róza Laborfalvy*
schon tot war und er Bella Grosz* noch nicht ge-
eehelicht hatte... Die ganze Erscheinung war mir
gespenstisch vertraut, als hätte die Natur sich
zum Spaß den ganzen Jókai noch einmal vorge-
führt. Der Alte schlenderte vergnügt im Schneegestöber, ein wenig schwankend, als ob ihn die

gute Laune und die Scherze des Lebens leicht berauschten.

Dicht auf den Fersen folgt ihm eine Zwergin: keine Kleinwüchsige, sondern eine verbürgte Zwergin, im Melderegister mit dem Eintrag »Liliputanerin« und mit einem Zirkusengagement. Ihr Stockmaß betrug höchstens einen Meter, das kleine, ältliche Gesicht war mit roter Schminke getarnt, sie trug sich modisch und trippelte in winzigen Stiefelchen und in einen Minipelz gehüllt hinterher. Jókai und die Zwergin verschwanden nacheinander im Schneetreiben um die Straßenecke.

Grübelnd schaute ich ihnen nach und fand, daß das Leben unergründlich ist. Was mag wohl im Innern einer Zwergin vor sich gehen und was in der Seele eines Menschen, der Mór Jókai gleicht? Und ich fragte mich auch, wie es in meiner Seele wohl aussehen mag, der ich hier lebe, zwischen Zwergen, Schneetreiben und Jókai-Imitatoren? Ich bin ein Schriftsteller und möchte glücklich sein, kann es aber nicht, weil ich schreiben muß. Ich stand im Schneegestöber, sann der Zwergin hinterher und empfand tiefe Demut.

SCHEINTOD

Der Winterschlaf von Säugetieren – so habe ich es gelernt – ist ein Scheintod. Die Temperatur ihres

Körpers sinkt von fünfunddreißig bis siebenunddreißig Grad Celsius auf sieben bis acht Grad Celsius ab. Ihr Pulsschlag verlangsamt sich auf ein Achtel des Wachzustandes. Sie leben nur noch gerade so. Wenn man die Tiere mutwillig aus dem Scheintod reißt, finden sie sich nur schwer zurecht. Häufiges gewaltsames Wecken hält auch das stärkste Tier, hält selbst der Löwe nicht aus, er verendet. Zum Leben bedarf es des allmählichen Übergangs, der geheimen Stille, des Zusammenwirkens mit der Natur.

Auch das menschliche Leben hat solche Perioden des Scheintods. Der Mensch döst in seiner Höhle, betäubt, erinnert sich nur in seinem verworrenen Traum an das Leben. Und wenn er künstlich, durch Einwirkung von außen, geweckt wird, kann er dem Ruf des Lebens und der Welt nur schwer folgen. Es ist nicht gut zu erwachen. Der Scheintote soll schlafen. Also, bitte, laß mich in Frieden!

DER NAME

Ich will dir in diesem flüchtigen Leben, in der närrischen Zeit nur noch nachrufen, daß dein Name – noch immer und ewig – mein Leben durchbraust wie der Frühlingswind den finsteren Wald.

Das Herz

Wie das Wasser der Tiefsee sich mit dichten Salzen und Algen anreichert, so füllt sich unser Herz mit Erinnerungsstoff von Gefühlen, die sich dann allmählich schlammig vermengen und zu irgendeinem bitteren, trüben Gefühlskonglomerat verklumpen: Was gestern oder vor zwanzig Jahren strahlende Freude, reines, lautes Verlangen, singendes, jauchzendes Glücksgefühl war, wird langsam zu neutraler Substanz in der Kammer unseres Herzens, die unendlich wie der Meeresgrund ist und gar nichts anderes will, als alles aufnehmen, zu Algen beizen und stampfen, was die strahlende oberirdische Welt, die vorüberrauschenden Schiffe, die Wolken und der Zufall hineingeschleudert haben.

Verbannung

Zwei Tage im Hotel des alten Ofener Kurbades.[*] Ich fühle mich ganz genauso wie der serbische König Milan in der Verbannung.

Das Zimmer sieht aus wie die schönste Suite im Hotel einer russischen Gouvernement-Residenz zu Friedenszeiten. Es hat einen Spucknapf und einen mechanischen Stiefelknecht. Die Einrichtung ist an die sechzig, siebzig Jahre alt; es sind diese Art »Kunstmöbel«, wie sie die sich industrialisierende,

»amerikanisierende« Stadt Budapest im Jahrzehnt des Ausgleichs als das »Allermodernste« angekauft hat. Bett und Schrank haben diese gewisse westlerische Anmutung. Als ob ein Schweinehirt im Hortobágy* mit dem Bowler seiner Sauherde hinterherschlendern würde.

Alles, Einrichtung und Personal – den Kurcharakter des Hotels kennzeichnet am besten die Tatsache, daß das Personal durchwegs aus Krüppeln besteht, aus Halbblinden, Buckligen, Hinkenden oder Tauben –, ist eine einzige Fremdenverkehrsattraktion. Man könnte das Ganze getrost als naturhistorisches Museum vorführen. Und zu alldem herrscht hier eine traurig-neurotische, russische Nitschewo-Gleichgültigkeit.*

Hier lebe ich also in der Verbannung. Hin und wieder fange ich Fliegen oder stelle mich ans Fenster und denke an Zarin Katharina, warte auf eine Nachricht, auf einen Brief, harre eines Wunders. Aber es kommt nur der taube Zimmerkellner und setzt mir wie ein Kerkermeister einen Teller Suppe vor. Ich nehme Platz, tauche den Löffel in den dünnen Sud und denke mir: »Es gibt keine Gnade.«

EINSPRUCH

Es ist nicht wahr, daß es keine Gnade gibt. Es ist nicht wahr, daß es keine Wunder gibt. Es ist nicht wahr, daß es keine Berufung gegen das Urteil des Lebens gibt. Vielmehr existiert ein höherer Richterstuhl, wo man – in einem eigenartigen Durcheinander zwar – die Akten unseres Lebens doch beisammen hat und von Zeit zu Zeit durchsieht, einen Prozeß ansetzt und ein neues Urteil verkündet, alte Urteile abändert und in gewissen alten Angelegenheiten, in denen uns die Mitmenschen schon längst einmal aburteilten, auf überraschende Weise freispricht, uns Gnade zuteil werden läßt, wo wir sie nicht erwartet haben. Es ist nicht wahr, daß wir unverbesserliche Kriminelle sind und daß es keine Gnade gibt. Wie lautet der wahre Name dieser Gnade, vor dem Obersten Gericht? Vielleicht Gleichmut. Oder: Leben. Und wenn die Menschen, dieses geheime Blutgericht, dessen Mitglieder die Familie, die Geliebten, die Berufsgenossen und Bekannten sind, dich schon verurteilt haben, zuckt dieses andere Gericht schließlich die Achseln und vergibt. Sagt: »Geh in Gnaden, und sühne, indem du lebst.«

SONNTAG

Am meisten gelitten im Leben habe ich an Sonntagen. Und immer noch bricht der Sonntag wie eine feierliche Zwangsarbeit über mich herein, mit Psalter und Langeweile, mit Ritualen und Ziellosigkeit:

Irgendwo ist die Welt, lacht, eine Menschheit geht der Freude nach, ich aber sitze bis über die Ohren in einem Sonntag, der trüb ist wie Krankenhaus- und Gefängniskorridore; der Sonntag ist nicht mein Ausgehtag. Von irgendwoher ist ein Ringelspiel zu hören, die Erwachsenen und Glücklichen werden im Zirkus von Clowns und Seehunden belustigt. Ich aber bin gezwungen, Fleißaufgaben zu lösen, auch sonntags, während andere sich amüsieren. Welche Fleißaufgabe? Leben.

WÖRTERBUCH

Das Wörterbuch der Verliebten besteht aus lauter einfachen Sätzen, Sätzen in Befehls- und in Frageform. Liebe ist Befehl und Frage. Die Sätze lauten: »Ich erwarte dich.« Und: »Wo warst du?« Und: »Liebe mich.« Und: »Verlaß mich nicht!« Diese Stoßseufzer werden seit fünfhunderttausend Jahren zum Himmel hinaufgesandt, in vielen Sprachen, angefangen beim stammelnden Geständnis des Urmenschen über die Gleichnisse im »Lied der Lieder« bis hin zu den wortreichen Liebeserklärungen bei Stendhal und Ortega y Gasset und dem Schwärmen Romeos. Liebe kann sich nur in einfachen Sätzen mitteilen. Sobald die Liebe zu erklären beginnt, dementiert oder gut zuredet, ist es nicht mehr Liebe, sondern menschliches Geschäft, trauriges Versagen.

BLUMEN

Um die Bahre herum standen Lilien, Iris und irgendwie kelchartige Blumen und Blattpflanzen Wache. Ihre Blüten wirkten blaß und gläsern. Sie verströmten ihre Düfte so behutsam, als atmeten sie angesichts des Toten nur ganz verhalten. Der Tote schläft, stören wir ihn nicht! – auf solche Art haben die Blumen geduftet.

Durch diese sanfte Zurückhaltung, die zarten, taktvollen Farben, ihren vertraulichen Duft sind die Blumen ein Stück in die Welt des Toten hinübergetreten. Sie waren keine irdischen Blumen mehr, wie auch der Tote nur noch im chemischen und ideellen Sinne in der irdischen Welt gegenwärtig war. Mit ihren viel feineren Sinnesorganen paßten sich die Blumen einem Zustand an, an den auch der Tote im Augenblick noch nicht ganz gewöhnt war. Sie standen um den Toten herum, als ob sie Kinder wären und sich anschickten, einen plötzlich erblindeten Erwachsenen mit weichem, kaltem Griff an die Hand zu nehmen und durch einen Wald zu führen, der duftet und angenehm kühl ist, in dem aber auch Löwen und Wildkatzen sind.

Die Maschine

Manchmal warte ich darauf, daß die Schreibmaschine, die ich abzuschließen vergessen habe, in
der Stille der Nacht zu klappern beginnt und etwas
schreibt, eine kurze Erzählung oder einfach nur
einen Brief, eine Botschaft an die Welt. Schließlich
wäre überhaupt nichts Erstaunliches dabei, denn
sie kann es ja. Was könnte die Maschine schreiben,
selbständig, mit leisem Klappern, einmal in einer
Nacht? Vielleicht dies: »Genug von den Dichtern,
diesen stümperhaften Handwerkern, die altmodisch
und schlampig mit Bleistift auf Papierfetzen schmie-
ren!« Oder das: »Anch'io sono poeta!« Oder düster
dieses: »Was hätte wohl Shakespeare auf mir geschrieben?«

Das chinesische Märchen

– Also – sagte sie –, kommst du?...
    Er schwieg. Nestelte an seinem Handschuh und
sagte dann gesenkten Blicks:
    – Ich habe einmal ein Märchen gehört. Natürlich
ein chinesisches Märchen. Und das ging so: In einer
fernen Provinz lebten ein Mann und eine Frau. Sie
kannten einander nicht. Eines Morgens empfanden
sie, daß ihnen eine Stimme eine Botschaft, einen Befehl übermittelt hatte; und so erhoben sie sich von

288

ihrem Lager und machten sich, wie Schlafwandler, auf den Weg zueinander, verließen Heim, Ehemann und Ehefrau, ließen alle und alles zurück, um sich im finsteren Wald des Lebens endlich zu begegnen, um miteinander vereint und glücklich zu sein. So wanderten sie, in Trance, aufeinander zu. Sie gingen über endloses Ödland und kamen schließlich zu einem dunklen Wald. Der Wald war von einem Bach durchtrennt, und die beiden näherten sich von beiden Seiten den Ufern des Baches, laut Befehl mit geschlossenen Augen und glücklichem, stummem Lächeln. Über den Bach führte ein schmaler Steg, der war so schmal, daß auf einmal jeweils nur ein Mensch über das brüchige Brett gehen konnte. Und so blieben beide, sich gegenüberstehend, sehnsüchtig und lächelnd am Ufer stehen, und sie zögerten, wer nun als erster zum anderen hin aufbrechen soll … Da sagte die Frau innig und leise: »So komm schon!« Der Mann blickte auf, als er die Stimme vernahm, rieb sich die Augen, schaute zur Frau hin, darauf zum Himmel empor, dann drehte er sich um und ging zurück in sein Leben, zu seiner Familie und lebte dort fortan stumm und mit Staunen im Herzen. Denn die Frau hat zu früh gesprochen. Und überhaupt soll man nicht sprechen. Man muß warten, bis der Mann, ungebeten und unaufgefordert, den Bach überquert. Soweit das chinesische Märchen.

– Ja –, sagte sie, und ihre Augen füllten sich mit Tränen. – Kommst du also? …

– Es wäre schön –, sagte der Mann höflich, knöpfte seinen Handschuh zu und suchte seinen Hut. Leider habe ich am Nachmittag Verhandlungen. Und diese ganze Woche bin ich ziemlich ausgebucht.

Geduldspiel

Wie diese Geduldspiele, die deutsche Spieleproduzenten für leicht Beschränkte herstellen – etwa die mit numerierten Würfeln vollgestopften Schachteln, deren Zahlen so lange hin und her geschoben werden müssen, bis jeder Würfel in der nach oben fortschreitenden Zahlenfolge den richtigen Platz gefunden hat, oder die »Belagerung von Port Arthur«, bei der eine winzige Kugel durch ein mit Glas abgedecktes gekerbtes Labyrinth zu einem Zielpunkt gerollt werden muß, und ähnlich raffinierte, unverständliche Verrücktheiten! –, ist auch das Leben nicht ohne eine gewisse geduldige Handfertigkeit zu meistern. In unseren verworrenen Angelegenheiten ist meist keinerlei System, zumindest keines, das mit bloßem Auge erkennbar wäre; gut, an der Basis, da ist schon eine gewisse Ordnung, doch die begreifen wir erst viel später; und wie bei den Geduldspielen müssen die in Stücke zerlegten Spielelemente lange hin und her geschoben werden, bis alles ganz, rund und in der richtigen Reihe ist und sinnvoll wird. Dazu bedarf es unendlicher Geduld. Nur der Unvernünftige »entscheidet«, drängt also alles mit Gewalt in eine Ordnung, was so aber nie in Ordnung sein wird. Der andere, der Vorsichtige, Erfahrene, Geduldige, der Verspieltere, der Homo ludens, schiebt, ordnet und ist bestrebt, ein System zu finden in der Unordnung – und das ist viel schwieriger. Ein Geduldspiel. Setz dich ruhig hin in eine Ecke und bemühe dich, die Tricks und Kniffe zu erlernen und die Geheimnisse zu entziffern.

Jahre

Der wahre Gehalt der Jahre wird nur ganz allmählich verständlich und sinnfällig. Der Mensch »lebte« in den vergangenen zehn oder vierzig Jahren, sein Körper und sein Geist entwickelten sich, er ist gereist, arbeitete, war glücklich und krank: aber was ist währenddessen »geschehen«? …

Für diese bestimmte Erfahrung, für dieses Erlebnis, das den Inhalt der vergangenen Lebensjahre ausmacht, gleichsam die »Handlung« ausdrücken würde – denn zweifelsohne war das Leben auch eine zweckbestimmte Handlung, nicht nur ein Wachstum von Zellen, Traum und Verzückung –, bietet das Wörterbuch des Menschen keine passende Bezeichnung. Was waren Sinn und Inhalt der Jahre? Entwicklung? Ein unklarer und verwaschener Be-

griff. Existenz? Eine bescheidene Vokabel dafür.
Ein Suchen und Forschen? Das wäre eine zu ausge-
klügelte, bewußte Deutung! Sehnsucht nach Freude
und Glück? Ich habe mich nicht ständig nach Freude
gesehnt. Was wollte ich also in den Jahren? Nichts.
Vielleicht nur dies: leben.

MANGEL

Mangel klopft jetzt in der Welt allerorten an die Tür,
dem einen fehlt das englische Tuch, dem andern die
gute fette Seife oder Zucker, Sardinen aus Portugal, Kohle oder Holz, dem dritten mangelt es
einfach am Klassischen, an Geld. Dieses Mangel-
gefühl wird noch angereichert durch Verstimmung.
Die Gekränktheit des zivilisierten Menschen ist
dies, der empört um sich schaut, wenn die Zivilisation aufgrund irgendeiner Betriebsstörung das
Erquickliche, die Annehmlichkeiten des Lebens,
nicht pünktlich liefert.

Dieses Lamento erfüllt mich mit Mitleid und
Verachtung. Frieren ist nicht angenehm, zum Tee
brauchen die meisten auch Zucker, und es ist natürlich auch nicht erheiternd, wenn die Seife fehlt und
man keine Schuhsohle bekommt. Doch das Gefühl
des Mangels, das meine Seele vom Augenblick meines Bewußtwerdens an erfüllt, ist wilder, bitterer
und anspruchsvoller. Gern könnte ich auf Zucker,

Brennholz und auch auf die Rasierseife verzichten, wenn dieser andere, auf gedrosselter Flamme brennende Mangel durch irgend etwas oder irgend jemand beendet würde. Ich habe selbst im tiefen Frieden mit dem Mangelempfinden gelebt, dem quälenden Mangelempfinden der Seele und der Gefühle! Es gibt keine Sardinen aus Portugal? Das kann ich verschmerzen. Doch das Ganze ertrage ich nur schwer, das Ganze, dem es – seit ich lebe – an etwas mangelt.

LICHT

Plötzlich beginnt das Licht zu fluten. Die Welt wird vernünftiger unter seiner Berührung und gleichzeitig auch viel, viel sachlicher, gegenständlicher, wirklicher. Alles, was die Nebelschleier des Winters zugedeckt haben, steht jetzt nackt und in dürrer Körperlichkeit da. So ist die Welt, im Licht. Nicht schön, nicht häßlich. Mal ist sie fürchterlich, mal hinreißend. Aber die Wirklichkeit ist immer erträglicher als der Nebel, das Zwielicht und die Lüge.

Strahle, Licht, durchdringe Stoff und Materie, strahle, damit wir lernen, die grausame und großartige Wirklichkeit zu ertragen. Leuchte, Licht, in die Welt und in meine Seele, damit ich einfach und objektiv sein kann wie der Kiesel in der Sonne am Strand des Meeres, das ihn ausspie und bald wieder mit sich reißen wird, inab ins tiefe Wasser, in die Dunkelheit.

Der Gewinn

Aber jetzt, wo Habakuk, Jesajas, Jeremias, sämtliche kleinen und großen Propheten lamentieren, denk daran, daß in Summe dennoch alles großartig war. Im September zum Beispiel schien die Sonne, im Wald konnten die Menschen ohne Mantel gehen, am Vormittag haben sie sich nackt an den Stränden gerekelt, als ob ein wunderbares wohlmeinendes Urteil im letzten Augenblick Begnadigung gebracht hätte. In allem war etwas angenehm Mildes und Unvergeßliches. Es war schön, die aufgeregten, schreienden Blätter zu lesen, es war schön, weise und langweilige Bücher durchzublättern, es war schön, nach Belgien zu reisen und in einem Garten in Flandern Mädchen beim Tennisspiel zu sehen, es war schön, in Paris anzukommen und von London abzureisen. Bitte, stell all das präzise in Rechnung. Wenn du ganz genau hinsiehst, wirst du feststellen, daß am Ende sogar ein Gewinn dabei herauskommen wird.

PORTRÄT

Einmal werde ich vielleicht doch alt sein. Ein alter
Schriftsteller... werde in muffigen Vorstadtcafés
herumsitzen, über drei Wochen alte Illustrierte
gebeugt, werde mit zitternder Hand gelegentlich
noch ein paar Zeilen notieren, die keinen mehr
interessieren. Ich werde über meine Erlebnisse
schreiben und über das, was ich auch in der Jugend
schrieb: über den Herbst und den Frühling, über
den Schnee und Himbeeren, über Frauen, die mich
verlassen haben, und über die anderen, die ich
verließ, über meine Freunde, die gestorben sind,
oder die – untreu geworden – das Minister-Porte-
feuille angenommen haben und meinen unterwür-
figen Gruß jetzt nur noch mit verkniffener Miene
und sinnenden Blicks erwidern. Ich gehe barhäuptig am Fluß im Wind, mit flatternden weißen Lok-
ken. Nur der Wind kennt mich noch und der Strom;
habe niemand mehr, nur die Bäume. Wie gut wird
das sein!

VÖGEL

Ich hatte Wein getrunken und bin dann in der Nacht
zu Fuß nach Hause gegangen, den Fluß entlang.
In der Dunkelheit strich ein Vogelzug über meinen
Kopf hinweg. Das Haar wird mir schon grau, und

einmal werde ich sterben. Ja, warum habe ich nicht mehr auf die Vögel geachtet.

AM MORGEN

Zitternd im schmuddeligen Stall des Winters fährt mir plötzlich wie ein Stromschlag das Verlangen durch den Körper, durchrüttelt mich die Sehnsucht, noch einmal an einem Junimorgen aufzuwachen, in einem Zimmer, dessen Fenster nachts weit offen waren, den lauen Hauch des Sommertages so wie den Seufzer der Geliebten einzuatmen, mich gemächlich zu rekeln in den Armen des Sommers, das Rauschen der Bäume vor den Fenstern und das vorwitzige Morgengezwitscher der erwachenden Vögel zu genießen, noch einmal zu leben, im Sommer, am Morgen, mit strubbeligen Haaren, mit vom Schlaf noch verquollenen Augen, und die Süße und die Hitze des Lebens zu spüren! Das ist alles? Das ist alles.

DIE LEHRE

Aber etwas habe ich in den vierzig Jahren doch erfahren: Ich lernte, daß man die Geschenke des Lebens nicht demütig, nicht ehrfurchtsvoll genug annehmen kann, und auch darauf kann gar nicht

genug geachtet werden, daß man sein Herz nicht völlig, nicht uneingeschränkt den Lebenden schenkt.
Wer seine Gefühle bedingungslos an die Menschen
bindet, wird leiden und am Ende zugrunde gehen.
Ich will nicht Gleichgültigkeit, arrogante Überlegenheit oder kalte Nüchternheit predigen. Nur
eben das: Liebe, aber in Maßen. Glaub nicht denen,
die die Flamme, das rücksichtslose Opfer, die totale
Hingabe fordern. Sie sind Wucherer; wenn sie dich
in ihre Fänge bekommen, saugen sie dir Blut und
Gefühle aus, und das ist dein Ende. Freue dich über
das Licht, und liebe, auch dankbar kannst du sein,
doch etwas behalt für dich. Man muß darüber nicht
groß reden. Lächeln soll man, sich über das Leben
freuen, genausoviel geben, wie man bekommt. Um
nichts mehr. Verstehst du? Nicht um einen Hände-
druck, nicht um ein Lächeln mehr! Ich sage das in
vollem Ernst. Habe Gründe dafür.

DER REISENDE ERWACHT

Ich stelle mir vor, eines Tages wacht der Reisende
auf, reibt sich mit den Fäusten den Schlaf aus den
Augen und sucht mit dem ersten Blick sein Pferd,
das er, bevor er hier auf dem Hang eingeschlum-
mert war, an einen Birnbaum gebunden hat: erwacht, schaut sich um, sieht Wolken, in der Ferne
die Stadt, einen Bach und ein Schloß, Blumen und

Schnitter, sieht das gewaltige Panorama des Sommers und empfindet plötzlich ein heftiges Weh, weil er spürt, daß das Leben auch weiterhin ohne ihn sein, daß die Reise auch ohne ihn weitergehen wird; die Vögel werden fliegen, die Goldschmiede werden Halsketten und Armreifen fertigen, auch ohne ihn, und er kann gar nicht so schnell vorwärtskommen, so flink vorantraben, sein Reiseziel wird er auf jeden Fall versäumen, die Vollkommenheit, die Welt, das Leben. Und so sieht er sich nur um auf dem fremden Hügel, sehr blaß und ernst. Dann rafft er sich traurig auf und ruft mit einem Pfiff sein Pferd herbei.

LANDKARTE

Man müßte auch die Karte der anderen Heimat zeichnen. Hier liegt ein Berg, wo wir Speck gebraten haben. Hier ein Haus, in dem wir – eine halbe Stunde lang – glücklich waren. Hier diese Ebene, der Platz zwischen den zwei Seitengassen, wo wir die Schlacht auf den Katalaunischen Feldern schlugen. Hier das Kaffeehaus, in dem wir den Westfälischen Frieden besiegelten. Das hier ist der Gaurisankar, dessen Gipfel wir nie erklimmen konnten. Und hier, der Sumpf, das ist Genoveva. Dies wäre eine genaue Landkarte, und mindestens so wirklich und getreu wie die topographische Karte von Ungarn.

Die Bäume

Vor meinem Fenster haben die Bäume zu reden begonnen: mit den Blättern, den Vögeln, mit ihren
Früchten und dem feuchten, lauen Duft. Ich saß im
Zimmer, las die Gedichte des Freundes, der schon
gestorben ist. Doch mit halbem Ohr vernahm ich,
was die Bäume sprachen.

Und sie sagten: »Hinter den Erscheinungen findet das Leben statt. Die Kraft, die aus Gegenständen und Erscheinungen Leben macht, sie ist nicht
gut und auch nicht schlecht, und sie ist frei von
jedweder Absicht. Das ist alles, was man über sie
wissen kann.« Und die Bäume flüsterten mir zu:
»Schreib das.« Und ich hab' es geschrieben.

Die Sterne

… Und du zerbrichst dir den Kopf über das Geheimnis der Sterne, grübelst über das Rätsel der
Einsamkeit nach, du möchtest die Sprache der
Bäume verstehen, die chemische Formel der Tränen ergründen, mit Herz und Verstand. Öffne
deine Augen, und du wirst noch ganz andere Sterne
schauen. Siehst Menschen, deren ganze Sorge einer
weggeworfenen Streichholzschachtel gilt, nach der
sie sich auf der Straße bücken, sie sehen auch darin
das Material, das vielleicht irgendeine Möglichkeit

birgt. Siehst Frauen, die mit peniblem Sachverstand abgetragene Schuhe begutachteten, welche es vielleicht noch lohnen könnten, zum Schuster gebracht und fürs Frühjahr besohlt zu werden, und dies mit dem Ernst eines Planck, der sich den Kopf über das Geheimnis der Atome zerbricht. Du siehst Alte, die nur noch ans Essen denken, an Schmalzbrote, die sie mit zahnlosen Kiefern mümmeln werden, Kinder, die die Wörter »Zwirn« oder »Zwiebel« voll Andacht aussprechen. Und all das ist genauso großartig, unverständlich und unendlich wie die Sterne.

ZIRKUS

Die einzelnen Nummern des Programms folgten schnell aufeinander. Ich saß in der ersten Reihe und staunte mit offenem Mund. Als Kind wollte ich immer Zirkusdirektor werden oder wenigstens ein Artist. Als die Kraftakrobaten mit den Bambusstangen die Manege verließen, verstummte die Musik, und ein Trommelwirbel, wie vor einer Hinrichtung, setzte ein, die Scheinwerfer verlöschten, und im strahlenden Glitzerglanz des blauen Lichts erschien in der Mitte der Manege das Nilpferd.

Die junge Dame im schwarzen Abendkleid, die die Nilpferddressur vorführte, stand im Feuer der Scheinwerfer. Sie war sehr schön – auf ihre Art. Auf seine Art war auch das Nilpferd schön. Und weil beide Geschöpfe Gottes waren, begann die Frau, das Nilpferd zu kommandieren, worauf dieses höflich gehorchte: Es riß sein Maul weit auf, das sich genauso nach Zärtlichkeit, Freude und nach dem Fressen sehnte wie das Mündchen der Dompteuse, im Feuer der Scheinwerfer drehte es sich mit der ihm eigenen Grazie auf dem Podium mehrmals im Kreis, während die Kapelle das bekannte »Kőrösscher Mädel« spielte, dachte an die Abendfütterung, die nicht mehr fern sein konnte, es war schon nach elf, und an den Nil, den es vor acht Jahren verlassen hatte. Die Erde drehte sich mit uns, und das Nilpferd sperrte das Maul auf. Zu fünftausend saßen wir in diesem Augenblick unter dem Riesenzelt auf den unbequemen Holzbänken. Und lebten zu tausend und abertausend Millionen in der Welt, Frauen, Männer, Dompteure, Zuschauer und Nilpferde! Die Nummer ist in der Tat ohnegleichen – so empfand ich. Ein Schauer lief mir über den Rücken. Und so kaufte ich mir eine Breze und ein Programm und war auch bestrebt, mich unvoreingenommen, meiner gesellschaftlichen Position und meines literarischen Anspruchs gemäß, zu benehmen.

GEGNER

Dieser Mensch geht auf der Straße an mir vorüber, wir grüßen uns liebenswürdig und höflich. Sobald er vorbei ist, spüre ich, daß er mir nachschaut, und sein Blick wird stechend und hart, als ob man unwillkürlich einen Dolch halb aus der Scheide zieht.

Dieser Mensch ist mein Feind. Warum er mich haßt? Er weiß es nicht, ich weiß es auch nicht. Ein Zeitgenosse ist er, und ich habe ihn nie um sein Haus beneidet, habe niemals seine Frau begehrt, auch nicht sein Geld und sein Silber. Er geht mich nichts an, seine berufliche Laufbahn ist eine ganz andere, unsere Lebenswege haben sich nie gekreuzt, auch hatte ich niemals eine Auseinandersetzung mit ihm, wir haben zwar die gleichen gesellschaftlichen Interessen, doch habe ich mich nie an seinem Brot vergriffen oder seine Eitelkeit verletzt. Dennoch haßt er mich, gesetz- und schicksalsmäßig, nach göttlicher Bestimmung, weil er der Gegner ist, er ist dieser andere, mit dem ich in dieser Welt nicht auskommen kann, er ist derjenige, dessentwegen ich irgendwann einmal einen Krieg anfange, um ihn zu besiegen, ihn zu erobern, er ist es, dessentwegen ich nachts aufwache, nicht mehr schlafen kann und mit geöffneten Augen in die Dunkelheit starre. Fast schon ein Verwandter ist er, der Gegner. Eigentlich geht er mich viel mehr an als die Zahmen und Gleichgültigen, fast so viel wie die wenigen, die ich liebe. Ein Glück, daß es ihn gibt! Ohne ihn wäre das Leben gar nicht vollständig. Also, Bruder, gehen wir's an!

Gift

Was soll ich mit einer giftfreien Welt anfangen?
Ich morde mich mit allen süßen Betäubungsmitteln
des Lebens und weiß, daß ich nicht anders kann,
denn Gesundheit ist nicht das einzige Lebensziel,
auch nicht mit Blick auf die ganze Menschheit.
Jeder könnte gesund sein, jeder könnte den stumpf-
sinnigen fünfundneunzigjährigen Greisen gleichen,
die man in Asylen vorzeigt, zahnlos am Bettrand
sitzend, mit unstillbarem Speichelfluß und unfähig,
das Geheimnis ihres Lebens zu verraten. Sie haben
ganz einfach nur gelebt, ihrem Schicksal gehorchend, mit oder ohne Gift. Zwanzig Jahre länger zu
leben – was für ein unschicklicher Plan! Die Natur
ist der menschlichen Natur treuer, ist menschlicher
als die ach so tugendhaften Theorien. Sie sagt: »Da
hast du etwas Gift. Kaue daran, inhaliere es auf
Lunge, schlürfe es, sei glücklich. In diesem Augenblick lebst du, und alles schmerzt nicht so sehr.
Die Zeit und das Geheimnis überlasse mir.« Sie hat
recht. Und deshalb zünde ich mir jetzt eine Zigarette an. Ober, bitte drei Dezi Stierblut!*

Abschied

Ganz sacht, behutsam und still, aber beginnen wir
uns zu verabschieden. So wie einer, der mit seinem

Aufbruch keine Unruhe in die Runde bringen will, der mit vorgehaltener Hand verlegen hüstelnd noch auf eine Frage eingeht, mit einem Auge aber schon zur Tür schielt, der sich zurückziehen möchte, ohne die Gastgeberin durch die Verabschiedung zu irritieren und ohne daß die anderen auf seinen Weggang aufmerksam werden, der mit einem unauffälligen Wink das Dienstmädchen in die Diele lockt, um an seine Garderobe zu kommen ... so den Rückzug antreten aus dieser wunderbaren Gesellschaft, nicht übersättigt, aber auch nicht hungrig, nicht unbedingt glücklich, aber auch nicht verzweifelt, im passendsten Augenblick, ganz unbefangen, so nebenbei. Ja, mach dich bereit. Fang an mit dem Abschied, ohne Aufsehen, höflich.

DER GARTEN

Ich sehne mich nach gar nichts anderem mehr, nur nach einem Garten, in dem man an Septembervormittagen barhäuptig im Schatten des Nußbaums sitzen kann. Der Mensch sehnt sich am Ende nur nach Trivialitäten. Der Garten ist eine Trivialität; laß uns heimgehen und unter dem Nußbaum sitzen.

Der Liebhaber

Dieser stille, graubärtige, siegelringtragende und sich mit Grundbesitz abgebende Herr vom Lande liebt die Literatur. Er hat es selbst gesagt. Jetzt sitzt er mir gegenüber, die Beine übereinandergeschlagen, raucht seine Zigarette mit Filterspitze, er hat feine, schmale Hände, von Zeit zu Zeit streicht er mit den knochigen Fingern sein schmales Oberlippenbärtchen zurecht, blinzelt und schweigt nach Herrenart, aber aufmerksam. Er ist der Literatur-Liebhaber.

Was soll ich ihm sagen? Über die Literatur spricht er gönnerhaft und mit Nachsicht, wie über einen edlen Jagdhund. Kann ich ihm sagen, daß das, was er »liebt«, die Grenzenlosigkeit selbst, Laune, Furchtbarkeit, Schrankenlosigkeit, Schöpfung und Vernichtung in einem ist – als wenn er sagen würde, er »liebt« den Ozean, das Dynamit, das Schicksal, die Unterwelt und den Himmel, also alles, was im wahrsten Sinne des Wortes lebensgefährlich ist. Ich kann es ihm nicht sagen. Ertrage es vielmehr, daß er die Literatur »liebt«, und ich weiß, er wird sich sehr wundern, wenn die Bestie eines Tages wild schnaubt und ihm an die Brust springt.

DER GARTEN

Richte deine Seele so ein und pflege sie auch so wie einen Garten, beachte die Jahreszeiten des Lebens, wann die Zeit des Krautens und Jätens, des Düngens ist, und die andere, in der alles erblüht, duftend und üppig wird in deiner Seele, und die wieder andere, da alles welkt, und auch das hat so seine Ordnung, schließlich die, in der mit weißen Schleiern der Tod alles einhüllt und zudeckt. Blühe und vergeh, wie ein Garten: denn dir ist alles eigen. Wisse: du bist der Garten und Gärtner zugleich.

DER ABEND

Dieser Abend war lau und launenhaft. Wir saßen in der weinumrankten Laube, tranken Wein und schauten in den Mond. Die Straße entlang kam ein Radfahrer, das Katzenauge am Hinterrad glühte im Mondlicht, weit weg spielte ein Radio in der Nacht, und der Sprecher wünschte allen eine glückliche gute Nacht. Dann war es still geworden. Ich habe den Wein weggeschoben, er war nicht mehr nötig, drückte die Zigarette aus, hatte kein Verlangen mehr nach dem warmen, giftigen Rauch. Die Geliebte verstummte, als hätte sie sich endlich zu genieren begonnen. Ich horchte in die Nacht hinein

und fühlte nichts. Das war der Augenblick, denke
ich, in dem ich glücklich gewesen bin.

ORDNUNG

Wie wunderbar, schrecklich, wie konsequent und
unversöhnlich ist diese Ordnung, nach der im Leben
alles eingerichtet ist, die Scheitern und Aufstieg
bestimmt, das Auf und Ab des Erfolgs, des Glücks,
der Prüfung und des Unglücks vorschreibt, die stets
ausgleicht, immer zugleich nimmt, wenn sie gibt,
die stetig warnt und aufmerksam macht, dir rät,
nicht übermütig zu werden, weil du unvollkommen
bist, schwach und verderblich, darüber hinaus bist
du ein Sünder, der nicht immer Vergebung verdient,
oder auch ein Unschuldiger, über dessen Schicksal
man nicht den Stab brechen darf – ja, die Ordnung
ist vollkommen. Man kann ihre Gesetze nicht ehrgeizig oder eigenmächtig und gewaltsam verletzen.
Du bist in diese Ordnung geboren, hast darin gelebt und wirst nach ihren Gesetzen aus der Welt verschwinden. Füge dich, schweige und staune.

DIE VERZWEIFLUNG

Als ich mich davon überzeugt hatte, daß Elvira kokett und herzlos war, packte mich die Verzweif-

lung, sie stieß mir wie ein gedungener Mörder den Dolch zwischen die Rippen, ganz nahe dem Herzen, und drehte ihn auch noch. Ich habe nicht aufgeschrien, obwohl es weh tat, stand nur da, blaß und stumm, weil ich stolz war und nicht wollte, daß die Welt meinen Schmerz vernahm.

So lebte ich, lang, mit dem Dolch im Herzen und mit dem Schmerz. Doch dann merkte ich, daß die Zeit gnädig war, die Vernunft ist meiner Verzweiflung an die Kehle gegangen, hat mit ihr gestritten und gerungen. Ich hab' es mit Interesse verfolgt. Und während ich schaute, diesen Kampf der Verzweiflung, der Zeit und der Vernunft betrachtete – all das wegen Elvira, die einen Meter siebzig maß und ein Lied singen konnte mit französischem Text! –, habe ich mir in meiner Zerstreutheit den Dolch des Schmerzes zwischen den Rippen herausgezogen und begonnen, mir mit seiner Spitze die Nägel zu putzen. Als ich es merkte und langsam zu mir kam, lief ich rot an, denn ich empfand, ich bin der Liebe jetzt nicht länger würdig. Aber an Elvira erinnerte ich mich nicht mehr.

DIE STRASSEN

Die Straßen, die du mit ihr entlanggingst, und die Brücken, auf denen du mit ihr für einen Augenblick stehenbliebst und in die Tiefe auf das rauschende Wasser oder in den wolkenverhangenen Mond schautest, Bäume, deren Blätter ihre Wangen streiften, als du ihr in die Augen sahst, die Rosen auf der Insel*, deren Düfte sie einmal geatmet hat, all diese Spuren, Beweisstücke und Belege sind erhalten geblieben in der Welt und bezeugen, daß du sie wirklich geliebt hast. Doch dann, eines Tages, war die Liebe verloren. Wo, auf welcher Straße sie abhanden kam, von welcher Brücke sie abgestürzt ist in die Tiefe, ins rauschende Wasser oder zum Himmel aufgestiegen in mondbeschienener Nacht, oder mischte sie sich mit dem Wohlgeruch der Rosen, und ist deren Duft jetzt im Juni deshalb so dicht und schwer? Ich weiß keine Antwort? Wandle nur auf den Straßen, auf den Brücken mit gesenktem Haupt, sinne nach und erinnere mich.

DAS MEISTERWERK

Ein Tag, der sich in nichts von gewöhnlichen anderen Tagen unterscheidet, er birgt keine großen Tragödien, und dennoch, in jedem Augenblick ist er ausgefüllt mit kleinen, harmlosen Pannen: Nichts ist an seinem Platz, nichts trifft rechtzeitig ein, nichts ist in Übereinstimmung mit der Ordnung der Welt, Gegenstände verstecken sich willkürlich, tauchen feixend wieder auf, und die Menschen, als ob sie sich alle gegen dich verschworen hätten; das

Zahnrad der Zeit verbindet die Ereignisse nicht sinnvoll, alles ist Malheur und Intrige, Ungeschicklichkeit und Verlust, kleines Mißgeschick und himmelschreiender Ärger. Dies sind die Tage, an denen Goethe das Bett nicht gern verlassen hat.

Du regst dich auf, suchst an solchen Tagen fluchend dein Recht, haderst mit dem verrückt spielenden Schicksal. Doch dann begreifst du, daß auch dieser Tag ein Meisterwerk ist: Jeder Augenblick dieses Tages ist so vollkommen verkehrt und verfahren, es gelingt so fabelhaft überhaupt nichts, Sternzeichen und Gespenster, Menschen und Gegenstände, Zufälle und Pläne überfallen dich so perfekt, dein Leben, deinen Frieden, deine Pläne und deine Ruhe, das ganze Verhängnis funktioniert so makellos, daß du schließlich atemlos denkst: »Ja, das Leben ist ein Meisterwerk.« Du schnaufst und bestaunst auch dieses Wunder.

VERDERBEN

Es war Juli, und auf einmal wurde alles überreif. Die Milch ist im Kühlschrank geronnen, die Aprikosen faulten, und das Fleisch verdarb, Gefühle wurden ranzig, gesellschaftliche Konstruktionen zerbrökkelten, und internationale Abkommen lösten sich auf. Lindenbäume schlugen aus, und die Rosen verwelkten. Verderbnis überall, Übersättigung, saures, gärendes, aufgedunsenes Verhängnis. Auf den Feldern lagen Leichen herum, starrten mit glasigen Augen in den Himmel. In Flandern, inmitten von zerschossenen Panzern, war ein einsamer Bauer mit Strohhut bei der Ernte. Liebe erblühte gerade für eine Nacht und verwelkte. Ich erinnere mich, es war Juli, der Monat des Verderbens.

DIE WEGE

Die Wege versteht der Mensch lange nicht. Er benutzt sie, geht auf ihnen und denkt an andere Dinge. Manchmal ist ein Weg breit, asphaltiert, dann wieder ist er holprig, hat Furchen und ist steil. Die Wege betrachten wir lange Zeit nur als Gelegenheit, als Möglichkeit, auf ihnen ins Büro, zu unserer Geliebten oder in den jubilierenden Frühlingswald zu gelangen.

Eines Tages kommen wir dahinter, daß Wege einen Sinn haben: Sie führen irgendwo hin. Nicht nur wir bewegen uns auf den Wegen voran; die Wege bewegen sich mit uns. Sie haben ein Ziel. Alle Wege laufen am Ende in einem gemeinsamen Ziel zusammen. Dann bleiben wir stehen und staunen, wundern uns, mit offenem Mund, die mysteriöse Ordnung im Geflecht der Straßen und Wege verblüfft, wir bewundern die Masse der Radialstraßen, Landstraßen, Gassen und Wege, die wir alle passiert haben und auf denen wir schließlich zu genau demselben Ziel gelangt sind. Ja, die Wege haben einen Sinn. Doch wir verstehen das erst im allerletzten Augenblick, unmittelbar vor dem Ziel.

ZERBRECHLICH

Schwärmst du noch immer und freust dich, weil dein Leben für einen Augenblick von einem Sonnenstrahl erhellt worden ist, ein warmer Strom deine Nervenbahnen durchfließt, dir lächelnde Blicke zufliegen, menschliche Worte dich trösten?... Weißt du denn immer noch nicht, daß morgen schon alles Schrott und Plunder sein wird, weil das Leben mit sicherem Griff alles auch wieder nimmt, was es gibt, zertrümmert, was es baut, niedertrampelt, was es dir als Geschenk zuschiebt... Weißt du denn noch immer nicht, daß buchstäblich alles, was mit den Menschen zu tun hat, zerbrechlich ist?... Ich weiß es bereits. Gib acht, greif mit beiden Händen zugleich nach der Freude, aber behutsam. Sie ist zerbrechlich.

DER WACHPOSTEN

Die Jahre verstreichen, und du lebst wie der Posten, der Wache schiebt auf der Warte, die Waffe in der Hand, mit hartem und unversöhnlichem Blick, jedem mißtrauend; mit großem Kaffeekonsum, um nicht zu erschlaffen, stellst du jeden, unparteiisch und kalt: »Halt! Steh! Wer da? ...« – und läßt ihn nicht näher heran, wenn er die Parole nicht weiß. Die Parole? Drei. Die eine ist: »Ehre.« Die zweite: »Die Absicht, vollkommen zu sein.« Die dritte: »Mitgefühl.« Durchbohre jeden, der sich zu nähern wagt und die Parole nicht kennt.

RITUAL

Mit der Zeit entwickeln wir eine Art Ritual, mit dem wir uns unseren Toten nähern, mittels dessen wir den Kontakt zu ihnen pflegen, sie besuchen, ihnen zu Ehren kleinere Abendeinladungen veranstalten, höflichen Meinungsaustausch mit ihnen haben, in artigem Ton auf ihre fernen, blassen Fragen antworten, und so wie die Lebenden den Geburtstag feiern, gedenken wir ihres Todestages, ehren sie mit Blumen und behandeln sie allgemein wie nicht ganz ungefährliche, nicht ganz zu durchschauende, eigenartige Wesen, die, wenn sie wollen, auch unangenehm werden können, und deshalb schadet es nicht, gute Freundschaft mit ihnen zu pflegen. Die äußerste Form der Trauer ist dieses Ritual, seine Requisiten sind dem Leben entliehen. Erst jammert der Mensch, dann weint er, später schweigt er und ist traurig. Sodann wird er höflich zu den Toten, erhebt sich förmlich vor ihrem Andenken und bietet ihnen einen Platz an. Schließlich sind sie die Älteren, die Geachteteren. Wer tot ist, ist immer älter und arrivierter als die Lebenden.

ZORN

Vor nichts fürchte ich mich so sehr wie vor der Möglichkeit, daß das Leben, die Jahre, die Erfahrung und die Müdigkeit diesen Zorn eines Tages besänftigen, in meinem Bewußtsein und im Herzen. Denn meine Aufgabe war nicht, daß ich mit ihnen herumtolle und mich in den Kotillon einreihe. Mein Auftrag war, zu zürnen. Bewahre dir deinen Zorn! Das ist deine Rolle, deine Funktion, deine Berufung, der Sinn deines Lebens.

Nichts ist einfacher, als sich zu versöhnen, die Welt in den Rücken zu knuffen und zu sagen: »In Gottes Namen, ich bin euch nicht mehr böse.« Nichts wäre feiger. Gott, gib mir die Kraft, daß ich mir meinen Zorn bewahren kann, denn ich bin müde.

FÜR IRGENDWAS

Die wirkliche Tragödie ist nicht, wenn das Schicksal einen Menschen zwingt, für irgendwas zu sterben. Die wahre Tragödie ist, wenn man nicht die Chance hat, für etwas zu leben, das man als groß, als echt und kostbar erkannt hat. Das ist das grausamste Schicksal. Und es ist in der Tat tödlich.

Fünfjahresplan

Nach vierzig zimmert sich der Mensch einen Fünfjahresplan. Es wird Zeit für das eine oder andere, das sich jetzt nicht mehr hinauszögern läßt: Man muß sich die Mandeln entfernen lassen, sollte seine Zigaretten mit der Filterspitze rauchen, kann nicht zwei Nächte hintereinander lumpen, muß regelmäßig lesen, je eine Stunde am Morgen und Abend, man muß viel mehr Steuern zahlen und sich damit abfinden, daß es die Glückseligkeit im Leben nicht gibt, höchstens einen relativen, ein-, zweitägigen Frieden, auf den unmittelbar eine ganze Reihe materieller, moralischer, gesundheitlicher und Gefühlsprobleme folgt. Vor vierzig können wir das alles nicht wirklich und von Herzen glauben. Nach vierzig rüsten wir uns für alle Eventualitäten, sachgerecht und ohne Sentimentalität.

Der Fünfjahresplan, den der Vierzigjährige aufstellt – weiter will er nicht vorausplanen, aber auch die fünf Jahre wagt er sich nur in Vierundzwanzig-Stunden-Perspektiven vorzustellen –, will die Welt nicht mehr erlösen. Er widmet all seine Kräfte den Details. Sein Ehrgeiz und Kraftaufwand zielen darauf hin, die Restaufgaben der Arbeit und des Lebens ohne Aufsehen, sehr aufmerksam und möglichst perfekt zu erledigen. Am liebsten geht er spazieren, liest und arbeitet nach Stundenplan. Den Frauen hat er schon verziehen, kann noch große Freude an ihnen haben, ist aber nicht mehr bereit, für sie zu sterben. Er beginnt, Gott zu erkennen, und wundert sich, wie einfach und gleichgültig der ist.

NIKOTIN

Nach vierzig gilt die zentrale Sorge des Lebens nicht den Frauen, sondern dem Nikotin. Das hört sich zwar frivol an, aber es stimmt. Eine der größten Kraftanstrengungen des Lebens wird der Kampf gegen dieses bittere Gift sein, dieser tägliche Kraftaufwand ist zugleich Niederlage und Erniedrigung. Der Kampf ist beschämend und dumm. Weiser und menschenwürdiger wäre, auch diese Leidenschaft anzunehmen wie jede Sucht, mit all ihren Folgen. (Warum raucht der Mensch nicht im Dunkeln? Eine kleine Flamme ist nötig dazu, und wenn sonst nichts zur Hand ist, die Ofenglut.) Diese Leidenschaft ist tödlich, dumm tödlich. Man muß der Tatsache ins Auge sehen, so lächerlich es ist. Das ist sie vielleicht »nicht wert«; aber ich weiß nichts Besseres. Also akzeptiere ich sie; und zünde mir eine Zigarette an.

Die Telefonnummer

An ihre Telefonnummer erinnere ich mich nicht mehr. Weiß nur noch, sie hatte einen schwarzen Hut mit brauner Feder. Und daß ich mit ihr leben wollte, auch daß ich einmal sterben wollte für sie. Dunkel erinnere ich mich an die Farbe ihrer Augen, ihr Lächeln, schwach an den Duft ihrer Haut. Ich erinnere mich an den Schmerz, den sie mir bereitete; aber nur so, wie man über den Tod eines längst Verstorbenen leidet. Auch an die Freude erinnere ich mich, die sie mir schenkte; aber nur so, wie man sich an ein üppiges Mahl erinnert, einen Festschmaus, eine Schlemmerei, deren einzelne Gänge man längst vergessen hat. An all das erinnere ich mich, schwach. Aber an ihre Telefonnummer, die ich vor wenigen Jahren noch automatisch parat hatte, so selbstverständlich, wie man Bindewörter benutzt, an sie erinnere ich mich nicht mehr. So sterben wir, einer für den anderen. Erst stirbt eine Telefonnummer. Dann die Erinnerung an einen Duft. Dann der Körper, zu dem die Telefonnummer und der Duft gehörten. Dann alles.

Unnütz

Allerhöchste Zeit, daß du unnütz lebst. Bist lange genug nützlich gewesen. Entsinne dich nur: Du bist früh aufgestanden mit vor Schlaflosigkeit blutarmem Kopf, bist, Schläfen und Augen reibend, zur Werkbank geeilt, um zu früher Morgenstunde irgendeine Arbeit zu verrichten, Aufgaben zu erfüllen, die die Menschen als nützlich angesehen haben, doch weder sie noch du habt eine ehrliche Freude daran gehabt. Du hast ständig telefoniert und Briefe geschrieben, später mußtest du erfahren, daß auch das nicht zielführend oder sinnvoll war. Immer hast du so gelebt, als würdest du auf den Befehl warten, der dich zur Übernahme von noch viel nützlicheren Aufgaben ruft. Du wußtest, du hast eine einzige Aufgabe, das Leben. Und was hast du, Unglücklicher, mit deiner Zeit angefangen? Leb endlich unnütz, entgegen ihren Gesetzen, nur nach deinem Gesetz. Dann wirst du am Ende, vielleicht, auch ihnen von Nutzen sein.

Die Sünde

Unsere Einstellung zu den eigenen Sünden wird mit der Zeit unwirsch, zänkisch. Sie lassen uns nicht mehr verzweifeln. Wir beteuern auch nicht mit großen Worten, mit kühlen oder leidenschaftlichen

Schwüren, daß ab morgen, von Montag an oder ab dem Ersten alles anders sein soll. Wir wissen, daß überhaupt nichts anders werden wird. An unsere Sünden gewöhnen wir uns, werden in einem ganz neuen Verhältnis zu ihnen und mit ihnen leben. Wir wissen, daß wir unsere Leidenschaften nicht abstellen, gelegentlich sogar lüstern und gierig sein und von den Betäubungsmitteln nicht lassen werden, vom Wein, vom Schnaps, von den schwülen leiblichen Giften, von den Körpern der Frauen, von der billigen, kußlosen Liebe, von den lasterhaften Abenteuern, von Faulheit und Oberflächlichkeit, vom Neid und der Trägheit, Gutes zu tun. Gegen all das lehnen wir uns noch auf, aber nur noch in der Art einer Pflichtübung Unbeteiligter, offiziell und gleichgültig. Wir kennen die Sünden, kennen aber auch uns.

In dieser Zeit, in der zweiten Hälfte des Lebens, legen wir uns eine andere Methode zu, bekämpfen unsere Sünden nicht mehr, weil das Unterfangen aussichtslos ist, doch wir schließen einen ehrlichen Handel mit ihnen ab. Wir trinken, aber nur sauberen Wein, und auch nur, wenn es sein muß, und bemühen uns danach wieder, vierundzwanzig oder achtundvierzig Stunden abstinent zu leben, damit der Organismus das Gift vergessen kann; wir rauchen, halbieren aber die Zigaretten, saugen das bittere Betäubungsmittel, das unser Herz und das Gefäß- system tödlich vergiftet, durch eine Filterspitze ein,

wir geben den billigen leiblichen Süchten des Körpers nach, wehren uns aber im Bett und außerhalb
des Bettes, so gut es geht, gegen sie, wir sind faul,
doch wir sind es mit Methode und nach Stundenplan,
wir sind geizig, aber wir wissen das auch und ver-
achten uns wegen dieser Untugend ... Das ist alles,
was wir tun können. Wirklich alles? Nein, das ist
schon sehr viel. Selbst Heilige schaffen nicht mehr.

DAS ALTER

Siehst du, so wird das Alter kommen, höflich. Wie
der Liktor, der dem Patrizier die Todesnachricht
überbringt und einen Diener macht, wenn er das
tödliche Schriftstück überreicht. Das Alter ist kein
Drama, fürchte dich nicht. Eines Tages bekommst
du Nachricht, das ist alles. Du schaust auf von der
Arbeit und vom Leben, zerstreut, und dann sagst
du ergeben: »Ja, ja. Es muß sein. Einen Augenblick,
etwas wollte ich noch ... Was war es gleich? Ach
ja, leben. Ich weiß, jetzt ist es zu spät. Wir können
gehen.«

BOTSCHAFT

Ja, ich sterbe. Vielleicht heute, während ich diese
Zeile niederschreibe, vielleicht an dem Tag, wenn

du, Leser, diese Zeile liest. Vielleicht überlebe ich dich, Leser, oder du überlebst mich, um einen Tag, um tausend Jahre. Ich sterbe, und als ob eine Hand den Vorhang der Zeit lüftete: sehe ich ins Nichts. Wie heimelig! …

Aus dem Nichts sende ich euch die Botschaft: Das Leben, und sei es noch so düster, noch so unergründlich und auch endlich, hat seinen Sinn. Einen einzigen Sinn: die menschliche Vernunft. Das habe ich, zwischen zwei Unendlichen, im Leben erfahren. Das habe ich gelernt, und das ist meine Botschaft.

DIE SPINNE

Die Zeiten werden kälter. Die du liebtest,
Sind alle tot. Nebel verhüllen den Mond,
Alt ist dein Hund, sein Kläffen klingt heiser.
Im Schnee liegt ein Toter. Geronnen sein Blut.

Das Wort ist nur Wort, Fleisch nur Fleisch, wirre
    Nebelschwaden:
Die Träume. Setz dich hin auf den nackten Grund.
Deine Lieder fiedle der tosende Wind,
Du aber schweig. Leb wie die Spinne am seidenen
    Faden.

Anhang

Anmerkungen

9 *»Der Maler geht morgens zur Arbeit«:* Márai bezieht sich
wahrscheinlich auf das Bild *Der Maler auf der Straße
nach Tarascon* (1888) des niederländischen Malers Vin-
cent van Gogh (1853–1890); es ist 1945 im Kaiser-Fried-
rich-Museum, Magdeburg, verbrannt.

10 *Balatonfüred:* ältester Kur- und Badeort am Nordufer
des Plattensees mit Kohlensäureheilbad und Herz-
sanatorium; erste ungarischsprachige Bühne (Kis-
faludy-Theater); Mór Jókais Sommervilla, zugleich
Museum, und Villa Lujza Blahas.

10 *Vörösmarty:* Mihály Vörösmarty (1800–1855), ungarischer Dichter; Verfasser von Heldenepen, historischen
Dramen und patriotischer Lyrik; noch immer bühnen-
wirksam sein romantisches Liebesmärchen *Csongor
und Tünde.* Der herzkranke Dichter suchte in Balatonfüred Genesung.

10 *Jókai:* Mór Jókai (1825–1904), ungarischer Schriftsteller; bis heute populärster Romancier des Landes mit
riesigem Gesamtwerk; behandelte vorwiegend historische Stoffe in romantischer Manier.

10 *Lujza Blaha:* eigentlich Luise Reindl (1850–1926), ungarische Sängerin und Schauspielerin; eines der größten Bühnentalente ihrer Zeit, »Nachtigall der Nation«
genannt.

16 *1867:* nach Niederwerfung des Unabhängigkeits-
kampfes der Ungarn (1849) und einer Periode des Neo-
absolutismus der Habsburger kam es 1867 zum soge-

nannten »Ausgleich« zwischen Ungarn und Österreich. Ungarn bekam im Rahmen der österreichisch-ungarischen Doppelmonarchie volle Gleichberechtigung.

20 *Kaschauer Dom:* Kaschau, ungarisch Kassa, slowakisch Košice; Zentrum der Ostslowakei, Geburtsort von Márai; seine Heimatstadt hat ihn nachhaltig geprägt. Kaschau war jahrhundertelang ein Wirtschafts-, Kultur- und Verkehrszentrum Oberungarns – mit dem berühmten gotischen Dom und der Krypta, in der die sterblichen Überreste des von Ungarn hochverehrten Fürsten von Siebenbürgen Franz II. Rákóczi (1676–1735) ruhen. Im Friedensvertrag von Trianon (1920) wurde Oberungarn mit Kaschau der Tschechoslowakei zugesprochen. 1938 haben Hitler-Deutschland und Italien im Ersten Wiener Schiedsspruch einen Teil Oberungarns mit Kaschau wieder Ungarn zugeschlagen. 1945 kam das Gebiet erneut zur Tschechoslowakei; seit 1993 Teil der abgetrennten Slowakischen Republik. Bis heute gibt es in Kaschau eine große ungarische Minderheit.

24 *Szeged:* heute Großstadt in der Ungarischen Tiefebene im Südosten des Landes; lange Zeit landwirtschaftlich geprägte Stadt, untrennbar verbunden mit der ungarischen Paprikaproduktion und der legendären Fischsuppe »Halászlé«. Weltweit bekannt wurde die Stadt durch die verheerende Flutkatastrophe bei einem Dammbruch der Theiß (1879), die die ganze Stadt vernichtete. Eine beispiellose Hilfsaktion setzte ein, Szeged wurde vollständig neu aufgebaut und erhielt sein heutiges Gesicht; zum Dank für die internationale Hilfe tragen Abschnitte der Ringstraße die Namen von Hauptstädten der Geberländer (Wien, London, Paris, Berlin, Brüssel, Rom und andere).

24 *Juhász:* siehe S. 332.

30 *Mikógasse:* Straße am westlichen Hang des Burghügels im Budaer Stadtteil Christinenstadt, wo Márai bis zur Bombardierung (1944) wohnte. Das Haus wurde durch mehrere Treffer völlig zerstört.

31 *Tafelrichter:* historisches Ehrenamt, das einstmals vom Komitat für Leistungen im Dienst der Allgemeinheit verliehen wurde.

33 *Stuhlweißenburg:* ungarisch Székesfehérvár; mittlere Großstadt zwischen Plattensee und Budapest; soll die erste Siedlung nach der Landnahme durch die ungarischen Stämme gewesen sein. König Stephan I., der Heilige, machte Alba Regia, wie die Stadt damals hieß, zu seiner Residenz; bis ins 16. Jahrhundert blieb sie Krönungsstadt der Könige.

36 *Buda:* deutsch Ofen; der am rechten Donauufer gelegene Teil von Budapest mit dem Burghügel als Zentrum. Buda war selbständig, bis es sich 1873 mit Óbuda (Altofen) und Pest zur Hauptstadt Budapest zusammenschloß. Márai wohnte in der Budaer Mikógasse.

38 *Lin Yutang* (1895–1976), chinesischer Schriftsteller, dessen Werke meist in englischer Sprache erschienen; vor allem kulturgeschichtliche Studien über China.

43 *Zugliget:* grüner Außenbezirk (XII.) von Budapest und beliebtes Ausflugsgebiet in den Budaer Bergen.

47 *Kaschau:* siehe S. 326.

49 *Muschik:* siehe S. 331.

51 *Kaschau:* siehe S. 326.

53 *Matthiaskirche:* die auf der Donauseite des Burgviertels in Buda erbaute Liebfrauenkirche; benannt nach König Matthias I. Corvinus (1440–1490), der sie vergrößern und reicher ausstatten ließ und hier zweimal getraut wurde. Der ursprüngliche Bau aus dem 13. Jahrhundert, der im 16. Jahrhundert auch als türkische Moschee diente, wurde immer wieder umgestaltet; sein

neugotisches Gepräge bekam er Ende des 19. Jahrhunderts. Kaiser Franz Joseph und Elisabeth wurden hier gekrönt, ebenso der letzte Habsburger, Karl IV., und Zita.

56 *Kaschau:* siehe S. 326.

56 *Szeged:* siehe S. 326.

56 *Makó:* Kleinstadt östlich von Szeged, Anbaugebiet der berühmten ungarischen Zwiebeln; hier wurde übrigens der Journalist und große Zeitungsverleger Joseph Pulitzer (Pulitzer-Preis) geboren.

61 *Bakony:* Gebirgszug, Teil des Transdanubischen Mittelgebirges nördlich des Plattensees, mit ausgedehnten Waldgebieten; war einstmals berüchtigt als Zufluchtsort der Betyáren.

61 *Betyár:* Strauchdieb, Wegelagerer in Robin-Hood-Manier; vor allem in Volkslied und Literatur romantisiert als »edler« Räuber; meist wegen kleinerer oder größerer Delikte oder wegen Militärdienstverweigerung vor dem Zugriff der Exekutive auf der Flucht. Betyáren suchten in Wäldern wie in den Weiten der Tiefebene Schutz. Es gab auch berüchtigte weibliche Betyáren.

76 *Bajza:* József Bajza (1804–1858), ungarischer Dichter, namhafter Kritiker und Journalist; schrieb empfindsame persönliche und patriotisch-politische Lyrik. Márai bezieht sich hier auf eines der damals wie heute zahlreichen Thermalbäder an den Ufern der Donau in Budapest.

76 *Der Name,* der Márai zeitweise bewegt hat, den aber auch eine Schreibmaschine, eine Alpen- und Heidepflanze, Backpulver und Babyseife trugen, war offenbar Erika.

84 *Rákóczistraße:* breite, verkehrsreiche Ausfallstraße, die von der Pester Innenstadt zum Ostbahnhof führt; belebte Geschäftsstraße, von der der »Abenteurer«

(offenbar ein Kaffeehausliterat) in die parallel verlaufende Dohány utca (Dohánygasse) gelangt. In dieser Straße steht die Große Synagoge als Zentrum des Judenviertels, die im Volksmund oft mit der Dohány utca gleichgesetzt wird.

84 *Pengő:* ungarische Landeswährung von 1927 bis 1946; 1 Pengő = 100 Fillér.

85 *Kobenzl:* am nordöstlichen Stadtrand von Wien, am Reisenberg im Wienerwald, gelegenes Ausflugsziel; Márai erinnert sich vermutlich an das Restaurant Cobenzl, weniger wahrscheinlich an das Hotel Schloß Cobenzl (nach dem ursprünglichen Besitzer Philipp Graf von Cobenzl benannt).

85 *Griechenbeisl:* altehrwürdiges, seit dem 17. Jahrhundert bekanntes, noch immer florierendes Gasthaus am Fleischmarkt im 1. Wiener Gemeindebezirk. Der Name verweist auf die griechischen Handelsleute, die einst das Beisl frequentiert haben. Sein berühmtester Stammgast soll der »liebe Augustin« gewesen sein, der seine Mitmenschen im Pestjahr 1679 mit seinem Dudelsack bei Laune hielt.

85 *Hietzing:* der im Südwesten der Stadt gelegene 13. Wiener Gemeindebezirk (nach der ursprünglichen Vorortgemeinde Hietzing) mit dem ehemaligen kaiserlichen Lustschloß Schönbrunn samt weitläufigem Schloßpark; heute bevorzugte Wohngegend mit Villenviertel.

85 *Zitadelle:* nach dem niedergeschlagenen ungarischen Freiheitskampf (1849) von der österreichischen Regierung aus strategischen Gründen auf dem rechts der Donau aufragenden Gellértberg errichtete Festungsanlage. Die Zitadelle auf dem Felsmassiv (heute Touristenattraktion) ist von jedem Punkt Budapests aus zu sehen.

86 *Hangl-Kiosk:* aufgrund der Lage am Pester Donaukorso und seiner berühmten Küche war der freistehende, verglaste Kiosk des Restaurants und Kaffeehauses von Markus Hangl ein beliebter Treffpunkt der Gesellschaft.

97 *Kazinczy:* Ferenc Kazinczy (1759–1831), ungarischer Schriftsteller und Spracherneuerer.

97 *Petőfi:* Sándor Petőfi (1823–1844), größter und in seiner Heimat volkstümlichster Dichter ungarischer Zunge; in seiner Lyrik verband er jünglinghafte Begeisterung mit genialer Sprachbegabung. Seine Themen waren die Heimat, kämpferischer Patriotismus und über allem die Liebe; seine revolutionäre politische Dichtung spielte im 1848er Aufstand und im Unabhängigkeitskrieg gegen die Habsburger eine wichtige Rolle. Der Dichter zog selbst in den Krieg und ist am 31. Juli 1849 in der Schlacht bei Schäßburg (heute Rumänien) verschollen. Das Volk konnte sich nur schwer mit seinem Tod abfinden, lange hat man ihn zurückerwartet; Legenden rankten sich um sein Schicksal, Menschen traten auf, die ihn auf der Flucht gesehen, andere, die sein Grab entdeckt haben wollten.

97 *Arany:* János Arany (1817–1882), ungarischer Dichter; großer Sprachkünstler. Seine volkstümliche Epik (*Toldi*-Trilogie), die virtuosen Balladen samt dem sehr subjektiven, resignativen lyrischen Spätwerk bedeuteten einen nie mehr erreichten Höhepunkt der ungarischen Dichtung.

131 *O.:* steht hier sicher für Ernő Osvát (1877–1929), den einflußreichen Kritiker und Redakteur der Literaturzeitschrift *Nyugat (Der Westen)*, der als Entdecker und Förderer junger Talente in die Literaturgeschichte Ungarns einging.

134 *Üllőistraße:* wichtige, fast parallel zur Donau verlaufende Ausfallstraße von Budapest; beginnend am Kleinen Ring (Calvinplatz), verbindet sie das Zentrum mit den südlichen Vorstädten.

144 *Muschik:* Bezeichnung für den Bauern im zaristischen Rußland.

146 *Gül Babas Grab:* Türbe genannte Grabkapelle des als »heilig« verehrten islamischen Derwischs Gül Baba am Hang des Rosenhügels in Buda; er soll an dieser Stelle einst einen prächtigen Rosengarten angelegt haben.

151 *Mihály Tompa* (1819–1868), Pastor und ungarischer Dichter; wurde mit seiner volkstümlichen Lyrik, vor allem aber mit tief empfundenen patriotischen Allegorien populär, die den Geist des Freiheitskampfes von 1849 wachhalten sollten. Die von Márai zitierten Zeilen beziehen sich auf Verse des folgenden Gedichts:

> *Der Vogel an seine Jungen*
> (An Ungarns Dichter, deren Leier nach
> dem Freiheitskampfe verstummte)
>
> Wollt ihr lang noch auf verdorrtem Reise
> Schweigend nisten, zage Vögelein?
> Die ich einstens euch gelehrt, die Weise,
> Wird ja wohl noch nicht vergessen sein?
> Kehret auch der heitre Sang nicht wieder
> Und des Frohsinns heller Sonnenschein,
> Laßt erklingen traurig-düstre Lieder,
> Singt nur wieder, meine Vögelein!
>
> Stürme tobten. Im entlaubten Walde
> Schließt kein schattig Laubgezelt euch ein.
> Und ihr schweigt? Entflieht der Heimathalde?
> Eure Mutter ließet ihr allein?
> Andre Haine haben andre Lieder,
> Fremd wird ihnen eure Sprache sein:

Eurer Heimat, liegt sie auch darnieder,
Singt nur wieder, meine Vögelein!
[...]

159 *Arany:* siehe S. 330.

160 *Vajda:* János Vajda (1827–1897), ungarischer Dichter
und Publizist; wie sein Vorbild Sándor Petőfi schrieb
er patriotische und leidenschaftliche Liebesgedichte
(Ginas Andenken). Von den Zeitgenossen verkannt
und unterschätzt, muß er doch als einer der bedeu-
tendsten ungarischen Lyriker der zweiten Hälfte des
19. Jahrhunderts gelten; seine Wirkung auf die moderne ungarische Lyrik ist unverkennbar.

165 *Kosztolányi:* Dezső Kosztolányi (1885–1936), ungarischer Dichter, Romancier und Publizist; glänzte
mit von der französischen Dichtung beeinflußter im-
pressionistisch-symbolistischer Lyrik; großer Sprachkünstler, leidenschaftlicher Ästhet und Erzindividua-
list.

165 *mit dem aristokratischen »r«:* den Laut »r« nicht mit der
Zunge, sondern räuspernd fremdartig, im weichen Gau-
men bildend sprechen; gekünstelt wirkende Sprech-
attitüde der ungarischen Aristokratie.

169 *Gyula Juhász* (1883–1937), ungarischer Lyriker, einer
der berühmtesten Söhne Szegeds; Meister der kleinen
Form; Anna, seine Muse, und die Erinnerung an sie
regten ihn ein Leben lang zu zarten, gefühlvollen
Liebesgedichten an.

169 *Árpád Tóth* (1886–1928), ungarischer Lyriker.

169 *Berzsenyi:* Dániel Berzsenyi (1776–1836), ungarischer
Lyriker.

171 *Krúdys Haus:* Gyula Krúdy (1878–1933), ungarischer
Schriftsteller; seine Romane und Erzählungen ent-
stammen oft einer märchenhaften und surrealen Phan-
tasiewelt. Márai verehrte in ihm, der in einem sehr

persönlichen lyrischen Stil schrieb, den Meister der modernen ungarischen Prosa. Eindrucksvoll sind auch seine idyllischen Bilder vom alten Pest.

171 *Altofen:* ungarisch Óbuda, heute 3. Stadtbezirk von Budapest; als Aquincum Garnisons- und Bürgerstadt des Römischen Reiches; bis zum Zusammenschluß mit Buda und Pest zur Hauptstadt (1873) war Altofen selbständig. Nach der türkischen Besetzung im 18. Jahrhundert vorwiegend von schwäbischen Handwerkern und Weinbauern besiedelt. Die Entwicklung ist im 19. Jahrhundert an Altofen fast vorbeigegangen; noch zu Gyula Krúdys Zeiten galt es, verglichen mit Buda und Pest, als »Donaudorf«.

172 *Rosenhügel:* elegantes Villenviertel der Hauptstadt, auf den Anhöhen über der Donau nördlich des Burgbergs im Stadtteil Buda gelegen.

175 *Arany:* siehe S. 330.

175 *Die Zigeuner von Nagyida:* komisches Epos in vier Gesängen von János Arany.

175 *Gold:* »arany« bedeutet im Ungarischen auch »Gold«.

175 *Toldis Mutter: Toldi,* Epos in drei Teilen von János Arany. Miklós Toldi, der Sohn, wird mit seinen kraftstrotzenden Taten trotz adeliger Herkunft zum Volkshelden.

185 *»J' sens...«:* »Ich spüre, wie mein Herz schwächer wird... Zuerst gebe ich meine arme Seele frei... Item, meinen Körper überlasse und empfehle ich unserer großen Mutter Erde an.«

188 *Petőfi:* siehe S. 330.

189 *Tafelrichter:* siehe S. 327.

199 *Kiskunfélegyháza:* mittlere Kleinstadt in der Ungarischen Tiefebene, im Südosten des Landes zwischen Budapest und Szeged gelegen; Geburtsort Sándor Petőfis.

208 *Juhász:* siehe S. 332.

209 *Babits:* Mihály Babits (1883–1941), ungarischer Schriftsteller und Literaturhistoriker.

209 *Kosztolányi:* siehe S. 332.

237 *Hűvösvölgy:* heißt soviel wie »kühles Tal« und ist ein
malerisches Tal, das das Budaer Gebirge teilt; das be-
liebte Ausflugsgebiet befindet sich noch auf Budapester
Stadtgebiet.

238 *Der Ausgemusterte:* ausgedienter Soldat; ungarisch
»obsitos« (von »obsit«, Abschied), ein mit Abschieds-
bescheid endgültig aus der Armee Entlassener; auch
einer, der nach Münchhausen-Art über seine militärischen Heldentaten schwadroniert.

262 *Ady-Gedicht:* Endre Ady (1877–1919), gilt neben Sándor Petőfi als der bedeutendste Lyriker Ungarns. Seine
Neuen Gedichte (1906) und der Band *Blut und Gold*
(1907) wirkten wie eine Explosion der Sprache und Visionen; der Name Ady wurde zum Symbol für einen
neuen Geist und neue Inhalte, für die Moderne in der
ungarischen Literatur. In der um die Zeitschrift *Nyugat*
(Der Westen) versammelten literarischen Avantgarde
war er die unangefochtene Leitfigur.
Nachfolgend die deutsche Übersetzung des Gedichts
von Ady, auf das sich Márai bezieht:

Ich will dich behalten

Wahnsinn ist dieses In-Küssen-Leben,
Dieses große Sich-Erfüllen,
Diese Güte, dies Ergeben.

Der ich im Schoß dir vor Sehnsucht vergehe,
Hör mich, Geliebte, höre, ich flehe:
Treibe mich, jag mich hinaus in die Nacht!

Dann laß die Lippen in Kälte erstarren,
Wenn mir die meinen am feurigsten brennen,
Trete, verstoße dann lachend mich Narren!

Henker sind all die lebendgen Gelüste,
Fluch auch die herrlichste Gegenwart;
Ich flieh, weil ich sonst dich verlieren müßte.

Laß mich dich immer erobernd nur wissen,
Sieghaft nur sehn deinen lüsternen Leib
Auf der Vergangenheit duftendem Kissen.

Weil ich nicht will, daß ich jemals verlerne
Die Liebe zu dir, bestell ich zur ewigen
Hüterin ihr die verschönernde Ferne.

Nie sei mein Traum mir, mein großer, zerstört,
Von einer Frau, nach welcher ich lange,
Und deren Liebe mir gehört.

280 *Jókai:* siehe S. 325.

280 *Róza Laborfalvy* (1817–1886), gefeierte dramatische Schauspielerin und Ehefrau Mór Jókais.

280 *Bella Grosz:* nannte sich als Schauspielerin Bella Nagy, junge zweite Ehefrau (ab 1899) des greisen Mór Jókai.

283 *Ofener Kurbad:* Budapest hat weit über 100 Thermalquellen und ist seit 1937 offiziell Badeort. Die Badekultur geht bis in römische Zeiten zurück. Auch aus der Zeit der 150jährigen türkischen Besetzung sind prächtige Bäder erhalten. Mehrere Ofener Bäder entlang der Donau waren und sind auch heute noch mit einem Kurbetrieb verbunden.

284 *Hortobágy:* die große, 200000 Morgen umfassende trockene Pußta in der Großen Ungarischen Tiefebene unweit von Debrecen; im Mittelalter noch mit 52 Gemeinden, während der Türkenkriege völlig entvölkert. Jahrhundertelang nur Weidegebiet für Pferde-, Rinder-, Schaf- und Schweineherden, inzwischen teilweise auch wieder zum Ackerbau genutzt.

284 *Nitschewo:* soviel wie »macht nichts«.

303 *Stierblut:* Erlauer Stierblut, alte ungarische Rotwein-

sorte aus der Kadarkatraube; Spezialität des Wein-
gebiets Eger (Erlau), etwa 100 Kilometer nordöstlich
von Budapest.

309 *Insel:* in Ungarn Bezeichnung für die Margareteninsel,
das 2,5 Kilometer lange und 500 Meter breite grüne
Erholungsparadies der Budapester und attraktives Ziel
jedes Hauptstadtbesuchers – mit dem Rosengarten
sowie Bade-, Sport- und kulturellen Einrichtungen.
Die Margaretenbrücke über die Donau verbindet die
Insel mit Pest und Buda.

Nachwort

Die Freunde des wiederentdeckten Romanciers werden nach der Lektüre von zwei Prosawerken, nach *Die Glut* und *Das Vermächtnis der Eszter,* mit dem Band *Himmel und Erde* eine ganz neue Seite von Sándor Márai kennenlernen.

Nachdem der Leser dort ein spannendes Beziehungsgeflecht der Kontrahenten aus emotionsgeladenen und wortreichen Monologen, mit Zwiegesprächen voller Metaphern und Assoziationen erlebt hat, wird er hier von geradezu wortkarg formulierten, aphoristisch verdichteten Texten überrascht. Statt Handlung, statt einer Geschichte bekommt er nun sorgfältig geschliffene Miniaturen in drei- oder fünf- oder zehnzeiligen Prosastrophen voll scharfsinniger Beobachtungen, reflektierter Eindrücke, Urteile und Geständnisse eines großen Geistes geboten und dank der Sprachkunst des Dichters nicht selten literarische Perlen offeriert.

Doch wovon handelt das Buch?

Nicht vom Himmel und auch nicht von der Erde allein, aber von allem, was dem Autor zwischen »Himmel und Erde« begegnet und widerfahren ist, was er erlebt, gesehen und durchschaut hat, was ihn erschütterte, belustigte, ihm Furcht einflößte, ihn froh stimmte oder empörte. All das hat er zur Hand genommen, gewichtet und wie ein Goldschmied in Fassung und Fasson gebracht.

Objekte seines unbestechlichen Blickes sind Mitmenschen, unter ihnen schreibende Zeitgenossen, Normalbürger, viele Große des Geistes und der Kunst. Auch der Frauen hat er sich angenommen, die meist schön, aber auch hoffärtig, klug, aber eben doch keine Männer waren. Márai schreibt von Leben und Tod, von Liebe und Leidenschaft, von Literatur und Literaten, von kleinen und großen Dingen, die unter seinen Händen zu Literatur geworden sind. Alles, was ihm zu Ohren oder unter die Augen kam, hat er hier dingfest gemacht: Geschichten von oft verblüffender Marginalität ebenso wie wahrhaft dramatische Ereignisse der Welt- und Literaturgeschichte.

Genießerisch schwelgt man als Leser in der thematischen Vielfalt des Bandes und ist fasziniert von der Virtuosität des Verfassers, der den simpelsten Gegenstand, das alltäglichste Ereignis auf literarisches Niveau zu erheben vermag. Von diesen meisterhaft herausgearbeiteten Texten, Naturbildern, die oft beinahe Gedichte sind, werden Intellekt und Gefühl gleichermaßen berührt, denn Márai faßt hier nicht nur seine Erkenntnisse und höchst eigenwillige Meinungen in Worte, sondern offenbart auch Empfindungen und bewegende Erinnerungen. Nicht zuletzt von solchen oft ironisch, meist aber doch apodiktisch gefaßten Betrachtungen lassen sich Leitgedanken seines dichterischen Schaffens ablesen. In keinem seiner anderen Bücher hat der Autor so viel von sich preisgegeben, ein so wenig verklausuliertes, so authentisches Bild von sich als Mensch und Künstler gezeigt wie hier.

Der Band *Himmel und Erde* ist im Jahr 1942 erschienen. Wie mit jeder seiner Wortmeldungen – ob publizistisch oder mit einem neuen Buch – wurde der populäre Márai auch mit dieser Veröffentlichung wahrgenommen, sowohl von den Lesern wie auch, unüberhörbar und im Namen des Zeitgeistes, von der Kritik. Zu ignorieren war der prominente Schriftsteller nicht, auch wenn sein Werk nicht die offizielle Linie, die vorherrschende Stimmung traf. Aufschlußreich sind deshalb zeitgenössische Stimmen zu diesem Buch, die zudem seinem Verfasser durchaus zur Ehre gereichen.

Neben dem üblichen Lob, das die Presse dem »Sprachkünstler«, dem »Magier des Wortes«, seinem »sprühenden Geist«, seiner »unverwechselbaren Schreibkunst« zollte und stets zugestand, klingt unüberhörbarer Tadel mit, weil sich der Autor den »brennenden Tagesproblemen« nicht stelle und sich am Volk versündige, wenn er in dieser kreißenden Zeit, in der es um existentielle Fragen der ganzen Nation geht, nicht Stellung bezieht. In radikalen Blättern wird dem »in höheren Sphären schwebenden« Márai von flott taxierenden Rezensenten unverzeihliche Ignoranz und Abgehobenheit oder gar Nihilismus vorgeworfen – unverdient!

Rufen wir uns die Zeit des Erscheinens von *Himmel und Erde*, 1942, in Erinnerung, vielleicht auch 1941, als Márai vermutlich den Großteil der Texte schrieb: Seit 1938 grenzte Ungarn im Westen bereits an das Hitler-Reich, und auch Ungarn war 1941 mit der Sowjetunion schon im Krieg; im selben Jahr erklärten England Ungarn und Ungarn den USA den Krieg; das ungarische Parlament bestätigte das 3. Judengesetz, das unter anderem die Ehe zwischen Christen und Juden verbot (Márais Frau war Jüdin); die schlecht ausgerüstete 2. ungarische Armee stand an der russischen Front und wurde im Winter 1942/43 völlig aufgerieben, das Land trauerte um 40000 Gefallene, 70000 gingen in die Gefangenschaft.

Nein, die Ereignisse haben Márai nicht unberührt gelassen, und er hat sich auch mit diesem Buch, dessen Intentionen sicherlich andere waren, nicht außerhalb des Zeitgeschehens gestellt. Seine Bedrücktheit und Ratlosigkeit, aus der er immer nur diesen einen Fluchtweg, seine Arbeit, sah, sind in *Himmel und Erde* nicht zu überhören:

»Ich habe kein Visum für ein anderes Land und auch kein Geld; das Bürgertum, die Klasse, zu der ich gehöre, verliert seine geschlossene Form; weder bewahren noch schützen kann es mehr den, der es verkörpert, den Bürger. Wohin soll ich fliehen?

Bei meiner Arbeit suche ich Zuflucht, wo sonst, in dieser stummen Verbannung, in der Exterritorialität des weißen Papiers...«

Gewiß, Márai wandte sich in diesen düsteren Monaten und Jahren immer mehr von den Tagesereignissen ab und dem geschriebenen Wort zu. Aber er hat Stellung bezogen (wenn auch nicht so, wie es gewisse »wappengezierte« und »fahnenschwingende« Zeitgenossen von ihm hören wollten). Und er ist dazu – wie es eben seine Art war – immer ein paar Stufen höher, auf eine Art Podest getreten, hat die Ereignisse, die Menschen und die Zustände von dieser seiner Warte aus beurteilt und dann gleichsam ex cathedra seine Erkenntnisse und Wahrheiten verkündet.

Aber kann es ein ehrlicheres Geständnis – auch seiner Ohnmacht –, eine überzeugendere Stellungnahme gegen Krieg, Verfolgung und geistige Verelendung geben als die Sätze, die er im zweiten Teil des Buches unter »Ars Poetica« schreibt:

»Ich habe keine andere Waffe und Macht wider die Zeit und die Welt, nur das Schreiben. Länder werden zerstückelt und zusammengeflickt, Generationen zwingt man zur Fronarbeit, um dem Zeitgeist Pyramiden zu bauen, schändet Verträge und sprengt Brücken, die doch von Mensch zu Menschen führten...

Warum ertrag' ich es dennoch? Was hält mich am Leben? Woran glaube ich? Allein der Glaube daran, daß der kühle, reine, der wahre, unbarmherzige und kompromißlose Geist Bestand hat – man kann ihn nicht verletzen, ungestraft leugnen oder erfolgreich verfälschen, er bleibt über allem bestehen – ist stärker als alles und jedes. Nur das glaube ich, nur das hält mich am Leben, nur deshalb mache ich nicht Schluß. So wahr mir Gott helfe.«

Ernö Zeltner

Ernö Zeltner, Jahrgang 1935, studierte in Budapest ungarische Literatur- und Sprachwissenschaft, seit 1956 in Wien Germanistik und Theaterwissenschaft. Nach einer erfolgreichen Verlagslaufbahn lebt er seit einigen Jahren als freier Lektor, Übersetzer und Autor in Tirol.

Inhalt

PIPER

Sándor Márai

Das Vermächtnis der Eszter

Roman. Aus dem Ungarischen von Christina Viragh.
165 Seiten. Geb.

Am Morgen des Tages, an dem Lajos zurückkehren soll,
geht Eszter in den Garten, um Dahlien zu pflücken, die sie
in Vasen auf der Veranda und im Salon arrangiert.
Zwanzig Jahre ist es her, daß er mit seinem unverschämten
Charme, seiner betörenden, so unberechenbaren Präsenz die
ganze Familie in Bann geschlagen hatte: ihren Bruder Laci,
die Schwester Vilma und am leidenschaftlichsten sie selbst –
Eszter. Bis heute ist Lajos ihre einzige große Liebe geblieben,
und bis heute ist sie unheilbar verletzt darüber, daß er damals spontan Vilma und nicht sie geheiratet hat. Nun aber
taucht er wieder auf, dieser verführerische Lügner im
weißen Leinenanzug, und mit ihm drei geheimnisvolle
Briefe, die eine schreckliche Wahrheit zutage fördern…

PIPER

Sándor Márai

Die Glut

Roman. Aus dem Ungarischen von Christina Viragh.
219 Seiten. Geb.

Ein ungarisches Jagdschloß am Fuß der Karpaten – einst
prachtvoller Ort für festliche Soireen, wo die mit Kerzen
erleuchteten Säle von Chopinscher Klaviermusik erfüllt
waren. Doch nun steht es mit seinen zerschlissenen Seiden-
tapeten und blinden Spiegeln für den Verfall einer Epoche.
Sein ganzes Leben hat Henrik, der Sohn des Gardeoffiziers,
hier verbracht, und nun ist der Augenblick gekommen, auf
den er seit 41 Jahren gewartet hat: Konrad kündigt sich an,
sein engster Freund aus Jugendtagen, der damals, nach
jenem denkwürdigen Jagdausflug, überstürzt ans andere
Ende der Welt abgereist war. Endlich kann das Geheimnis
gelüftet werden: Welche Rolle hatte Krisztina, Henriks
schöne junge Frau, für sie beide damals gespielt?
Einen einzigen Abend, eine einzige Nacht dauert das Treffen
der beiden alten Männer. Mit peinigender Offenheit gehen
sie den Fragen nach Wahrheit und Lüge auf den Grund.
Ähnlich wie Schnitzler oder Joseph Roth vermag es Márai,
die Melancholie, die mit dem Zerfall des k.-k.Reiches
einherging, heraufzubeschwören

PIPER

Leonie Ossowski
Die schöne Gegenwart

Roman. 368 Seiten. Geb.

»Wären die Spiegel blind geworden, ich hätte es nicht be-
merkt« – Nele Ungureit nimmt sich nicht mehr wahr, sie ist
sich selbst fremd geworden. Nach über dreißig glücklichen
Ehejahren hat Fred sie von heute auf morgen verlassen, und so
ist Neles idyllische Vorstellung vom gemeinsamen Altwerden
einfach zerstoben. An ihr neues Leben allein aber muß sie sich
erst gewöhnen, muß lernen, ihre Freiheit zu genießen. Bis
eines Tages ein dicker Umschlag in Neles Briefkasten liegt,
der sie zur Erbin der großzügigen Stadtvilla ihres Onkels
macht. Sie lehnt sich gegen die eigenmächtigen Pläne ihres
Sohnes auf – und setzt ihren ganz und gar ungewöhnlichen
Traum von dem »weißen Haus« in die Tat um …
»Die schöne Gegenwart« ist ein ebenso kluger wie engagierter
Roman um eine Heldin, die dem Alter mit weiblicher Intuition
und bewundernswerter Phantasie begegnet.

PIPER

Gert Ledig
Faustrecht

Roman. Mit einem Nachwort von Volker Hage.
256 Seiten. Geb.

Gert Ledigs Roman »Faustrecht« erschien erstmals 1957 und
war nach »Stalinorgel« und »Vergeltung« sein letztes Buch. Er
wirft darin einen harten, unsentimentalen Blick auf die unmit-
telbaren Nachkriegsmonate in Deutschland. »Mit drei vorzügli-
chen Romanen zählte er einst zu den Hoffnungen der deutschen
Literatur«, urteilte der »Spiegel«. Ledig kannte kein Erbarmen
in seinen Romanen, und sein schonungsloser Realismus wird
erst heute als große Literatur erkannt. »Faustrecht« handelt von
den Kriegsverlierern Robert und Edel. Widerwillig stimmen sie
dem Vorschlag ihres skrupellosen Freundes Hai zu, einen amerikanischen Jeep zu überfallen. Doch alles läuft schief, und
Edel wird tödlich verletzt.
Inmitten von Schutt und Trümmern ihrer Häuser bewegen sich
Ledigs von den Umständen bedrängte Figuren und schwanken
zwischen Not und Freundschaft, Rachsucht und Feigheit.

»Gert Ledigs Romane sind das wohl radikalste und bedeu-
tendste deutsche Romanwerk über die Gewaltsamkeit des
Zweiten Weltkriegs«.
Neue Zürcher Zeitung

PIPER

Julia Alvarez

Im Namen der Salomé

Roman. Aus dem Amerikanischen von
Carina von Enzenberg. 400 Seiten. Geb.

Julia Alvarez verknüpft die Schicksale zweier engagierter
Frauen zu einer poetischen Familiensaga: Das dramatische
Leben der karibischen Dichterin Salomé Urena, und das
ihrer Tochter Camila, die sich im Exil auf die Suche nach
den Beweggründen des Herzens macht.
Sie war ein verträumtes junges Mädchen mit einer unbän-
digen Liebe für ihr schönes, armes, von machthungrigen
Diktatoren geschundenes Land. Als Salomé begann, es in
ihren Gedichten zu besingen, kam das einer Revolution
gleich: Sie war eine Frau, noch dazu eine Mulattin, und sie
hatte den Mut, die Dinge beim Namen zu nennen. Und dies
in der spanischen Karibik, im Jahr 1870. Um endlich auch
die »wilde Stille in ihrem Herzen« zu füllen, heiratete
Salomé Urena mit Dreißig den um viele Jahre jüngeren
begabten, aber unsteten Pancho, um dessen Liebe sie lange
kämpfen mußte... Salomé starb, schwer lungenkrank, als
ihr jüngstes Töchterchen Camila drei Jahre alt war. Es ist
Camila, die viele Jahre später, im nordamerikanischen Exil,
das Schicksal ihrer berühmten, unglücklichen, von ihr kaum
gekannten Mutter rekonstruiert.

PIPER

Andrea De Carlo
Die Laune eines Augenblicks

Roman. Aus dem Italienischen von Renate Heimbucher.
265 Seiten. Geb.

Ein dramatischer Unfall, die Begegnung mit einer ungewöhnlichen Frau – und von einem Moment zum andern weiß Luca:
er muß sein Leben ändern.

»Kennst du jemanden, der glücklich ist? Der pure Freude darüber empfindet, zu genau diesem Zeitpunkt an genau diesem Ort
zu sein?« Ob dieser Ort womöglich Albertas chaotische Küche
ist, in der der etwas verwirrte Luca eben einen Topf Spaghetti-
wasser aufsetzt? Alberta jedenfalls war wenige Stunden zuvor
Lucas Retterin, die Dea ex machina gewesen, die ihn in ihrem
verbeulten roten Kastenwagen vom Straßenrand aufgelesen
hatte – nachdem er bei einem Reitunfall dramatisch gestürzt
war. Es ist diese lebensgefährliche Situation, die Luca die
Augen öffnet, die sein Bewußtsein unwiederbringlich verändert. Was hält ihn eigentlich noch bei seiner langjährigen
Freundin Anna, was ist aus seinen Aussteigerträumen geworden? Intuitiv folgt Luca der Eingebung eines Augenblicks…

»Nie sind die Frauenfiguren De Carlo besser geglückt als hier.«
Corriere della Sera

PIPER

Rosetta Loy
Die Pforte des Wassers

Roman. Aus dem Italienischen von Maja Pflug. 160 Seiten. Geb.

Dies ist die Geschichte einer unerwiderten Leidenschaft. Einer
großen kindlichen Zuneigung, entgegengebracht jenem blond-
bezopften Fräulein mit immer frisch gewaschener, rosiger
Haut, die das kleine Mädchen auf unerklärliche Distanz hält.
Die die langen Sonntagnachmittage mit beängstigenden, gruse-
ligen Geschichten von abgeschnittenen Daumen und lichterloh
brennenden Mädchen füllt. Die aber der Leere, die die riesige,
düstere Wohnung, der abwesende Vater, die in einer Maske aus
Schminke erstarrte Mutter für das Kind bedeuten, keine Wär-
me und kein Leben einzuhauchen vermag. Trotzdem bricht
eine Welt für das Kind zusammen, als es eines Tages Anne
Maries Leinenkoffer im Flur stehen sieht und von einem
letzten flüchtigen Kuß gestreift wird.